케이팝 응원봉 걸스

일러두기
- 이 책은 뉴스레터 〈편협한 이달의 케이팝〉의 '응원봉을 들고 거리로 나온 여자들' 연재 원고를 기반으로 만들었다.
- 음악 앨범, 도서, 잡지, 신문은 「」, 노래는 「」, 영화, 방송 프로그램, 뉴스레터 등은 〈 〉로 표기했다.
- 대부분의 단어 혹은 사건에 각주를 달아 바로 확인할 수 있도록 하였으나, 아이돌 팬덤이 보편적으로 사용하는 몇몇 단어의 경우 해당 단어 옆에 별표(*)를 붙여둔 뒤, 맨 뒤에 부록 '단어 사전'으로 의미를 정리했다.
- 말하는 사람의 의도를 잘 전달하기 위해 일부 입말은 그대로 살렸다.

타임라인

2024년 12월

- **3일** 비상계엄 선포
- **4일** 비상계엄 해제 결의안 가결
- **7일** 윤석열 1차 탄핵소추안 표결 무산
- **14일** 윤석열 2차 탄핵소추안 국회 가결
- **22일** 전국농민회총연맹 '전봉준 투쟁단', 용산구 한남동 대통령 관저 진출

28일 인터뷰1 해련

- **29일** 무안공항 제주항공 여객기 참사

2025년 1월

- **3일** 윤석열 1차 체포영장 집행 실패

10일 인터뷰2 유원

- **15일** 윤석열 2차 체포영장 집행
  오전 10시 33분 체포
- **19일** 서울서부지법 구속영장 발부
  윤석열 서울구치소 구속수감
  일부 극우 지지자들이 서울서부지법에 난입하는 폭동 발생

23일 인터뷰3 숨눈

- **26일** 검찰, 윤석열 '내란 우두머리 혐의' 구속기소

2025년 2월

2일 인터뷰4 팝콘

- **4일** 윤석열, 서울중앙지법에 구속취소 청구
- **25일** 윤석열 탄핵심판 최종 변론

27일 인터뷰5 젤리

2025년 3월

- **7일** 서울중앙지법, 윤석열 구속취소 청구 인용
- **8일** 윤석열 석방

2025년 4월

- **1일** 탄핵심판 선고일 지정
- **4일** 헌재, 윤석열 파면 선고

26일 인터뷰6 콩알

목차

| 프롤로그 | 『케이팝 응원봉 걸스』 기획의 변 | 8 |

인터뷰1 **어, 난데, 여기 고척 아니고 남태령이야** 15
엔시티 팬 깃발 '네오문화기술연구소' 기수 '해련'

인터뷰2 **걸그룹과 보이그룹 사이,** 47
온라인 활동과 오프라인 활동 사이
엔시티 팬이지만 걸그룹 응원봉을 들고나온 '유원'

인터뷰3 **민중가요 「단결투쟁가」와** 77
키의 「가솔린」의 공통점은?
지구야 미안해, 라고 외치며 앨범을 사는 비건 샤월 '숨눈'

인터뷰4 **핫 데뷔! '인간 인기가요'의** 115
광화문 집회 데뷔 일기
동네 같은 팬덤에서 평화를 느끼는 비비 '팝콘'

인터뷰5 **어제의 '홈마', 내일의 정치인을 꿈꾸다** 147
사랑과 정치가 교차하는 거리에서 만난 열혈 시민 겸 더비 '젤리'

인터뷰6	**'나'를 위하는 일이 곧**	179
	'우리'를 위하는 일이 될 수 있다는 믿음으로	
	이기적 이타심으로 광장에 나선 유애나 '콩알'	

대담	**정치 너머, 빛 너머, 광장 너머**	217
	돌봄과 사랑의 세계로	
	엔시티 퀴어 깃발을 든 '우나'와 오빛봉을 든 '니제'	

| 에세이1 | **나는 왜 보아 응원봉을 들고 거리로 나갔을까?** | 261 |
| | 일석 | |

에세이2	**팬덤의 정치적 계보**	269
	개인적 경험과 한국 현대사의 국면을 중심으로	
	구구	

| 에필로그 | 『케이팝 응원봉 걸스』 비하인드 스토리 | 280 |
| 부록 | 단어 사전 | 320 |

프롤로그

『케이팝 응원봉 걸스』 기획의 변

2024년 12월 3일 늦은 밤, 방 한가운데 우뚝 선 내게 어떤 일이 일어난 걸까? 21세기에 일어난 계엄이라는 충격적인 사태에서 내 머릿속에 떠오른 건 건넛방에 잠든 가족도 아니요, 언론과 출판의 자유를 빼앗긴 작가로서의 입지적 불안이나 검열관에게 뺨을 맞는 수모와 수치의 미래도 아니었다.

    그보다는 한 소년의 얼굴이었다. 최애*가 나를 여기로 이끌었다.

    그 소년의 얼굴이 떠올랐던 건 왜일까? 그 밤에

내가 느꼈던 감정은 무엇인가? 시작은 나 스스로에 대한 의문이었으나 들불 같은 호기심은 점차 '응원봉을 든 2030 여자들'에게로 옮겨 갔다. 그들은 무얼 바라고, 무얼 표현하고 싶기에 응원봉을 들고 광장에 나온 걸까? 동시에 지난 광장에서는 촛불소녀로, 각성한 2030 여성으로, 때로는 꼴페미로 호명되었고, 이번에는 다시 응원봉 동지로 호명된 이들. 여전히 이름 외엔 무엇도 가져가지 못한 이들이 누구인지 궁금했다. 종종 공연장을 빠져나오는 길에 그랬듯, 광장에 선 이들이 불이 꺼진 응원봉을 가방에 넣고 어디로 돌아가는지 묻고 싶었다.

그렇게 동료를 모아 기획을 구체화하며 광장, SNS, 지인 소개로 만난 이들의 목소리를 뉴스레터 〈편협한 이달의 케이팝〉에 담았다. 남태령 대첩에서의 해련 인터뷰를 시작으로 윤석열 탄핵심판 선고 다음 날인 4월 5일 에필로그를 간행했으니, 성기게나마 탄핵 정국의 타임라인을 따라 현장의 목소리를 담았다고 할 수 있다. 인터뷰이 선정에서 가장 중요한 기준점이 된 건 연령, 직업, 지역도 아닌 '누구의 팬인가'였지만 운 좋게도 다양한 이들의 이야기를 들을 수 있었다. 형식에 그치더라도 가능한 서로 간의 위계를 줄이기 위해 인터뷰에서는 가명으로 임했다.

우리의 인터뷰이들이 거리에 나온 첫 번째 이유는 당연히 윤석열 퇴진이라는 대의다. 그러나 그 안엔 각자가 품고 있는 사회대개혁을 향한 의지, 그리고 최애에 대한 애정이 있었다. 시민으로서, 또 팬으로서 광장에 선 이들을 인터뷰하는 만큼 이 두 가지 정체성 중 어느 하나도 소홀히 다루지 않도록 주의했다. 그리고 그 과정에서 민영화 반대, 차별금지법, 파주 용주골 강제철거, 몸이 불편한 사람이 광장에서 겪는 어려움과 팬덤 내의 다툼, 티켓팅의 어려움, 여자 아이돌이 겪는 고충과 갑작스레 튀어나오는 최애를 향한 '주접'이 한데서 이야기되는 놀라운 순간을 마주하며 고민이 깊어졌다. 이걸 어떻게 엮을 수 있을까? 누군가는 사안과 사안 사이의 거리가 너무 크다고 느끼진 않을까? 조금 우습게 여기진 않을까?

 그러나 이 우스움이 광장의 본질이라는 걸 깨닫는 데는 오랜 시간이 걸리지 않았다. 굳센 표정을 지은 촛불소녀의 얼굴 뒤에 정의로운, 진지한, 호기심 많은, 갈등하는, 휩쓸리는, 반항적인, 질투심 많은, 여자아이들이 있는 것처럼 응원봉의 스펙터클 뒤에도 퀴어가, 취준생이, 비정규직이, 이주민 2세가, 농민의 딸이, 은둔 청년이, 도시 빈민이 있었다. 그리고 내가 그랬듯, 사람들이 빠순이라는 얼굴 뒤에 숨은 이들을 발견해주길 원했다. 광장이 모두를 받아들이고서야 광장으로 제 기능을 할 수 있듯 한 개인 안에도 다양한 얼굴이 있다는 걸 알아주길 바랐다.

 나와 함께한 두 명의 인터뷰어 일석, 구구도 각자의

에세이를 한 편씩 더했다. 먼저 일석은 광장에 보아의 응원봉인 '아별봉'을 들고 나간 경험을 털어놓으며, 보아라는 존재를 둘러싼 스스로의 팬 정체성을 고찰하는 한편, 응원봉을 들고 거리에 함께 나왔던 시민들에게 의지했던 마음을 고백했다. 구구는 스스로 팬덤에 속했던 경험을 바탕으로 팬덤이 한국의 정치, 사회적 맥락에 그동안 어떻게 관여해왔고, 어떤 영향을 끼쳤는지 분석한다. 구구의 글은 팬덤과 광장이라는 사건이 2024년에 이르러 처음 등장한 갑작스러운 것이 아니라 나름의 계보를 이어오고 있었음을 증명한다.

　　　　광장의 단어들을 그대로 옮기듯 팬덤 문화의 세부 사항 역시 읽는 데 방해되지 않는 선에서 살렸다. 각 장에만 등장하는 특정적인 용어 및 사건은 해당 페이지에 각주로 설명을 달았고, 아이돌 팬덤이 보편적으로 공유하는 용어와 문화는 별도의 '단어 사전'을 만들어 참고할 수 있게 했다. 여러모로 접근성 조정을 시도했음에도 이해가 어렵진 않을지 염려되었으나 광장의 여러 세대가 케이팝과 민중가요를 번갈아 배우며 서로를 이해하려 애썼듯, 작은 것으로 치부되는 팬덤의 이야기도 적극적으로 읽어주길 희망하며 디테일을 살렸다. 그럼에도 낯선 이야기가 있다면 부족함에 양해를 구하는 대신 "알아두겠다" 한마디를 해달라고 요청해본다. 그것이 이번 광장이 우리에게 남긴,

어쩌면 윤석열 탄핵만큼 귀중한 수확이기 때문이다.

계엄 사태 이후 1년이 지났다. 그동안 우리가 얻은 건 무엇일까? 훗날 광장으로 우리를 다시 모이게 할 동력은 뭘까? 그것은 우리가 느슨할지언정 여전히 연결되어 있다는 믿음이다. 세상에 고통이 존재함을, 그것이 나만의 것이 아니었음을 눈으로 확인했던 경험이다. 이것이 일상에서 꺼져가는 불씨를 다시 살릴 수 있는 힘이 되길 진심으로 희망한다. 몇 번이고 우리를 일으켜주길 바란다.

지난 광장에서 이름 모르고 스쳐간 동지들에게 깊은 감사를 드린다. 낯선 이들에게 흔쾌히 이야기를 들려준 해련, 유원, 숨눈, 팝콘, 젤리, 콩알에게는 광장에 응원봉을 들고 나간 마음으로 그들의 삶을 응원한다는 말을 전한다. 마지막으로 인터뷰이들과 기획자들의 삶을 풍요롭게, 때론 견디게 해준 환상 속의 우상에게는 매서운 추위에서 우리를 버티게 한 것, 우리에게 힘을 준 것, 우리의 두 손안에서 빛났던 것, 그러니까, 사랑을 건넨다.

누구나 논쟁적이지 않을 것을 요구받는 시대다. 그럼에도 우리가 건넨 정치적 사랑이 어떤 방식으로든 돌아온다면, 그런 기반을 마련하는 데 조금이나마 도움이 된다면 기쁘겠다. 언젠가 아이돌과 팬이 아닌, 시민과 시민으로 우리가 나란히 손을 잡을 수 있길 바란다. 땀에 찬 손바닥. 그 구체적이고 빈약하며 때로는 다툼과 미움으로 얼룩질 수도 있는 만남이 말끔한 환상보다 아름다울 수 있다고 믿어본다. 평생 환상에 몸 바친 사람으로서 누구보다 깊게 소망한다.

응원봉 걸스를 대표하여

희주

2025년 12월

어, 난데,
여기 고척 아니고
남태령이야

엔시티 팬 깃발 '네오문화기술연구소' 기수 '해련'

인터뷰 1

2024.12.28. 오전 11시 ~ 오후 1시
코피티암 경복궁점

2024년 12월 3일 윤석열의 비상계엄 선포, 익일인 12월 4일 새벽 계엄 해제 결의안 가결 및 비상계엄 해제 공표 후 곧장 윤석열 퇴진을 위한 시민들의 움직임이 시작되었다. 매일 저녁 국회 앞에는 윤석열 즉각 퇴진·사회대개혁을 위한 집회가 개최되었고, 첫번째 탄핵소추안 표결이 있던 12월 7일에는 주최 측 추산 100만의 인파가 몰렸다. 이날 탄핵소추안은 의결정족수 미달로 표결 무산되었으나, 그다음 주 토요일인 12월 14일에는 추산 200만 명으로 불어난 시민들이 모여 윤석열 퇴진을 위해 목소리를 높였다. 마침내 두번째 탄핵소추안이 가결, 윤석열의 대통령 직무가 정지되었다. 이후 집회는 국회의사당이 있는 여의도에서 헌법재판소가 있는 광화문으로 옮겨졌고 2025년 4월 4일 윤석열 파면까지의 기나긴 싸움이 시작되었다. 인터뷰 당일인 2024년 12월 28일 토요일은 4차 범시민대행진의 날로, 2024년의 마지막 주말 집회였던 만큼 많은 시민이 집회에 참여했다.

　'네오문화기술연구소'의 기수 해련에게 말을 건 건

2024년 12월 22일 남태령에서였다. 21일 밤샘 시위가 이어진 뒤, 22일 오후 사당 IC를 가로막고 있는 10중의 경찰 차량이 극적으로 해산하며 일부 트랙터가 한남동 대통령 관저 앞으로 행진할 수 있게 되었다. 사당까지의 거리 행진을 준비하는 동안 나(희주)는 오전부터 눈여겨보고 있던 네오문화기술연구소 깃발 옆으로 다가갔다. 우연인지, 아니면 엔시티●를 좋아한다는 동질감을 느낀 건지, 주변에는 나를 포함한 시즈니가 유독 많았다. 응원봉을 모아 사진을 찍자는 제안에 흔쾌히 동의하는 시즈니들 안에서 연대감을 느끼며, 문득 이토록 적극적으로 시즈니임을 나타낸 해련은 어떤 사람일까? 하는 궁금증을 느꼈다.

● 에스엠 엔터테인먼트의 보이그룹. 멤버 총 25명으로, 산하에 엔시티 127NCT 127, 엔시티 드림NCT DREAM, 웨이션브이WayV, 엔시티 위시NCT WISH 네 그룹이 소속되어 있다. 평소엔 각자 유닛 그룹으로 활동하나, '엔시티 유NCT U'라는 이름으로 각 그룹의 멤버들을 자유롭게 조합해, 2년 주기로 앨범을 발매 중이다.

인터뷰이   해련

새해 첫 곡으로 엔시티 2021의 「Beautiful」을 들은 올팬 시즈니. 엔시티 내 모든 유닛 그룹을 사랑하며 엔시티 2025 단체 앨범만을 기다리고 있다. 대전과 광주를 오가며 의료인의 삶을 살아가는 중이다.

인터뷰어   희주, 구구

희주   인터뷰가 끝나고 바로 집회에 참여하실 거잖아요. 뭘 챙겨 오셨는지 궁금해요. '왓츠 인 마이 백what's in my bag'부터 해볼까요? 집회 준비물로 어떤 걸 가지고 다니세요?

해련   네오문화기술연구소[1] 깃발과 깃대. 깃대는 한 번 바꿨어요. 첫날에 다이소에서 산 짧은 낚싯대를 들고 갔는데 팔이 너무 아픈 거예요. 그래서 팔을 내리다가 옆에 앉아 계셨던 아저씨의 머리를 쳤어요. 그분이 여자애가 힘들어서 잠깐 내렸다는 걸 아셨는지 화를 안 내고 머리에 깃발을 얹은 채로 가만히 계시더라고요. 그 모습이 마음이 아파서 이후에 5미터짜리 뜰채를 샀어요. 깃대를 잡을 때 필요한 장갑이랑 깔고 앉는 방석 핫팩도 있고요. 처음엔 돗자리를 쓰다가 엉덩이가 배겨서 방석을 샀는데, 너무 추워서 바꿨어요. 그리고 친구 집에서 자려고 가져온 잠옷이 있고요.

[1] '네오 컬쳐 테크놀로지Neo Culture Technology'의 약어를 그룹명으로 사용하는 엔시티의 '네오Neo'에, '컬쳐 테크놀로지'의 번역어인 '문화 기술', 그리고 연구소를 더해 작명한 이름으로 케이팝 팬덤 혹은 엔시티 팬이라면 엔시티를 의미하는 깃발이라는 걸 알아볼 수 있다.

희주   지난번에 이른 아침부터 남태령에 계셨잖아요. 전날에 광화문에 있다 바로 넘어간 거예요?

해련   광화문에서 친구네로 갔어요. 남태령에서 뭔가 일이

있다는 걸 알고 있었는데 막차가 끊긴 시간이라 할 수 있는
게 없더라고요. 일단 잠부터 자자, 하고 다음 날 아침에
일어났는데 아직도 시위를 하고 있다는 거예요. 그래서 '야,
빨리 지금이라도 가야 돼, 가야 돼' 해가지고, 그때 한 오전
8시에서 9시 사이에 도착했던 것 같아요. 보통 시위 이후엔
서울의 친구 집을 도장 깨기 하듯이 다니고 있습니다. 집이
비어 있는데도 "너 내 집에서 자고 가도 돼" 이런 식으로 장소
제공을 해주는 친구도 있고요.

희주 그분들이랑도 같이 시위에 나오셨어요?

해련 사실 누구한테 같이 가자는 말을 하고 나온 적은 거의
없는데도 나오면 늘 한 명씩은 만나요. 나 어디 있어, 라고
하면 그 친구들이 대체로 저를 찾아오죠. 찾기가 쉬우니까.

희주 저도 시즈니[2]이다 보니 깃발이
눈에 바로 들어오더라고요. 오늘 이렇게
인터뷰하게 되어 영광입니다(웃음).
깃발은 어쩌다가 제작하게 되신 거예요?

2 엔시티 팬인
엔시티즌NCTzen의 애칭. 멤버
도영이 네이버 브이앱 '엔시티
#보고시퍼' 편에서 만들었다.

해련 처음 깃발을 들고나온 건 12월 7일 토요일[3] 여의도
국회의사당 앞이에요. 사실 제가 전날까지는 시위에 갈까

말까 약간 고민이 많았어요. 당일 밤에 출근을 해야 했거든요. 그런데 안 가면 후회할 것 같고, 스스로에게 너무 실망할 것 같다는 생각이 계속 드는 거예요. 충동적으로 가야겠다고 결심한 뒤 이왕 가는 김에 깃발을 하나 맞춰야겠다, 싶어서 두 시간 만에 깃발을 뽑았어요. 극소량은 제작이 안 된다거나, 시간이 부족하다고 말한 업체도 있었지만 한 곳에서 추가금을 붙여서 뽑는 게 가능하다고 해주셨거든요. 그럼 제가 도안을 한 시간 내로 보내겠다, 그리고 오후 6시 전까지는 무조건 받으러 가겠다고 얘기한 뒤 바로 차표 끊고, 깃발 뽑고, 깃대를 샀어요.

3 윤 대통령 탄핵소추안의 표결이 처음 진행된 날. 계엄 이후 첫 번째 토요일로 여의도 국회의사당 앞에 대규모의 시민이 집결했으나 정족수 미달로 표결이 무산되었다.

구구 인쇄업체와 소통하는 건 직장 등에서 해본 경험이 있으세요?

해련 처음 했어요. 아는 게 전혀 없었는데 관련 업무를 잘 아는 친구가 '정말 급한 경우 당일에도 뽑아주는 데도 있다, 네가 연락을 해봐라'라고 해서 그 말 하나 믿고 대전에 있는 모든 인쇄업체에 다 연락을 돌렸어요.

희주 행동력이 대단하세요. 전에도 굿즈를 제작해보신

시위 현장에서의 네오문화기술연구소 깃발

적이 있나요? 디자인을 해본 적이 없다면 어려웠을 것 같아요.

해련 디자인은 대학 시절에 카드뉴스 정도만 만들어봤고요. 친구에게 키링이랑 '반사 스티커'[4] 디자인을 받아 팬덤 굿즈를 만든 적은 있어요. 이번에도 그 친구와 '우리 다음 주에 이거 뽑아서 붙이고 가야 돼'라면서 탄핵 반스를 만들어 믐뭔봄[5]을 들고 있는 분들에게 나눠드렸고요. 깃발 제작은 처음이에요. 시간이 넉넉했던 것도 아니라 완성에 의의를 두자는 마음으로 단순하게 만들었어요. 손 모양[6]도, 사실 인체공학상 한 손은 손바닥, 다른 손은 손등이 보여야 하는데 양손 다 손바닥이 보여요. 그래서 '옆에 있는 사람과 함께해야만 손 모양을 만들 수 있다'라고 했죠(웃음).

희주 어우, 일부러 그런 거 같아요. 의미가 좋다(웃음). 이번 광장에서 눈에 띄었던 점은 발언대에 선 시민들이 자기소개를 하는 방식이었어요. 그처럼 세 가지 키워드로 나 자신을 표현한다면요?

4 발광하는 응원봉에 부착하는 스티커. 주로 '반스'라고 줄여 부른다. 본래 최애의 이름이나 애칭을 붙였으나, 이번 탄핵 시위 때 엔시티 팬들이 붙인 '탄핵 반스'가 화제가 되었다.
5 엔시티 응원봉의 별칭. 네모난 정육면체와 가까운 형태라 응원봉의 'ㅇ'을 'ㅁ'으로 대체하여 부른다.
6 엔시티 멤버들이 팀 구호를 외칠 때 만드는 손 모양. 양손의 엄지와 검지를 펼친 뒤, 왼손은 손바닥을, 오른손은 손등을 보이는 상태로 두 엄지를 맞붙이면 엔시티의 머리글자 'N'을 닮은 손 모양이 된다.

해련 광주광역시에서 공부한 뒤 대전에서 의료 활동을 하며, 아이돌 팬덤에서 활동하는 해련입니다. 의료 파업의 여파로 스케줄이 줄어들어서, 빈 시간을 시위로 꽉꽉 채우는 중이에요. 크게 저를 구성하는 세 가지를 꼽자면 충동, 의심, 그리고 사랑이에요. 늘 뭔가를 충동적으로 하고, 하루 정도 이 충동이 옳은가 의심을 하죠. 내가 하고자 하는 일이 책임질 수 있는 활동인가, 라는 스스로에 대한 의심이 있는데, 이 의심의 끝에 '그래도 내가 사랑하는 거니까'라는 답을 내리게 되는 것 같아요. 사랑하는 사람을 지키기 위해 해야지, 하는 마음이 있죠.

    이번 시위에서 밈이 된 것 중 하나가 윤석열 퇴진 시위 참여 사진과 함께 올라온 "해찬아 살기 좋은 나라로 만들어줄게"라는 트윗이에요. 저도 엔시티 팬이지만, 해찬이가 살기 힘들까? 싶긴 했는데(웃음), 사랑하는 사람을 지키겠다는 맥락에서 이해했어요. 팬들에게는 늘 최애에게 본인이 줄 수 있는 가장 좋은 걸 주고 싶어 하는 마음이 있잖아요. 보통은 돈과 사랑과 시간을 주는데, 이번처럼 시위에 참여해서 최애를 부른다는 건 자유, 표현, 인권을 지키는 게 불안정한 상황이 되었다는 반증 같아요. 그래서 팬들이 시위에 나가는 거 같고요. 또 저에게 나이 차이가 많이 나는 동생이 있는데요. 걔한테도 살 만한 세상이 있어야 되지 않나, 라는 생각이 있었죠. 어른으로서의 책임과 가족으로서의 책임. 그게 큰 동기가 됐던 것 같아요.

구구   자유, 표현, 인권 같은 표현이 인상적이에요.

희주   공감도 가고요. 저도 계엄 선포를 보고 딱 떠올린 게 우리 엔시티 위시(이하 위시) 막둥이거든요. 그 친구가 미성년자에 일본인이에요. 나도 어안이 벙벙한데 얘는 지금

트위터(현 X)에 올라온 게시 글 (출처: @Ba5go7)

무슨 일이 일어났는지 알까? 이게 어떤 의미인지 알까? 하고 NHK뉴스를 틀었어요. 한국에 계엄령이 내려졌다면서 속보가 막 쏟아지는 거예요. 순간 실감이 확 나면서 아, 진짜 큰일인데 싶더라고요. 위시가 한일 동시 활동 팀이거든요. 그래서 우리 위시 내한하기 좋은 세상 만들어줘야지, 하고 다짐했어요(웃음). 정리하자면 사랑이 중요해서, 사랑하는 사람을 지키겠다는 의미로 시즈니 깃발을 들고 광장으로 나간 걸까요?

해련 약간 그렇다고 볼 수 있는 것 같아요. 나에게 가장 큰 용기를 주는 게 무엇이냐, 라고 물었을 때 나를 나아가게 하는 거, 내가 혼자가 아니라고 느끼게 하는 거, 내가 좀 더 좋은 세상이 오기를 바라게 하는 건 사랑이라고 늘 생각하고 있거든요. 분노는 금방 사그라들고 사랑은 오래 지속되잖아요. 아이돌 팬덤은 사랑에 담보 잡혀서 이것저것 다 하는 사람들이거든요. 이미 사랑을 담보로 너무 많은 탄압과 검열을 당해와서 이번 계엄령에 대응하는 방식은 우리의 주특기라고 할 수 있어요. 엔터사가 길러낸 특전사인 거죠.

희주 응원봉이 이번 시위에서 일종의 아이콘이 되었어요. 2030 여성이 새삼 주목받았고요. 저는 탄핵안이 폐기된 12월 7일에 여의도에 있었는데요. 국회의사당을 돌며 국민의힘 의원들의 투표 참여를 촉구하는 구호를 외치는데 어느 순간 주변에 여자 목소리밖에 안 들리더라고요.

해련 팬덤의 기여가 높다는 말이 틀린 건 아니지만, '팬'이기 전에 2030 여성이 많이 나왔다는 생각도 해요.

2030 여성의 대부분이 케이팝의 황금기를 보낸 사람들이고, 케이팝 문화와 밀접한 삶을 살아온 사람들이거든요. 다들 응원봉을 들고 있는 사람은 곧 아이돌 팬이라고 보는데, 실은 그냥 가지고 있어서 들고나온 사람들도 많을 거라고 봐요. 특히 이번에 엔시티 응원봉이 많이 나왔다고 얘기하잖아요. 저는 두 가지 이유가 있다고 생각해요. 하나는 네 개 그룹의 팬 연합이라서, 다른 하나는 엔시티가 3세대 아이돌 그룹의 1군이라서. 저는 4세대로 넘어오면서 케이팝이 괴사하는 중이라고 보거든요. 엔터사의 갑질이 심해지고, 서비스가 프리미엄화되면서 라이트한 팬들은 야구나 만화 같은 다른 취미로 다 떠나갔어요. 남은 사람들끼리 악착같이 해야 하니까 악순환이 심해지고, 결국 3세대까지만 덕질*하고 케이팝을 관둔 사람이 많으니 엔시티 응원봉이 많은 거죠. 친구들끼리는 "야, 집 나간 시즈니 돌아오는 거 봐라, 실질적 시즈니는 몇 명일까?" 이런 얘기를 하기도 해요.

희주 말씀하신 부분은 케이팝 비평과 가깝게 느껴지는데요. 공개된 SNS 계정에서도 이런 말을 하는 편인가요?

해련 깊게는 안 하고 얕게? 우리끼리의 유머 같은 감각으로 해요. 너무 파고들면 사기가 떨어질 수 있어서요.

희주   제가 어렸을 때 아이돌 팬 문화는 또래문화적 성격이 강했어요. 2010년대에 들어서는 기획사가 젊은 예술가와 협업하는 경우가 늘어나며 소위 힙스터라고 불리는 예술친화적인 집단에 속한 팬들이 늘었고요. 그런데 최근에는 아이돌 팬 문화 자체가 지나치게 소비주의적으로 변하면서 말씀주신 대로 남을 사람만 남은 느낌이 있어요. 여러모로 잡음이 많은 시기랄까요. 임계점에 다다랐달까요. 오프라인 팬 활동도 자주 하시나요?

해련   공개방송*은 오가는 시간이 오래 걸려서 어렵고, 콘서트나 팬미팅 등 큰 행사는 티켓을 구하면 가는 편이에요. 가게 되면 공연 앞뒤로 트친*들을 만나고요. 요즘은 워낙 대리 티켓팅이 성행해서 원가의 몇 배 되는 웃돈을 얹어서 가느니 친구들이랑 라이브 방송을 보겠다 싶지만요. 또 엔시티의 개별 그룹이 아닌 모든 그룹을 좋아하는 사람이 흔치 않은데[7], 제가 그런 사람들을 한 명씩 포섭해서 최근에는 다 함께 모여 네이션 콘서트[8] 영상을 보기도 했어요. 그런 모임은 주기적으로 갖죠.

[7]   그룹 총 인원은 25인이나 보통 특정 유닛 그룹을 좋아하는 경우가 많다.
[8]   엔시티의 첫 오프라인 단체 콘서트 'NCT NATION: To The World'를 뜻한다. 엔시티 127, 엔시티 드림, 웨이션브이가 출연했으며, 일본 콘서트에서는 당시 결성된 엔시티의 마지막 유닛 그룹인 위시가 오프닝을 맡았다.

희주 네이션. 난 네이션을 해야 한다고 생각해(웃음). 티켓 구하는 거 진짜 어렵죠. 점점 어려워지고 있고요.

해련 전에 엔시티 127 티켓팅을 할 때 휴대폰으로 대기 번호를 1만 3천 번대를 받았어요. 되겠구나 싶어 컴퓨터로 확인해보니 13만 번대더라고요. 이게 뭐지? 당나라 군대가 쳐 들어왔나?(웃음) 엔시티 팬 13만 명이 동시에 접속하기는 어렵고, 업자가 그만큼 많이 낀 거예요. 티켓 팔아서 전세금 마련하는 거 그만하라고 했다(웃음).

희주 위시도 2천 석 규모 공연장 티켓팅을 하는데, 대기 순서가 9만 번인가 그랬어요. 나중에 보니 원가 7만원 대인 티켓을 몇십만 원에 팔더라고요. 어이, 동작 그만(웃음). 해련 님이 위시도 아껴주시는 분이라 기뻐요. 그래서 전체 시즈니를 아우르는 깃발을 만들 수밖에 없었구나 싶고요.

해련 맞아요. 같은 멤버도 그룹에 따라 운용법이 다르거든요. 이를테면 해찬은 엔시티 127과 엔시티 드림 모두에 속한 멤버인데요. 미성에 고음을 잘 내거든요. 그런데 127에선 고음 담당 멤버가 따로 있기에 해찬의 보컬을 굉장히 독특하게 써요. 물론 드림 음악에서 들을 수 있는 미성의 카나리아 같은 보컬도 너무 좋지만, 「삐그덕Walk」

2절 후렴구 같은 운용은 엔시티 127의 음악에서만 나올 수 있다고 봅니다.

희주 (공감의 박수) 오늘의 명언이다. 이번 비상계엄 사태 이후에는 거의 매주 주말, 서울의 시위에 참여하고 있다고요. 오가는 일이 말처럼 쉽지 않을 거 같은데 대단하세요. 이전에도 오프라인 시위에 참여해보신 적이 있나요?

해련 많지는 않아요. 가장 최근에 갔던 건 혜화역에서 열린 '딥페이크 성착취 엄벌 촉구 시위'였어요. 그 시위는 안건의 특성상 몰개성이 안전한 시위라서 검은색 옷을 입고 모자를 쓰고 갔는데, 이번 탄핵 시위에서 중요한 건 다양성이라고 생각했어요. 이렇게 다양한 사람들이 탄핵을 원한다는 걸 보여주는 거죠. 연령대와 성별을 떠나 좋아하는 야구팀의 유니폼을 입거나 개인의 개성을 극대화해서 나오는 분들이 많다 보니 다른 시위랑은 느낌이 다르더라고요. 저의 정체성 중 하나가 시즈니이기에 마음껏 시즈니인 걸 뽐내고 있는 상황이죠.

희주 맞아요. 말 그대로 광장에서 다양한 목소리가 터져 나오는 걸 매주 피부로 느끼는 것 같아요. 함께 엔시티를 좋아하는 팬들이랑 기존에도 정치에 관한 얘기를 하곤 했나요? 트위터에서 이야기를 하신다든지요.

해련   다른 장르 친구들이랑은 하는데, 엔시티 판에서는 그다지 안 하려고 하는 편이에요. 제가 여성·퀴어 인권에 관심이 많은데요. 아이돌 팬덤의 경우 시스젠더 헤테로 여성이 높은 비율을 차지해서 그런지 내 일처럼 생각하지 않을 때가 있어서요. 알페스⁹를 하면서 동성애를 농담거리로 소비한다든지, 성소수자와 연대한다고 하지만 젠더감수성이 없다든지요. 비계¹⁰에서는 얘기하기도 하는데, 공개 계정의 경우엔 팔로워가 좀 있고, 가르치듯 굴고 싶지는 않아서 조심스레 접근하는 편이에요.
　이번 사태에 대해선 시위에 참여하고 있다는 말 정도는 합니다. 신분이 특정될 가능성이 있기에 깃발을 제작한 이야기는 비계에서만 했지만요. 비계친들이 그게 저였냐고 묻더라고요(웃음). "나는 네가 자랑스럽다" 이렇게 말해주기도 하고. 공계*에서도 종종 '오늘 이분을 만났다'며 깃발 사진을 올리는 분들도 보는데, 그럴 땐 저라고 말할 수 없으니 하트만 누르곤 하죠.

9　리얼 퍼슨 슬래시Real Person Slash의 준말. 주로 동성인 멤버들 간의 관계를 성애적으로 재해석하는 팬덤 문화.
10　비밀 계정의 준말. 이곳에서 관계를 맺는 사람을 비계친(비밀 계정 친구)이라고 부른다. 비계친의 경우 공개 계정의 친구보다 내밀한 관계라고 볼 수 있다.

희주   팬덤이 정치적으로 예민한 이슈에 대해서는 말하기

꺼리는 분위기가 있는 듯해요. 이번 사태는 워낙 충격적인 사건이라, 비교적 이야기하기 자유로운 듯하지만요. 오기 전에 확인해보니, 네오문화기술연구소 깃발 사진을 찍은 트윗이 7천 회 정도 리트윗되었더라고요. 온라인뿐만 아니라 오프라인 현장에서도 여러 반응을 접했을 거 같은데요. 기억에 남는 반응이 있나요? 저희가 남태령에서 만났을 때도 '드디어 저 숙녀분과 인사하겠군' 하고 갔더니, 주변에 이미 몇몇 시즈니가 자연스레 뭉쳐 있던 게 생각나요.

해련 사실 저는 이렇게 주목받을 거라고는 생각 안 했어요. 1인 시위 같은 느낌으로 '여기에 시즈니 있다' 정도만 드러내고 싶어서 맞춘 건데, 첫날에 깃발을 들고 앉으니 주변에 믐뭔봄을 가진 사람들이 모이는 거예요. 그런데 모이기만 해요. 핫팩 같은 걸 주면서 "이거 쓰세요"라고 해서 받으면 그게 끝이에요. 더 말은 안 걸어요(웃음).

희주 진짜요? 어떤 사람인지 궁금해할 법도 한데.

해련 엔시티 멤버들이 내향적인 편이라 팬들이 애정을 담아 '찐따시티'라고 놀리거든요. 시즈니들도 비슷하더라고요. 그래서 내적 친밀감을 느끼는 정도였는데, 12월 14일에 탄핵소추안이 가결된 순간에 멀리서부터

반사 스티커를 붙인 시즈니들의 응원봉

믐뭔봄을 든 소녀들이 "와아아" 하고 달려오는 거예요. 그 순간 다 같이 손을 잡고 뛰고, 각자의 믐뭔봄을 모아서 사진을 찍는데 이 사람들이 낯을 가려서 그렇지 엄청나게 소속감을 느끼고 있구나 싶더라고요. 옛말에 '군사 백 명보다 깃발을 가진 군사 열 명이 더 강하다'라는 말이 있거든요. 그 말이 떠오르면서 모이면 강해진다는 걸 체감했죠. 소속감을 느꼈고, 어떻게 보면 엔시티 없이도 사랑할 수 있다는 걸 느꼈어요.

희주   저도 해련 님한테 가봐야겠다, 저분 이야기 들어보고 싶다고 생각한 게 저 자신에게 시즈니로서의 소속감이 있기 때문이더라고요. 해련 님은 광장에서 시즈니들을 볼 때 마음이 어땠어요?

해련   딱히 말을 안 해도 같이 있으면 든든한 느낌? 남태령에 간 날도 아침에 일찍 도착해서 혼자 앉아 있는데 어떤 시즈니가 곁에 앉으며 먹을 걸 주셨어요. 근데 이후로 네 시간 동안 한 마디도 안 거시는 거예요(웃음). 광장에 나오고 싶고, 또 함께 있고는 싶지만 말을 거는 건 힘들다는 마음도 이해해요. 사실 깃발을 맞추며 했던 생각은 누구든 내가 여기 있다는 걸 좀 알아야 된다. 그러니까 시즈니가 여기 있다는 걸 알아야 된다는 거였어요. 그 상대가 윤석열이나 같이 연대하는 동료 시민이기도 했지만, 같은 시즈니들이기도 했어요. 저 여기 있어요. 시즈니가 여기도 있어요, 라는 걸 알리고 싶었던 거죠. 또 스스로에게도 제가 여기 있다는 걸 알리고 싶었어요. 사실 처음 시위를 나간 날에 너무 무섭기도 했거든요. 그때 2차 계엄을 선포할 수도 있다, 살수포가 나올 수 있으니 고글을 챙기라는 말도 있어서 약간 쫄아 있기도 했고요.

희주   저 역시 최루액을 뿌릴 수도 있다는 말을 들어서

텀블러에 우유를 담아 가야 하나 했어요.

구구 저는 2008년 광우병 집회 때 생각이 나서 너무 무서웠어요. 그때 제가 스무 살이었는데, 거리에 살수차도 나오고, 대학생들도 연행했거든요. 제 동기들도 잡혀갔고요. 그걸 한번 본 기억이 있어서 계엄 선포 당일에도 사촌들이 여의도에 가자는데 주저되어 못 나갔어요. 그런데 이번에 응원봉을 들고 거리에 나선 여자들을 보면서 너무 대단하다고 느낀 동시에 저렇게 많은 사람이 응원봉을 들고 있는데 설마 여기서 무슨 일을 하겠어? 무슨 일이 일어나도 이 사람들이 뭐든 하겠지 이런 생각이 들어서 그다음부터는 나갈 수 있게 되었어요.

해련 제가 개인으로 나가면 그냥 한 사람이잖아요. 그런데 깃발을 들고 가면 사람들도 나를 인식하고, 나도 사람들을 인식하니 혼자가 아닌 게 되어요. 그런 소속감을 스스로에게 주기 위해 들고 나간 것도 없잖아 있고요. 개인이 아닌 시즈니로서 깃발을 들고 나가면 그 자리에서 저와 연결되는 수많은 시즈니를 만날 수 있거든요. 엔시티는 네 개의 그룹이 속한 거대 브랜드예요. 시즈니는 그 팬덤 전체를 부르는 말이고요. 종종 '그래서 너 엔시티 누구 팬인데?'라는 질문을 들을 때면 대답하기 어려워요. 제가 거기서 한 팀을 고르면 나머지 세 팀을 좋아하는 마음이 과소평가되는 거잖아요. 하지만 시위 현장에 가면 그런 구분 없이 그냥 다 시즈니, 시즈니 덩어리가 되어요. 그걸 보면서 아, 하나가 된 시즈니란 아름답구나, 하죠(웃음).

희주 하나가 된 아름다운 시즈니를 보기 위해서라도 네이션을 해야 한다. 너무 감동적이고 좀 죄송하네요. 제가 만나자마자 엔시티 누구 좋아하세요? 이렇게 물어가지고(웃음). 팬덤 문화에 익숙하지 않은 분들은 해련 님을 엔시티 팬덤의 대표로 볼 수도 있는데요. 부담스럽지는 않았어요?

해련 처음엔 부담이 없었어요. 우리는 어떤 조직이 아니라 그냥 모인 사람들이잖아요. 시즈니라고 해서 누가 누구를 대표할 일은 없다고 생각했는데, 한 기자분이 "엔시티 팬 대표세요?"라고 묻는 거예요. 그때 처음으로 헉! 내가 잘못하면 팬 전체에 영향을 미칠 수도 있나? 라는 생각이 들었어요. 방탄소년단의 팬덤인 '아미'에서 논쟁이 있었거든요. 트위터에서 어떤 아미분이 박근혜 퇴진 시위에 응원봉을 들고 나간 경험과 시위 팁을 전수하면서 '그런데 우리는 (팬덤이라는) 상징성을 가진 사람들이니까 응원봉 들고 나가지 마세요'라고 말미에 남기신 거예요. 거기에 동조한 분들과 반박하는 분들이 팽팽하게 대립했고요. 그걸 보고 순간 깃발을 잘못 뽑았나? 싶었는데, 금세 뭐 어떠냐는 결론이 나오더라고요. 왜냐하면 제가 깃발을 들어서 엔시티가 타격을 입을 수 있다고 해도, 잘못된 일이 아니잖아요. 정치적 견해나 사상싸움이 아니라 선악의 싸움이라는 생각이 들었고, 무엇보다 내가 이 깃발을 들어서 엔시티에게 해가 간다면 그건 사회문제지, 내 문제냐 싶었어요. 사실 아이돌 깃발은 다른 장르 깃발에 비해 개수가 많지 않아요. 실존 인물에게 피해가 갈 수 있다는 이유로요. 깃발에 이름을 넣지 말라는 규칙이 암암리에 있어서 '엔시티 팬 모임'이나 '시즈니 모임'이 아닌, '네오문화기술연구소'라는 암구호 같은 문구를 넣은 거예요.

희주 그런 일이 있었군요. 유머러스한 표현이라고만 생각했지, 이름을 넣으면 안 된다는 요구가 있는 줄은 몰랐어요.

해련 엔시티를 사랑해서 나온 건 맞지만, 소녀들과의 연대가 더 중요하다고 생각해요.

희주 연예인 중에서도 이번 비상계엄 사태에 관해 자기 의견을 표출하는 이들이 있는데요. 기억에 남는 사람이 있을까요? 전 개인적으로 루셈블Loossemble의 멤버 혜주를 보고 깜짝 놀랐어요. 계엄 당일에 직접 여의도로 나왔는데, 같은 시민으로서 존경스럽더라고요.

해련 제가 아이즈원IZ*ONE을 좋아했어서 멤버였던 채연이 이번 사태에 대해 '이런 자리에 있으니 더 말해야 하는 거 아니냐' 하고 언급한 게 인상 깊었어요. 연예인은 인플루언서고, 영향력을 가진 사람인데 그 영향력은 어디에 쓰나 싶었거든요. 사실 이번 내란 사태는 단순히 정치적 견해 차이가 아닌 선과 악, 민주주의와 반민주주의의 싸움이라고 봐요. 이런 상황에서도 아무 말 못 하나 싶었는데, 한 명이라도 말해주니까 고맙더라고요. 아이유의 경우엔 퀴어 커뮤니티의 문구를 곡 제목에 전용한 'Love Wins' 사건으로 최근 논란이 있었는데요. 이번엔 집회에 나간 팬들을 위해 여의도 내 음식점과 카페에 선결제를 했다는 소식을 보면서 역시 사람에게는 다양한 모습이 있구나, 아이유처럼 많은 사람의 입에 오르내리면서도 계속 목소리를 내는 사람이 있구나 하는 생각이 들어서 기억에 남아요.

희주 상대적으로 여성 연예인이 목소리를 많이 내준 거 같아요. 아이유나 소녀시대GIRLS' GENERATION 유리, 뉴진스NewJeans, 루셈블의 혜주나 이브도 그렇고요. 엔시티는 아직이네요. 어떠세요? 멤버들이 이번 사태에 대해 의견을 내줬으면 좋겠다고 생각하나요?

해련 아까도 얘기했듯이 '해찬아 살기 좋은 세상 만들어줄게'라고 하지만, 해찬이는 이미 우리보다 훨씬 좋은 세상에 살고 있을 수 있어요. 본인이 원하는 일로 많은 돈을 벌고, 업계에서도 인정받고 있고요. 그러니까 팬들에겐 늘 '이 가수가 나의 편이 아닐 수도 있다'는 걱정이 있죠. 고소득층인 20대 성다수자 남자의 선택이 우리의 선택과 다를 수 있다는 생각에 불안하기도 하고요. 이번 사태에 대해서는, 아니 이 정도인데 말을 못 한다고? 너무 답답하다 싶기도 했어요. 박근혜 탄핵 시위 때는 연예인들도 어느 정도 의견을 드러냈던 게 기억이 나는데…. 무슨 말이라도 하면 좋겠다 싶더라고요.

 연말에 가요 시상식을 많이 하잖아요. 그걸 보는데 '메리 크리스마스'라는 인사가 너무 이질적인 거예요. 나는 하나도 기쁘지 않고 축제할 상황도 아닌데 단절된 세상을 사는 거 같았어요. 동시에 '2찍'일 거면 차라리 티를 내지 않았으면 하는 마음도 있었고요. 친구에게 이런 얘기를 했더니 그러더라고요. '그렇게 생각하면 안 된다. 네가 좋아하는 사람이 2찍이면 그만 좋아하면 되는데, 네가 원하는 답이 있으니 말하라고 하는 거 아니냐, 듣고 싶은 말만 해줬으면

하는 그런 생각이 연예인의 발언을 막는 게 아니겠냐'고요.
헉 했어요. 맞는 말이죠. 대중이 원하는 대답을 해야
한다는 기대와 억압이 있어서 어떤 말도 못 하는 것일 수도
있잖아요. 무슨 말이라도 할 수 있는 분위기가 먼저 되어야
한다 싶었어요.

구구 저는 최애가 바닥을 보여줄까 봐 두려운 마음이
있어요. 일테면 저랑 정치 성향이 다르다는 걸 밝히는 건
상관없거든요. 그런데 일단 말을 했을 때 최애가 얼마나 욕을
먹을지 두렵고, 내가 어떻게 할 수 있을까, 어떻게 할 것인가
고민도 되고…. 한편으로는 그렇게 해서 드러난 최애의
모습을 어떻게 대해야 할지 너무 복잡한 마음이 들어서 어떤
의견이든 아예 말하지 않았으면 좋겠다 싶을 때도 있어요.
뭐랄까, 이런 말 하는 스스로가 되게 별로지만, 문제와
최애를 격리하고 싶은 마음이 생기더라고요.

해련 어쩔 수 없는 양면성 같아요. 비유하자면 많은 여성이
남자친구에게 중요한 문제는 언급하지 않고 연애하는 거랑
비슷한 느낌? 누구 하나 좋아하지 않으면 살아가기 힘든
세상이잖아요. 저 또한 덮어두고 사랑하고 싶은 마음엔
공감하지만, 진짜 마음 편하게 최애를 좋아하고 싶다면 말할
자유를 주고, 의견이 안 맞을 때 시원하게 그만 좋아하는 게

건강한 것 같아요.

희주   진짜 너무 어렵네요. 위시는 아직 신인이기도 하고 외국인 멤버가 많아서 논쟁에서 좀 벗어나 있는데요. 나중에 제가 비슷한 질문을 받는 때가 오면 정말 저의 양면성의 끝장을 볼 수 있을 거 같아요.

해련   사실 모든 팬과 가수의 관계는 내가 시작한 거잖아요. 엔시티 드림의 「GO」 가사처럼 "그게 니 선택이면 결과도 네가 책임져야지" 싶은 거죠(웃음). 최애의 정치적 입장에 관해 모르고 싶다는 마음, 차라리 말하지 말라는 마음이 컸지만 사태가 여기까지 오니까 다 까고 말해라, 지금 말해라, 이렇게 되는 거 같아요.

희주   예전부터 여성·퀴어 인권에 관심을 가졌다고 했는데요. 엔시티 멤버들은 해련 님이 관심 있는 주제와 관련된 이야기를 한 적이 있나요? 케이팝 가수들이 종종 해외 공연에서 프라이드 플래그Pride Flag를 드는 모습은 본 적이 있는데, 엔시티는 어때요?

해련   직접적으로 말하진 않고 우회적인 방식으로 표현해주는 멤버들은 있었어요. 모든 사랑은 존중되어야 한다고 말한다거나 프라이드 플래그 이모티콘을 사용하는 등의 소극적인 연대를 보여줬죠. 그런 걸 보면 내가 선택을 잘했구나, 내가 고른 내 가수 어디 내놓아도 자랑스럽다 싶어요. 제 사랑이 틀리지 않았다는 걸 확인받는 거잖아요. 사랑의 유통기한이 한두 달씩 늘어나죠.

희주 해련 님은 이번 탄핵을 선악의 문제처럼 명확하게 답이 있다고 보고, 시즈니들과 연대하기 위해 깃발을 들고나왔다고 하셨어요. 그런데 만약 다른 시즈니의 입장에서 논쟁거리가 되는 문제였다면 어땠을 거 같아요? 깃발을 들고 거리로 나갔을 것 같나요?

해련 그렇다면 깃발을 들고 나가지는 못할 거 같아요. 내가 정답이 아니니까요. 엔시티를 뒷배로 두고 '내가 맞아!' 할 수 있는 게 아니라 엔시티, 시즈니라는 집단을 내 판단에 이용하는 거니… 그렇게 하기 어렵지 않을까요? 이를테면 여성 의제 관련 시위를 나간다면, 남자 아이돌 깃발을 들고 나갈 순 없을 거 같아요. 가해자의 성별과 피해자의 성별이 명확하잖아요. 또 이번 탄핵 찬성 시위처럼 '시민' 간의 연대라기보다 '여성' 간의 연대가 중요하기도 하고요. 여자들끼리 힘을 모을 수 있다는 메시지가 중요하기에 '남자 아이돌'이라는 매개체를 드러내는 깃발을 굳이 들진 않을 것 같아요.

희주 정답이 아니라는 표현이 인상적인데요. 정답을 판단하게 되는 기준은 어디에 있나요? 이를테면 친구들이라든지, 같은 팬덤 의견이라든지, 트위터 같은 SNS 여론이라든지 여러 가지가 있을 것 같은데요.

해련 제가 의료인이라 목숨을 중요하게 봐요. 어떻게 하면 다수가 건강하게 행복하게, 높은 삶의 질을 누리며 살 수 있을까? 이게 저에게 가장 중요한 기준이거든요. '잘 산다'라는 말에는 다양한 의미가 있는데, 지금 상황에서 '잘 산다'는 진짜 생존을 말하는 거죠. 그래서 이번 같은 문제에는 정답이 있다고 보는 거예요.

희주 한겨울에 시민들이 고생 중입니다. 지금 광장의 한편에서는 탄핵을 촉구하는 시위가, 다른 한편에서는 탄핵을 반대하는 시위가 일어나고 있어요. 여기서 조금 어려운 상상을 해볼게요. 만일 어떤 시즈니가 응원봉과 깃발을 들고 태극기 부대가 하는 탄핵 반대 시위에 참여하는 걸 보면 어떨 거 같아요?

해련 약간 암담하죠. 어쩌다가? 이런 생각이 먼저

들겠지만, 그게 그 사람의 선택이라면 그런 거겠죠. 제가 광주광역시에서 공부했는데, 그곳에서 만난 대다수의 사람들이 생명 존중과 민주주의에 대한 높은 시민 의식을 가지고 있어요. 제가 윤석열이 당선된 상황에서 절망에 빠져 있을 때, 저를 가르쳐주셨던 분이 '그럼에도 민중의 선택이라면 따라야 된다'라고 말씀하시는 거예요. 그때 진짜 민주주의 시민이 되는 법을 깨달았어요. 상대방의 선택을 이해하기 전에 인정해야 한다는 걸요.

희주 그럼 완전 잘못된 평행 세계라고 가정하고, 윤석열의 탄핵을 저지해야 한다는 의견이 아주 우세한 사회면 어떨 거 같아요? 그때도 해련 님은 신념을 가지고 시즈니 깃발을 들고 나갈 것 같으세요? 근데 내가 말하면서도 좀 무섭다. 돌 맞으면 어떡해요(웃음).

해련 너무너무 잘못된 세계지만, 만일 탄핵을 저지해야 한다는 의견이 압도적인 상황이라면 제 신념을 따라 깃발을 들기는 힘들지 않을까요? 저는 '잘 산다'는 기준에 '나답게 산다'가 들어가는 사람이에요. 나답게 살 수 있다면 스스로가 위험해지는 것에 대해서는 별생각을 안 하기도 하고요. 그렇지만 제 선택으로 인해 저에게 힘을 줬던 엔시티가 피해를 입는다면 마음이 괴로울 것 같아요. 듣다 보니 제가 깃발을 들고나온 건 '이게 정말 옳다'라는 생각과 '모두 이게 옳다고 생각할 거다'라는 믿음이 있기 때문인 것 같네요. 이렇게 잘못된 세계를 듣고 나니 말예요.

희주 이런 믿음을 만들어준 사람들은 앞서 말한 친구들, 그리고 같은 엔시티 팬들일까요?

해련 네. 같은 생각을 공유할 수 있는 친구들. 한두 명이 공감하는 것도 중요하지만, 트위터에서 리트윗이 많이 되면 그건 한 사람의 의견이 아니라고 봐요. 거대 메시지, 흔히 말하면 빅데이터로 이게 옳다, 라는 걸 봤기에 한 선택 아닐까요.
　처음 계엄이 선포되었을 때 계엄 관련 언급을 하지 마라, 계정이 잠길 수도 있다, 이런 트윗이 엄청 많이 돌았어요. 그걸 보고 이럴 때일수록 말해야 하는 거 아닌가, 한 명만 말하면 계정을 잠글 수 있지만, 수많은 사람이 하면 잠글 수 없을 거라는 생각을 했어요. 때마침 제 생각과 같은 글이 리트윗되어서 돌아온 걸 보고 '그래, 이거야' 했죠.

희주 해련 님 마음속에 있는 의견이 더 힘을 받게 된 거 같아요. 저도 긴가민가한 문제가 있을 때 내가 믿고 신뢰하는 사람들이 저와 같은 의견이면 안도감과

해방감이 들더라고요. 긴 시간 고생 많으셨습니다. 연말에
〈가요대전〉은 어떻게 보셨어요? 전 솔직히 아주 오랜만에
모든 것을 잊고 위시 너무 예쁘다, 완전 천사 같다, 이러면서
봤는데.

해련   제가 친구들한테 계엄 선포 이후의 한 달이 내 인생에
너무 큰 불신을 심어놓은 것 같다고 얘기했거든요. 무언가가
앙금처럼 계속 남아 있고, 100퍼센트의 행복이라는 게
없어진 거예요. 무엇을 하든 그 끝에 어느 정도의 불안과
공포가 있어요. 순도 높은 행복이라는 거 없이 살아가는
느낌이라서요. 그럴 때일수록 행복을 자세히 들여다보려고
노력하면서 작은 사랑을 하나하나 모아 일상을 꾸려가는
중이에요.

희주   진짜 이 기쁨을 뺏어간 윤석열을 빨리 탄핵해야
한다(웃음). 해련 님이 추천하는 '혁명의 케이팝'은 어떤
곡이에요?

해련   저는 시위에 다니면서 참전곡 플레이리스트를
만들기도 했거든요(웃음). 그래서 현 상황에 힘을 주는 여러
노래들 중에 고민했는데, '혁명'이라는 단어가 들어간 만큼
엔시티 2020의 「RESONANCE」를 빠뜨릴 수 없을 것

같아요. 도입부에 "No matter what they say, No matter what they do, We gon' resonate(그들이 뭐라고 하든, 그들이 무엇을 하든, 우리는 공명할 것이다)"라는 가사가 있거든요. 이 가사가 사람들의 비하와 갈라치기에도 꿋꿋하게 연대하는 우리의 모습과 잘 어울려요.

희주   나중에 전체 플레이리스트 공유해주시고요(웃음). 이따 광장에서 뵈면 또 인사드릴게요. 마지막으로 꼭 하고 싶은 말이 있다면요?

해련   마크가 『코스모폴리탄』 인터뷰에서 한 말이 있어요. "진심은 통한다. 그리고 정의가 이긴다. 저는 그걸 믿고 있고, 이게 정말 맞았으면 좋겠어요"라고. 요즘 제가 자주 되새기는 말 중 하나입니다. 모두의 진심이 통하고 정의가 승리하는 미래가 오길 바랍니다. 마크야, 말한 대로 이뤄지는 세상 만들어줄게!

걸그룹과 보이그룹 사이, 온라인 활동과 오프라인 활동 사이

인터뷰 2

엔시티 팬이지만 걸그룹 응원봉을 들고나온 '유원'

2025.01.10. 오후 5시 ~ 7시 30분
사당 퍼시브커피

2025년 새해는 밝았지만, 세밑에 일어난 12·29 제주항공 참사로 전국적으로 추모의 분위기가 깃들었다. 참사는 태국 방콕발 제주항공 여객기가 무안국제공항 활주로로 착륙을 시도하던 중 발생해, 탑승자 181명 중 179명이 사망하고 2명이 생존했다. 1월 4일 광화문 등지에서 일어난 5차 범시민대행진에서는 희생자들을 기리는 검은 리본을 응원봉, 깃발 등에 부착하고 묵념 시간을 가졌다. 한편 1월 3일에는 윤석열의 체포영장 1차 집행이 시도되었으나 불발, 민주노총에서 예고한 집회에 시민들이 참여하며 규모가 커졌다. 4일에는 광화문 집회를 마치고 온 시민들도 합류하여 밤샘 집회가 이어졌다. 폭설 등의 악천후에도 은박 담요를 쓰고 자리를 지킨 시민들이 있었고, 그 모습이 은박지로 감싼 초콜릿인 키세스와 닮았다는 뜻에서 '키세스 시위대'라고도 불렸다.

  유원에게 트위터(현 X) 메시지를 보낸 것은 1월 4일이었다. 한강진에서 인터뷰이를 구하려다가 실패하고 귀가하던 길이었다. 우리 사회가 낯선 이를 믿기 어렵게 된 탓인지, 그도 아니면 충분히 적극적이지 못한 스스로의 탓인지 헤아리며 의기소침해하던 중 유원에게 연락을 해보자는 데 생각이 미쳤다. 위시 팬 계정에서 맞팔로우 사이인 유원과 나는 남태령에서 짧게 인사를 나누었다. 남태령의 인파 속에서 유원은 "저는 핌봉을 들고 있어요"라고 말했다. 르세라핌LE SSERAFIM의 응원봉인 핌봉? 엔시티의 음뭔봄이 아니라? 그로부터 약 2주 뒤, 그의 한강진 시위 참여 인증샷에 찍혀 있는 건 이달의 소녀 응원봉이었다. 팔로워 수천 대의 계정을 운영하는 보이그룹의 팬이 어째서 거리에는 걸그룹의 응원봉을 들고나온 걸까?

인터뷰이 유원

'좋아하기'를 잘하는 사람. 근데 진짜 좋아만 함.
회피가 습관이지만 끝까지 회피할 수 없었던 루키
'위시'가 나의 마지막 아이돌이기를 간절히 바란다.

인터뷰어 희주, 구구

희주　총 세 번 시위에 참여했다고 들었어요. 여의도와 남태령에는 르세라핌의 핌봉, 한강진에는 이달의 소녀의 오빛봉을 들고 나갔고요. 다른 응원봉도 있나요?

유원　엑소EXO의 에리디봉, 그리고 엔시티 응원봉인 믐뭔봄의 구버전과 위시 버전[1]까지, 총 다섯 개를 가지고 있어요.

[1] 총 네 개의 유닛으로 구성된 엔시티의 경우 웨이션브이를 제외하고 개별 유닛의 구분 없이 하나의 응원봉을 사용했으나 2024년 위시의 데뷔와 함께 각 그룹별 응원봉을 선보였다. 2024년 이전까지 사용되던 범용형 응원봉을 '구믐(구 믐뭔봄)', 개별 그룹의 로고가 새겨진 새로운 응원봉에 유닛명을 붙여 '뉴믐(뉴 믐뭔봄)'이라고 부른다. (예: 위시 뉴믐)

희주　개수가 꽤 돼요. 그중 이달의 소녀와 르세라핌은 어떻게 좋아하게 된 거예요? 응원봉을 샀다는 건 오프라인 행사도 참여할 정도로 좋아한다는 뜻이잖아요.

유원　이달의 소녀는 코로나 시기에 좋아하게 되어서 실제로 본 적은 없어요. 언젠가 공연에 들고 가겠다는 마음으로 응원봉을 구입해서 가지고 있다가 이번 한강진 시위 때 처음 사용했고요. 지금은 루셈블이라는 그룹으로 활동 중인 최애 혜주(올리비아 혜)가 집회에 참여했다고 밝혔거든요. 집회에 간 팬들에게 응원의 메시지를 보내고, 집회 근처 음식점에 선결제를 하는 등 적극적으로 목소리를

한강진 시위 현장에서 찍은 오빛봉

내줘서 저도 오빛봉을 들고 나갔어요.

르세라핌은 예전부터 호감을 갖고 있었는데, 유튜브에서 데뷔 다큐멘터리를 보고 팬이 되었어요. 르세라핌이 팀 확정까지 우여곡절이 많았거든요. 멤버 구성도 바뀌고, 오디션을 통해 연습생 기간을 거치지 않은 멤버를 영입하는 등 쉽지 않은 여정이 다큐멘터리에 담겨 있어요. 그걸 보고 마음이 가서 팬미팅도 다녀왔어요.

희주 걸그룹도 적극적으로 좋아하고 계시는군요. 그럼 지금 누구의 팬이냐고 묻는다면 뭐라고 대답할 것 같아요?

유원 어렵긴 한데 아마 위시 팬이라고 하지 않을까요? 위시랑 르세라핌이 본진[2]이에요.

2   자신이 가장 좋아하는 그룹이나 멤버.

희주 사실 방금 말씀 듣고 좀 놀랐어요. 저희가 교류는 적어도 트친인데 유원 님이 '본진'이라고 얘기하실 정도로 열성적인 르세라핌 팬인 줄 몰랐거든요. 저는 작은 계정이지만 유원 님은 팔로워 수천 명대의 위시 팬 계정을 운영 중이시고요. 위시가 아직 데뷔 초라 이 정도면 마이크로 인플루언서라고 봐도 무방할 거 같은데요.

유원 르세라핌 이야기는 비계에서 하는 편이에요. 따로 르세라핌 공계를 운영하거나 트친을 사귀지는 않지만 구독계*는 있고요. 개인적으로 비계가 본계라고 생각해요. 접속 빈도가 높기도 하고, 오래된 인연이 많고요. 비계에서는 다들 제가 르세라핌을 좋아하는 걸 아니까 제 말을 경청하거나 두둔하는데요. 타임라인* 바깥에서는 르세라핌을 비난하는 반응이 많아요. 이를테면 「Good Bones」나 「Swan Song」이라는 노래가 공개되었을 때

'아무도 너희를 조리돌리지 않았는데 왜 이런 가사를 쓴 거냐?'라는 비난을 받았고요.³ 이런 부정적인 여론이 2024년 4월에 코첼라⁴ 무대에 오르면서 정점을 찍었어요. 저는 당일에 코첼라 무대를 생방송으로 봤거든요. 미쳤다, 재밌다, 하고 만족한 상태로 트위터에 들어갔는데 라이브가 엉망이라고 난리가 난 거예요. 저는 40분짜리 전체 공연을 봤으니까 흐름을 알거든요. 중간에 쳐질 때도 있었지만 전체적으로 좋은 공연이었는데, 못한 부분만 잘라서 올리는 게 악의적이라고 느껴졌어요.

3 르세라핌의 미니 3집 『EASY』에 수록된 「Good Bones」의 '나만 계속 운이 좋은 거 같아서 화가 나니?', '세상이 우리한테만 쉬운 거 같니?'라는 가사와 「Swan Song」의 '서사 그만 좀 쓰라고 또 날 조리돌릴 테니'라는 가사가 비난을 받았다.
4 코첼라 밸리 뮤직 앤드 아츠 페스티벌Coachella Valley Music and Arts Festival. 미국 캘리포니아주의 코첼라 밸리에서 열리는 음악 페스티벌로 2023년 블랙핑크가 아시아 아티스트 최초로 메인 헤드라이너로 참가해 국내외에서 큰 주목을 받았다.

구구 직접 다녀온 분들은 현장 분위기가 좋았다고 했거든요. 기본적으로 한국 아이돌은 퍼포먼스가 중심이 되는 무대를 많이 하니까 보컬로 기량을 펼치기가 어렵지 않나 싶기도 하고요.

유원 라이브를 하기에 최적화된 구성을 짰어야 했는데 그러지 못했다는 욕을 먹기도 했어요. 그런데 알고 보니 걸그룹이 코첼라에 설 때마다 같은 일이 반복되더라고요.

어떤 걸그룹이 못한다고 욕을 먹은 뒤, 그다음 해에 새로운 걸그룹이 무대에 오르면 그 전 팀이 더 잘했다며 명예롭게 소환되는 식으로요. 이렇게 욕을 먹는 게 새로운 현상이 아니라서 슬펐어요.

당시 르세라핌 멤버들의 개인 인스타그램에도 비방댓글이 많이 달렸거든요. 제가 평소엔 인스타그램을 구독용으로만 쓰는데, 그때 '주접댓글'이라고 하는 선플을 여러 개 달았어요. 그랬더니 누가 대댓글로 욕을 단 거예요. 그래서 그 사람이랑 싸웠어요(댓글을 보여줌).

구구   헉, 뭐야(웃음).

희주   (폭소) 진짜 어쩌라고.

유원   저는 공개적인 플랫폼에는 무대 감상을 남기진 않아요. 트친들하고만 이야기하는 편인데, 그 일이 있고 다음 활동 때는 인스타그램과 유튜브에 선플을 달고 '좋아요'를 누르고 다녔어요. 사람들이 공식 뮤직비디오 댓글 창까지 와서 악플을 달아서요. 좋은 댓글이 상단으로 올라가게 했죠.

희주   이래서 믐뭔봄이 아닌 핌봉을 들고 나가신 거군요.

남태령 대첩 현장에서 찍은 픾봉

유원　12월 7일에 처음 시위에 나갔을 때부터 믐뭔봄은 이미 유명했어요. 발광력부터 시작해서 여러모로 핫한 아이콘이었고요. 저도 응원봉이 여러 개라서 고민을 좀 했는데, 르세라핌 팬으로서 뭔가 들고 가고 싶었던 거 같아요. 광장에 나가면 많은 응원봉이 있을 텐데 그중에 픾봉도 있으면 좋겠다, 다른 픾봉을 만나면 좋겠다는 생각도 있었고요. 그리고 픾봉이 일직선 형태라 휴대성이 좋아요.

희주 집회 현장에서 핌봉을 보신 적은 있어요?

유원 없어요. 트위터에서 인증샷을 보긴 했지만, 직접 보지는 못했어요.

희주 아쉬웠겠어요. 만나면 반가웠을 텐데. 핌봉은 아니어도 믐뭔봄은 상당히 많았거든요. 저는 볼 때마다 너무 반갑더라고요. 유원 님은 어땠어요?

유원 그냥 시즈니다? 이번 집회에서 응원봉이 이슈가 됐는데, 사실 응원봉 자체는 그냥 콘서트에서 흔드는 도구예요. 애초에 엄청나게 많은 의미가 부여되어 있던 것 같지도 않고요. 제가 시즈니에 굉장한 소속감을 느끼지 않아서 그런 걸 수도 있지만요. 처음 엔시티에 입덕*했던 시기에 드림이 비정규직팀이었거든요.[5] 멤버가 졸업하고 다시 재영입되는 등 팀에 변동이 있어 팬덤이 소란스러웠어요. 그때 시즈니들끼리 싸우는 모습을 많이 봐서 팬덤에 소속감을 느끼는 게 쉽지 않더라고요. 위시는 새 팀을 좋아하는 감각으로 보고 있지만, 여전히 시즈니에 대한 감정을 한마디로 요약하기는 어려워요. 지긋지긋한 것도 있고요.

[5] 엔시티 드림은 구성원이 만 19세가 되면 그룹을 졸업하는 청소년 연합팀이었으나, 2020년에 졸업 제도를 폐지하며 현재 고정팀으로 활동 중이다.

위시를 좋아하는 지금은 불만 없어요. 그런 시간은 이미 다 지나서 감정적으로 화가 나지도 않고요.

희주 한창때는 팬덤 분위기가 진짜 안 좋았다고 하더라고요. 위시가 결성된다고 했을 때도 잡음이 좀 있었고요. 그럼 엔시티의 음뭔봄을 들고 집회에 나갈 생각은 없어요? 그래도 우리가 위시 팬으로 만난 사이라 약간 서운해서요(웃음).

유원 안 그래도 데뷔시켜줄까 생각 중이에요. 이번에 또 난리가 났잖아요(웃음).[6] 지긋지긋하다고는 했지만 여전히 엔시티를 좋아해요. 얼마 전에는 드림 단독 콘서트도 다녀왔고요. 대신 집회에 들고 나간다면 구믐이 아닌 위시 뉴믐을 들고 나갈 거 같아요. 구믐은 팀명이 명시되어 있지 않으니 구체적으로 어떤 팀을 응원하는지 알 수 없잖아요. 지금은 위시 팬이니 위시 팬으로서 광장에서 목소리를 내고 싶기도 하고, 위시 뉴믐을 보면 반가울 것도 같아요. 위시는 신인이니까 위시 뉴믐이 많으면 이만큼 위시 팬이 많구나,

[6] 2025년 1월 8일에 예정되어 있던 '평등으로 가는 수요일' 집회 홍보물에 엔시티의 응원봉 이미지가 사용되었고, 일부 팬덤의 반발로 해당 홍보물이 삭제된 일을 말한다. 해당 집회를 주최한 곳은 '윤석열 퇴진! 세상을 바꾸는 네트워크'이지만, '성소수자차별반대 무지개행동'에서 먼저 홍보물을 업로드하면서 팬덤의 주목을 받았다. 이 사건을 두고 팬덤 내외부에서 퀴어혐오가 아니냐는 비판의 목소리가 높았다.

'평등으로 가는 수요일' 홍보물

하고 인기를 가늠할 수 있을 거 같고요.

희주 광장에 누구 응원봉이 많이 나왔는지가 인기의 척도가 될 수 있다고 보시는 거네요. 그럼 이건 어때요? 만약 집에 있는 응원봉이 다 고장 나서 탈덕*한 그룹 것밖에 없다. 그럼 들고 나가실 거예요? 구구 님은 어때요?

구구   저는 없이 나갈 거 같아요. 탈덕한 그룹의 응원봉은 팔기도 했고, 남아 있는 것도 다 이런저런 사건이 엮여 있어서 들기 싫더라고요. 그래서 이번에는 동생의 소녀시대 응원봉을 빌려서 들고 나갔어요.

유원   저도 안 들고 갈 거 같아요. 이젠 멤버들에 대한 애정이 거의 없고, 그 팬덤에 소속되어 있지도 않다면요. 지금 생각하니 어쨌든 그룹에 대한 애정이 중요하네요.

희주   저도 예전에 좋아했던 그룹 응원봉을 아직 갖고 있는데요. 만약에 제가 그 누구의 팬도 아니었다면 빈손으로 나갔을 거 같아요. 당근마켓에서 아무 응원봉이나 사는 분도 있지만 저한텐 응원봉을 드는 게 그 그룹에 대한 애정을 보여준다는 액션의 의미가 크거든요. 또 소속감도 큰 편이라, 믐뭔봄을 보면 어느 그룹 건지 자세히 보고 위시면 말을 걸어봐요. 안녕하세요, 저도 위시 팬이에요, 하면서(웃음).

구구   흔히 빠순이라고 불리던 여성 팬들이 응원봉을 든 이미지가 이번 시위에서 주목받는 상징 중 하나가 되었는데요. '응원봉을 든 2030 여성 팬'이라고 묶여서 호명되는 일에 대해서는 어떻게 생각하세요?

유원 이번에 민주노총이 저희를 '응원봉 동지'라고 불러주셨잖아요. "조금만 더 기다리면 응원봉 동지들이 와줄 겁니다"라는 말을 듣고서 집회에 가지 않을 수가 없었어요. 빠순이라고 조롱당하던 여성들이 자신의 정체성을 드러내는 상징물과 함께 정치적 주체로 호명되는 게 반가우면서도 응원봉을 들고 나갔지만 자신을 여성으로 정체화하지 않는 제 친구들을 떠올리면 마음이 복잡하기도 하고요. 얼마 전에 퀴어 커뮤니티가 아이돌 팬덤의 상징인 응원봉을 전유했다는 논란이 있었잖아요. 저는 그 문제 제기 자체가 이해되지 않았거든요. 뺏어 간다고 하는데 광장엔 퀴어도 많았고, 그분들도 집에 있는 응원봉을 들고 나갔을 뿐이잖아요. 누가 뭘 빼앗았다는 건지…. 기본적으로 퀴어적인 것을 나쁘게 보는 시선이 깔려 있어서 그런 거 같아요.

희주 지금 퀴어친화적 발언을 해주고 계세요. 평소에도 친구들과 이런 이야기를 자주 하세요?

유원 현실 친구들이랑은 잘 하지 않아요. 트랜스젠더 관련된 이슈로 대화를 하다가 말다툼으로 번질 뻔한 적이 있어서요. 그 이후로 먼저 얘기를 꺼내지 않게 되었거든요. 가치관은 트친들의 영향을 많이 받았어요. 제가 엑소 팬이 되면서 처음 트위터를 시작했는데, 그때 우연히 팔로우하게 된 분이 공출목[7]을 지양하는 분이었어요. 그분의 영향을 많이 받으면서 자연스레 페미니즘, 퀴어, 성노동 비범죄화 등 다양한 안건을 접하고, 또 여러 분야의 활동가분들과 트위터로 인연을 맺었어요. 공출목지양판 트친소[8]라는 게 따로 있었거든요. 그때 엑소와 엔시티를 좋아하는 분들이 많았고, 그분들과 어울리며 인권 감수성이 정립되었어요. 제가 내향형이라 사람을 자주 만나는 편이 아닌데, 트친들은 꽤 자주 봐요. 서너 달에 한 번? 공연 전후로 오프[9]도 하고요.

> [7] 공항·출퇴근길·목격담의 줄임말. 아이돌의 권리를 보장하기 위해 정해진 노동시간 외에 공항과 출퇴근길, 거리에서 촬영한 사진을 '소비'하지 말자는 의견이 있다.
> [8] '트위터 친구 소개'의 줄임말. 해당 단어 앞에 해시태그를 달고 트위터에 올린 뒤, 마음 맞는 사람끼리 상호 팔로우를 하며 관계를 맺는다.
> [9] '오프라인 만남'의 줄임말.

희주 듣다 보니 유원 님의 가치관을 정립하는 데 트위터에서 만난 팬 친구들의 영향이 꽤 크다는 느낌이거든요. 그런데 시즈니에 대한 인식은 긍정적이지 않은 게 흥미로워요.

유원 일단 모두 시즈니 이전에 개인이라고 생각하고요. 트친들과의 유대는 강한데, 그 친구들을 딱히 시즈니라고 생각하진 않아요. 제 친구들이 다른 시즈니들로부터 사이버불링*을 많이 당하기도 했고요. 또 제가 기본적으로

공출목을 소비 안 하는 편인데, 그런
얘기를 공계에서 하다 보면 같은
시즈니와 싸우게 돼서 그런 것도 있어요.
저와 친구들이 공출목을 소비하지 않는
이유는 아이돌의 노동시간을 줄이고,
노동과 비노동의 경계가 분명해지기를

10 프라이빗 소통 서비스. 아이돌이 팬들에게 메시지를 보내는 일대다 유료 소통 앱이다. 아이돌과 직접 연락을 주고받는 듯한 친근감을 준다.
11 '캐릭터 해석'의 줄임말. 팬들이 아이돌 멤버들의 성격적 특징 등을 이야기할 때 '캐해한다'는 표현을 쓴다.

바라기 때문이거든요. 팬들이 공출목을 소비하게 되면
아이돌은 이동하는 시간까지도 일해야 해요. 옷도 차려입고,
꾸며야 하고요. 또 기존에 있던 엔시티 유닛들의 경우,
멤버들이 버블[10]을 드물게 보내고 라이브 방송을 자주 하지
않는다는 게 팬덤의 주류 의견인데요. 그게 싫으면 서비스를
해지하면 되지 않냐는 입장이거든요. 버블 소통을 자주 하나
마나로 멤버들을 욕할 필요성을 못 느끼겠어요. 이걸로
의견이 다른 시즈니들과 언쟁하기도 했어요.

   멤버들을 캐해[11]하는 방식이 다르다는 이유로 시비를
거는 분도 있죠. 이를테면 어떤 멤버를 부치라고 캐해하면
'남자인데 왜 여자라고 하냐'는 식이에요. 기본적으로 팬덤이
부치에 대한 이해가 없으니까 할 수 있는 말이라고 생각해요.

희주   시즈니라는 팬덤 자체에 거리감이 있으시구나.
피어나[12]로서 팬 친구를 사귀지는 않아도 광장에서 피어나를
만나고 싶은 마음이 있고요. 궁금한 게, 르세라핌을 좋아하는

마음은 어떤 마음이에요? 예를 들면 저는 위시한테 위버스* 알람이 오면 바로 '내 새끼 왔어?' 하고 하트 누르는데 이런 마음이에요?

12 르세라핌의 공식 팬덤명으로, 영문으로는 'FEARNOT'으로 표기한다. 두려움을 의미하는 'FEAR'에 부정어 'NOT'을 결합한 것으로, '두려움 없이' 앞으로 나아가는 르세라핌과 '두려움 없는' 사랑을 보내는 팬들이 함께 만드는 순간을 뜻한다.

유원 일단 노래와 퍼포먼스를 좋아해요. 르세라핌이 연말 무대에서 준비한 고난이도의 퍼포먼스가 바이럴되기도 했는데, 저도 그런 무대를 좋아하고요. 사실 르세라핌은 여자로서 너무 많은 공격을 받아서 저 자신과 그들을 분리하는 게 어려워요. 사람들이 여자 아이돌에게 요구하는 수준은 완벽에 가깝거든요. 충분히 날씬해야 하고, 라이브도 잘해야 하죠. 그런데 몸무게가 적게 나가면 체력이 부족해서 노래하고 춤추기가 어렵잖아요. 말도 안 되는 걸 요구하는 건데, 저도 취업 시장을 경험하며 여자로서 비슷한 사회적 압박을 느껴서 공감이 되기도 해요. 한창때는 르세라핌을 향한 악플 때문에 악몽을 꾸기도 했거든요? 스트레스가 너무 심해서 덕질에 지장이 갈 정도였어요. 그래도 르세라핌 멤버들이 힘들 때 내가 탈덕은 하지 말아야지 싶더라고요. 르세라핌이 약해지고 힘든 상황에서 그러고 싶진 않았어요. 다행히 그 시기는 이제 지났고, '평생 르세라핌 해야지' 하는 마음? '팀 르세라핌'이랄까, 심정적으로 링크가 강해졌어요.

구구　무슨 말씀인지 알 거 같아요. 저는 그래서 여자 아이돌의 뮤직비디오나 무대를 챙겨봐도 '팬'이 되진 못했거든요. 남자 아이돌을 좋아할 때처럼 거리 두기가 안 되고 '지금부터 나를 저 걸그룹과 한 몸으로 간주한다' 이렇게 될 거 같아서요.(웃음) 남자 아이돌을 좋아하는 건 좀 편하다고 해야 하나, 그래요. 지금 위시를 좋아하면서도 마음에 부대끼는 게 없는 상태고요.

희주　두 분 다 여성이라는 공통점으로 연결되는 경험을 얘기해 주셨네요. 저는 열광할 대상으로서 저와 반대인 남자 아이돌을 좋아하기에 이런 감정은 좀 생경해서 재밌어요. 그럼 위시는 어떤 마음으로 좋아하세요?

유원　르세라핌처럼 동지애라고 해야 하나, 그런 걸 느끼진 않아요. 멤버 한 명 한 명과 그들의 관계성을 탐구하는 걸 좋아한달까? 아이돌로서 좋아하고요. 좀 이상할 수도 있는데, 남자 아이돌의 태도에 대해서는 변명해주고 싶다기보다는 그것까지가 그 사람인 느낌이더라고요. 그냥 거기까지가 그 아이구나 싶은. 더군다나 위시 멤버들은 저랑 나이 차이가 있다 보니 비교적 너그럽게 대하게 돼요. 일부 팬들 사이에서 논란이 되는 문제도 제가 판단했을 때 별 문제가 아니라면 좋아하는 마음에 영향을 받지 않아요.

구구   여자 아이돌과는 논란이 질적으로도, 양적으로도 다르기도 하죠. 저는 좋아하는 남자 아이돌에게 무슨 일이 있어도 그 나이대 남자애들이 이렇지 뭐, 하고 생각하는 동시에 그 행동이 문제적인 게 사실이면 그냥 두거든요. 욕을 먹어도 이러다 말겠지 싶은 게 있는데요. 사람들이 여자 아이돌은 행동 그 자체가 아니라 저의를 짐작해서 욕할 때가 있는 거 같아요.

유원   굳이 비교하자면 여자 아이돌의 노동 강도가 훨씬 높다는 생각은 해요. 늘 갖추어진 상태로 있고, 어린 멤버도 상대적으로 빨리 성숙해지는 것 같고요. 그렇다고 남자 아이돌의 태도를 문제 삼는 건 아녜요. 사람들이 여자 아이돌에게 엄격하게 굴지 않기를 바라는 거지, 남자 아이돌에게 엄격하게 굴어야 한다는 입장은 아니거든요.

희주   어떻게 사람이 매번 갖춘 상태로 있겠어요. 우리도 하루 종일 카메라가 붙어 찍은 걸 보면 말도 안 되는 꼴일걸요(웃음)? 하나하나 뜯어서 검열하기보단 좀 너그러워질 필요가 있어 보여요. 다시 근본적인 질문으로 돌아갈게요. 이전에도 시위에 참여하신 적이 있나요?

유원   오프라인으로 참여하는 건 처음이에요. 내란 사태 이후 집회에 세 번 참여했는데, 전부 혼자 나왔고요. 제가 박근혜 퇴진 시위 당시 대학생이었어요. 그때 광화문 근처에서 대외활동 회식을 끝내고 거리로 나왔는데, 정말 어마어마하게 많은 사람이 있는 거예요. 시위를 한다는 건 알고 있었지만, 취업에 집중하느라 사회와 조금 유리된 삶을 살았던 거 같아요. 시간이 지나고 나서 그때 시위에 참여할 수 있었는데 못 했다는 생각이 들더라고요. 그 후에 앞서 말했듯이 엑소 팬이 되고, 공출목 소비를 지양하는 분들을 팔로우하면서 다양한 의제를 접하게 되었어요. 또 대학생 때 강남역 여성혐오 살인 사건을 비롯한 페미니즘의 부흥을 경험하면서 정치적인 노선이 정해진 거 같아요.

희주 팬덤 활동과 더불어 정치적인 인식이 생기면서 외부자가 아닌, 그 안에 속한 시민이 되신 거군요.

구구 팬 활동 경험이 시위에 적용된다고 느끼기도 하시나요?

유원 아무래도 현장에 가는 것에 대한 장벽이 낮은 거 같아요. 제가 혼자서도 오프를 잘 다니는 편이라 곧잘 녹아든다고 할까요. 콘서트 갈 때처럼 준비물 바리바리 챙겨 가고, 빈자리 찾아서 앉는 게 어색하지 않더라고요.

집회 현장에서 사람들이 하는 발언에 호응하는 게 낯설지 않았고요.

희주　누구랑 같이 가야겠다는 생각은 안 하신 거예요?

유원　집회에 같이 가자고 한 트친도 있었는데, 시간이 안 맞아서 결국 혼자 참여했어요. 그런 거 말고 '저 집회 가는데 만나실 분?' 이런 글을 올리는 편은 아니에요. 만나면 동행인에게 콘텐츠를 제공해야 한다는….

희주　압박감이 있으시군요(웃음).

유원　'잼얘(재미있는 이야기)'를 해야 된다는 압박이 있어요(웃음). 제가 포타[13]를 읽으면서 시간을 보내거든요. 혼자서도 시간을 잘 버틸 수 있는 루틴이 있기도 해서요.

13　포스타입Postype의 줄임말. 한국의 온라인 창작 플랫폼. 주로 동성인 멤버들 간의 관계를 성애적으로 재해석하는 팬덤 문화인 '알페스'가 활발히 업로드되는 공간으로 알려져 있다.

희주　말씀을 들어보니 다양한 의제에 관심이 있는 듯한데요. 이번 시위에는 어떤 마음으로 참여하셨어요? 물론 우리가 윤석열 퇴진이라는 대의로 모인 거지만 남태령에서도 그렇고, 한강진에서도 그렇고, 발언 시간에 개개인이 나와 자신이 생각하는 중요한 의제를 말하는 게 인상적이었거든요. 유원 님은 만약 단상에 올라간다면 어떤 이야기를 할 것 같으세요?

유원 먼저 이 정도로 민의가 모였다는 걸 보여주기 위해 시위에 참여했다고 말할 거 같아요. 이렇게 느닷없고 빈약한 근거로 계엄을 일으킨다는 건 말도 안 되잖아요. 그다음엔 여성혐오에 관해서 얘기할 것 같고…. 또 이런 호소를 할 것 같아요. 사람들마다 정치적 진영이나 논리가 다른 건 알겠는데 성노동자, 성소수자도 다 사람이고, 그런 사람들을 살리는 데 힘을 보태줬으면 좋겠다고요. 예를 들어 파주의 용주골 철거 문제[14]가 있잖아요. 용주골에 있는 분들은 다 재개발 때문에 쫓겨난 분들인데, 추운 시위 현장에 있으면 쫓겨난 사람이 어떤 일을 겪는지 간접적으로나마 체험할 수 있어요. 그런 측면에서 개개인의 의제를 잠시 접어두더라도 사람들의 생존권은 지켜야 하지 않느냐고 목소리를 낼 것 같아요. 트랜스젠더의 경우도, 제가 여성주의적으로 그들을 지지한다는 걸 떠나서 이 사람들이 죽지 않았으면 좋겠다는, 그런 최소한의 존중을 전달하려 할 거 같아요.

14 1953년 미군 상대의 성매매 기지촌으로 조성된 파주 용주골은 현재까지 다수의 성매매 업소가 남아 있는 성매매 집결지이다. 김경일 파주 시장이 용주골 폐쇄를 목적으로 '성매매 집결지 정비 계획'을 세워 대집행(행정상 강제집행의 일종)을 시행, 미비한 이주 보상 대책으로 생존권을 침해했다며 논란이 되었다.

희주 다 사람이라는 말 감동적이에요. 사실 이게 제일 중요하잖아요. 동시에 좀 궁금해지기도 하네요. 유원 님이 말하는 사람 안에는 아이돌도 포함되나요? 아까 공출목 소비 문제나 버블 이야기도 잠깐 해주셨지만, 트위터를 보았을 땐 아이돌 노동권 문제에 대해서도 관심이 많은 분 같아서요.

유원 아이돌과 팬 모두 포함되죠. 이렇게 아이돌 팬들이 많이 모인 김에 단상에 올라 아이돌 관련 의제를 꺼내보면 어떨까 생각해보기도 했어요. 근데 너무 소수의 이야기라 의견이 모이기 힘들 것 같아요. 특히 공출목과 관련해서는 자주 키배[15]를 하는 편이라 더 회의적이에요. 이제는 공출목이 팬덤 문화 중 하나로 자리 잡기도 했고요. 사실 공항이나 출근길에 가는 사람은 정해져 있는데, 그분들이 제 목소리에 귀를 기울이지 않거든요. 소속사의 대처는 오랫동안 미온적이었고, 인천공항 측에서도 따로 유명인 전용 출입문을 만든다고 했다가 무산되기도 했고요.

15 '키보드 배틀'의 줄임말. 온라인상에서 벌어지는 격렬한 논쟁을 일컫는다.

구구 공출목 소비는 사실 아이돌 팬이었던 경험이 있는 사람만이 이해할 수 있는 의제잖아요. 대중을 대상으로 한다면 무얼 얘기할까, 하는 상상을 하는 중이에요. 전 이번 시위에 응원봉이 많이 등장하면서 이른바 '응원봉 소녀'라는 상징을 갖다가 쓰려고 하는 거에 불만이 있거든요. 이제껏 운동권이나 정치권에서 케이팝 내부 의제에 귀 기울여주지 않았다는 생각이 있어서요. 너희 지금까지 우리 무시했잖아. 그러면 앞으로 케이팝 산업과 문화 내에서 어떤 자정 작용이 필요할 때 동참해줄 거야? 싶고, 그에 대해 약간 비관적으로 생각하게 돼요. 대중들에게는 우리도 정치적인 입장과 생각이 다 있고, 이걸 케이팝을 좋아하면서 실현하려고 노력 중이라는 얘기를 하고 싶어요.

유원 이야기할 만한 게 있다면 팬들을 향한 회사의 불공정 대우가 아닐까요? 소속사의 규정이 사법적인 절차보다 우선할 때가 있잖아요. 그 과정에서 팬들은 권리를 침해당하지만, 좋아하는 가수를 볼 기회가 박탈될까 봐 규정에 따를 수밖에 없고요. 아이돌 공연장에는 다른 공연장에서는 하지 않는 필요 이상의 본인 확인 절차가 있어요. 스태프가 티켓을 구입한 당사자가 아니라고 판단하면 공연장에 입장하지 못하게 막거나, 심하게는 티켓을 찢는 일도 있고요. 또 카메라 반입을 통제한다는 명분으로 소지품이나 신체검사가 엄격하게 이루어지고, 원치 않는 물리적 접촉이 발생하기도 해요. 팬들은 이런 일이 있어도 아이돌을 보러 갈 수밖에 없는데, 응원봉을 든 사람들이 가시화가 된 만큼 이런 상황에 대해서 협조까지는 아니더라도 공감은 얻을 수 있지 않을까요? 공출목과 달리 팬들의 목소리가 하나로 모이는 문제니까요. 해결될 수 있다는 희망도 있고요.

구구 개인적으론 민주노총이랑 행동을 함께하게 되었으니 아이돌 노조에 대해 얘기를 해보면 좋을 것도 같아요.

희주 신분증 검사가 철저한 건 결국 암표 때문이잖아요. 이 문제가 해결되었으면 좋겠어요. 차라리 일본처럼 추첨제로 운영하든지요. 진짜 답답한 문제 중에 하나예요. 방금 전 희망이라는 단어를 쓰신 게 인상적이어서요. 이번 집회에 참여한 것도 희망을 보았기 때문인가요? 어쩌다 나오게 된 거예요?

유원 맨 처음 국회 앞에 나간 건 시급성 때문이고요. 남태령과 한강진은 경찰의 폭력적인 대응에 위기를 느껴서 나갔어요. 그런데 막상 가니까 사람들의 발언을 듣는 게 너무 좋은 거예요. 다 공감이 가고, 이렇게 소수자들의 목소리가 대변된 적이 있었나 싶더라고요.

희주 거기서 어떤 감정을 제일 크게 느껴요? 저는 솔직히 집회가 재밌어서 나가는 것도 있거든요. 제 경험에 비추었을 때 이전 시위들보다 확실히 덜 엄숙해요. 덜 무섭고. 전 케이팝 크게 듣는 것도 너무 좋아요. 그래서 시민행동에 기부할 때 오늘 공연 재밌었습니다, 하는 마음으로 내요(웃음).

유원 저는 스스로 고양되는 걸 많이 느껴요. 남태령에서 경찰차 벽이 열리는 순간에는 특히 더 그랬고요. 사실 차벽이 안 열릴 줄 알았거든요. 월요일에 출근해야 하는 사람들이 빠지면 남아 있는 사람들을 진압할 거라는 말이 있어서 저녁까지 계속 대치할 줄 알았어요. 그래서 해 떠 있을 때까지만이라도 버티자는 마음이었는데, 전봉준투쟁단의 한 분이 트럭에 올라오시더니 우리가 승리했다고, 행진할 거라는 거예요. 그때 현실에 대한 비관적 예측이 사라지면서 약간… 감동이 있었죠.

또 시민분들이 말씀하시는 거 들으면 힘이 나기도 해요. 저는 집회에 가면 크게 호응하는 편이거든요. "맞습니다!" 이런 대답도 많이 하고요. 그런데 시민 발언 때 보면 트랜스젠더라든지, 조금이라도 정상성에서 벗어난 사람이 발언하면 현장 분위기가 경직되는 게 느껴져요. 그럼에도 소수자가 용기 내서 발언하고, 사람들의 환대를 받는다는 건 의미 있는 경험이잖아요. 그런 장소에 제가 한 사람으로서 참여할 수 있다는 게 되게 좋아요. 제 퀴어 트친들이

온라인상에서 혐오 섞인 공격을 당하는 걸 너무너무 많이
봤고 그럴 때마다 슬펐어요. 많이 슬펐는데, 집회에 가면
제가 그분들을 지지하고 존중한다는 걸 전달할 수 있어요.
성소수자만이 아니라, 손주들이 평등한 세상을 살길 바라서
학군 간 차별을 없애자고 하신 여성분이랑 학교 급식
업무에 종사하는 비정규직 노동자분의 이야기를 듣고도
울컥했어요. 눈물이 날 거 같았고요.

희주 저도 일반 시민 발언이 제일 짜릿하더라고요.
왜냐면 우리 다 먹고살기 어렵고, 괴롭고, 문제 많은
사람인데, 사회에선 그런 이야기를 입밖으로 못 내게
하잖아요. 스스로를 수치스럽게 생각하게끔 만들어서요.
그런데 광장에서는 사람들이 자신의 약점을 드러내면서
환대받아요. 거꾸로 약점을 가진 타인을 환대해보기도
하고요. 저는 이 두 과정을 거쳐야 스스로가 스스로를
받아들이게 된다고 믿거든요. 그걸 배울 수 있다는 게 이번
광장의 제일 큰 의미가 아닌가 해요.

구구 아까도 잠시 얘기했지만 윤석열 퇴진 외에도 다양한
의제가 이야기되고 있잖아요. 그중 유원 님 본인의 삶에서
가장 중요한 의제는 무엇이에요? 앞선 인터뷰에서 해련
님은 의료파업 얘기를 잠깐 해주셨고, 저의 경우엔 큰

수술을 하면서 건강보험의 중요성을 체감한 적이 있어 의료민영화의 가속화에 대한 엄청난 불안이 있거든요. 이렇게 내 일상에 영향을 미친 게 있다면요? 그런 게 집회에 나오는 데 직간접적으로 영향을 미치기도 하니까요.

유원 저 역시 아무래도 민영화예요. 의료민영화와 철도민영화. 제가 좀 허약한 편이거든요. 앞으로 남은 인생에서 분명 아픈 날이 올 텐데, 진료비를 감당할 자신이 없어요. 또 계엄 이전에 정신질환자에 대한 차별적인 정책을 시행할 거라는 '카더라'가 돌았는데, 그때 정말 무섭더라고요. 제가 낙인찍히는 게 무서워서 미루고 미루다 뒤늦게 정신과 진료를 받기 시작한 사람이거든요. 그래서 그런 이야기를 듣는 순간, 사실 여부를 떠나 즉각적인 두려움을 느꼈고요. 또 출판 검열을 할 거라는 말도 있어서 걱정됐어요. 권력자들은 사유하지 않고 정치에 무관심한 시민을 원하는데, 저는 지금도 인권에 대한 교과가 거의 없고, 그 반작용으로 사회적 약자에 대한 이해가 부족하다고 보거든요. 여성 청소년의 경우 디지털 성범죄에 노출되거나 학급에서 여성 관련 의제를 언급하면 괴롭힘을 당하기도 하고요. 이런 상황에서 도서관이라는 공공의 장소마저 제 역할을 못 하게 된다면, 더 많은 사람이 사회적 약자를 혐오하게 되는 건 아닐지, 최소한의 사유할 기회조차 잃게 되는 건 아닐지 염려되더라고요.

희주   그럼 만약에 이번에 탄핵이 됐다고 가정해봐요. 그런데 탄핵됐다고 여러 이슈가 한 번에 다 우르르 하고 해결되는 게 아니라 이후에 더 과제가 많을 수 있잖아요. 그럼 그 후에도 오프라인 시위에 계속해서 참여를 하실 것 같아요? 뭐랄까, 응원봉이 있어서 집회 참여의 장벽이 낮아졌다는 생각을 하시는지 궁금해요.

유원   그렇죠. 그렇기는 할 거 같아요.

희주   그러면 나중에도 '내가 팬으로서 들고 나간다'는 인식을 갖고 응원봉을 들고 가실 거 같나요?

유원   저와 팬으로서의 정체성은 진짜 떼놓을 수 없거든요. 저는 기본적으로 평범한 편이고, 특이한 점이 있다면 덕질에 많은 시간을 할애하는 것 정도예요. 음악도 거의 케이팝만 듣고, 다른 사람들이 예능프로그램을 보듯이 아이돌 자체 콘텐츠[16]를 보고요. 제가 시스젠더 헤테로예요. '정상성'에 가까운 정체성이니

16   소속사가 직접 제작하는 영상 콘텐츠. 자사 소속 아이돌의 일상을 담은 브이로그나 예능, 무대를 준비하는 과정, 대기실 모습 등을 비추는 비하인드 영상처럼 다양한 형식의 콘텐츠를 유튜브 채널에 업로드한다. 팬들은 줄여서 '자컨'이라고 부른다.

타인에게 제 정체성을 설명하지 않고 다수자의 혜택을
누리고 있는 셈이죠. 동시에 제 현실 친구들은 대부분
아이돌을 좋아하지 않기도 해서, 덕질이 다른 사람과
구분되는 선이라고 할까요? 제가 만화도 좋아하는데 그 두
가지가 저를 이루는 큰 부분인 건 맞아요.

희주 저도 만화책 꽤 읽는 편인데 다음에 더 얘기
나눠요(웃음). 긴 시간 동안 감사했습니다. 유원 님이
추천하는 '혁명의 케이팝'은 어떤 곡이에요?

유원 엔시티 유의 「Universe (Let's Play Ball)」요. 어느 날
노래방에서 이 노래를 부르다가 문득 희망적인 가사라는
걸 깨달았어요. 어두컴컴한 현실에서 너와 내가 서로를
끌어주며 빛으로 나아간다는 가사인데, 집회에서 내 앞과 뒤,
그리고 옆에 있는 동지들과 들으면 고무되지 않을까 싶어요.

희주 생각해본 적 없는데 그렇네요. "서로를 느껴 두렵지
않아, 이어져 있잖아"라는 가사도 연대에 대한 이야기고요.
마지막으로 꼭 하고 싶은 한마디가 있다면요?

유원 타지에서 온 외국인 노동자 아이돌들 화이팅! 이전
최애도, 지금 최애도 외국인이거든요.

민중가요 「단결투쟁가」와 키의 「가솔린」의 공통점은?

지구야 미안해, 라고 외치며 앨범을 사는 비건 샤월 '숨눈'

인터뷰 3

2025.01.23. 오후 1시 ~ 3시
스타벅스 서울대입구역8번출구점

2025년 1월 3일, 비상계엄과 관련한 내란 우두머리 혐의를 받는 윤석열의 1차 체포영장집행이 실패로 돌아간 뒤, 1월 15일 체포영장 2차 집행이 성공하며 오전 10시 33분 윤석열이 체포되었다. 이에 따라 17일 고위공직자범죄수사처에서 서울서부지방법원으로 구속영장이 청구되었으며 19일 서울서부지방법원은 증거 인멸의 우려가 있다며 구속영장을 발부, 윤석열은 서울구치소에 구속되었다. 이는 대한민국 헌정사 최초로 현직 대통령에 대한 구속영장 발부였으며, 많은 시민이 상황을 낙관하는 계기가 되었다. 한편 같은 19일, 윤석열 체포에 반발하며 일부 극우 성향 지지자들과 유튜버들이 서울서부지방법원에 난입하는 등 폭동을 일으켜 시민사회에 큰 충격을 안기기도 했다.

  인터뷰를 기획하며 가장 먼저 다양한 아이돌의 팬을 만나고 싶다고 생각했다. 「다시 만난 세계Into The New World」를 부른 소녀시대의 팬 '소원', 개개인이 아닌 아이돌 그룹으로서 목소리를 내준 뉴진스의 팬 '버니즈', 계엄 당일에 직접 국회 앞으로 나온 루셈블 혜주의 팬 '크루'. 그중 하나가 샤이니SHINee의 팬인 '샤이니월드(이하 샤월)'였다.

  샤이니와 샤월의 유대감은 특별해 보였다. 모든 팬과 아이돌의 관계가 유별나겠지만, 지난 1월 에스엠타운 콘서트가 열린 고척스카이돔 4층에 모여 앉은 샤월과 그들을 가리키며 노래하던 키KEY의 모습이 깊은 인상을 남겼기 때문이다. 무대를 가까이에서 보는 걸 포기하고, '내 가수'를 좀 더 적극적으로 응원하기 위해 일부러 4층을 잡은 샤월의 단합력, 그리고 그 마음을 알아주는 가수라니! 이 단합력은 12·3 비상계엄 사태 초반부터 두드러졌다. 국회 앞에 응원봉이 산발적으로 등장하며 모두가 아이돌 팬덤과 광장의 관계를 파악하려 우왕좌왕할 때, 샤월은 일찍이 안전과 연대를 기치로 내세우며 함께했다. 한데 모여 집회에 참여했고, 오지 못한 이들은 핫팩과 샤이니의 비공식 응원봉에만 호환 가능한 배터리 등을 기부했다.

  삶과 사랑을 단번에 일치시키는 대범함, 그리고 무엇보다 그들의 일사불란한 행동력에 감탄했다. 이런 팬덤 안에 속한 사람은 어떤 생각을 하고 있을까? 호기심을 갖고 샤이니 팬을 수소문한 끝에 합창단 '아는언니들'에서 노래하는 숨눈을 소개받았다. 이번 비상계엄 사태 이전부터 이미 적극적으로 사회참여운동을 하던 숨눈을 인터뷰해도 괜찮을까? 팬이 아닌 활동가의 목소리를 담게 되면 어떡하지? 약간의 망설임이 있었지만, 숨눈은 샤월로서 광장에 나간 자신의 이야기를 진솔하게 들려주었다.

인터뷰이 숨눈

'지구야 미안해'라고 외치며 앨범을 사는 비건 샤월. 나도, 지구도, 샤이니도 지속 가능한 덕질을 고민하고 있다. 맥도날드 광고 모델로 활동하며 매출에 기여하는 기범이(멤버 '키'의 본명)가 기특하지만, 광고가 뜰 때마다 과도한 육식 노출이 조금 괴롭다. 민중가요 가수들의 노래부터 노래패가
창작한 노래까지 다양한 민중가요를 골고루 좋아한다. 비건 교육단체에서 활동하고, 여성주의 문화운동 단체 '언니네트워크'의 회원 소모임으로 결성된 합창단 '아는언니들'에서 노래한다.

인터뷰어 희주, 구구

희주   자기소개로 스스로를 대표하는 세 가지 키워드를 여쭸는데요. 숨눈 님은 비건, 퀴어, 샤월[1]을 꼽으셨어요. 각각 어떤 의미로 꼽았는지 궁금해요.

[1] 샤이니의 공식 팬덤명으로, 첫 정규 앨범 『The SHINee World』에서 이름을 따왔다. 샤이니와 팬들이 함께 만들어가는 하나의 세계라는 의미를 담고 있으며, 줄여서 '샤월'이라고 부른다.

숨눈   2019년부터 인디 가수 신승은 님과 전기뱀장어의 황인경 님의 영향을 받아 비건을 실천하기 시작했어요. 그분들의 음악과 감수성을 좋아하기에, 그들이 하는 일이 나쁠 수가 없다고 생각했거든요. 처음에는 고기를 먹고 싶은 마음을 참았는데, 그렇게 해서는 오래 못 가겠더라고요. 그래서 비거니즘 공부를 시작했고 그 뒤로는 모든 종류의 동물성 음식을 섭취하지 않는 걸 넘어 동물을 착취하는 모든 것에 반대하는 비건으로 살고 있어요. 제 생활 전반에 영향을 주는 신념이라고 할 수 있죠. 그런데 덕질을 하다 보면 좋은 성적을 만들어주고 싶으니까 음원 스트리밍도 하고, 앨범도 여러 장 사게 되잖아요. 비건을 하면서 이래도 되나 싶어서 멤버들의 솔로 앨범은 최애인 키의 앨범만 사고 있어요. 트위터 자기소개에는 '지구야 미안해'라고 하면서 앨범 사는 비건 샤월이라고 적었고요.(웃음).

희주   저도 포토카드 욕심이 없는 편이라 앨범은 딱 한 장만 있으면 되는데 여러 장 사게 되더라고요. 기뻐하는 얼굴이 보고 싶어가지고(웃음). 직업이 교사시잖아요. 그럼 학교에서 식사를 하실 때는 어떻게 하세요? 도시락을 싸서 다니시는 거예요?

숨눈 그렇죠. 급식은 잔반이 나오면 안 되니까 대부분 학생들 입맛에 맞는 메뉴가 나오거든요. 그래서 먹을 수 있는 게 없어요. 2019년부터 비건 실천을 했으니 도시락을 싸서 다닌 지 5년 정도 되었네요.

구구 진짜 존경스러워요. 저는 일주일에 두 번 비건식을 했는데요. 사람이 바빠지고 또 게을러질 때는 간편식을 찾게 되잖아요. 간편식은 대부분 고기가 들어간 게 많아서 점점 비건 실천을 하는 일이 어려워지더라고요.

희주 다음 키워드는 퀴어예요. 숨눈 님은 비혼, 퀴어, 페미니즘을 노래하는 합창단 '아는언니들'의 단원이기도 하시잖아요. 제 지인도 같은 합창단 단원이라 소개를 받았고요. 잠시 얘기 나누었을 때 퀴어 중 협소한 영역에 속해 있다는 말을 하셨는데, 어떤 의미인지 설명해주실 수 있을까요?

숨눈 저는 에이섹슈얼[2]이에요. 지금은 관련 책들이 출간되기도 하지만, 꽤 최근까지만 해도 "나 에이섹슈얼이야"라고 하면 커밍아웃한지도 모를 정도로 알려지지 않았거든요. 그래서 제가 정체화를 늦게 한 편이에요. 저도 제가 어떤 사람인지 모르고 살아서요.

2 무성애 Asexuality. 정서적 끌림이나 성적인 끌림 혹은 그 둘 다 느끼지 않거나 매우 적은 빈도로 느끼는 상태의 성적지향을 의미한다. 이런 상태에 있는 사람을 무성애자라 부르며, 에이섹슈얼 Asexual 혹은 에이로맨틱 Aromantic이라 한다. (출처: 두피디아)

구구 저도 몇 권 읽어봤는데 제법 괜찮은 책들이 나오긴 했더라고요. 그래도 아직 에이섹슈얼이 낯선 개념이라 사람들이 많이 오해하는 거 같아요. 아예 성욕이 없다고 생각한다든지요.

숨눈 정체화 이후에도 네가 아직 진짜 좋아하는 사람을 못 만나봐서 그렇다는 식의 이야기를 듣기도 했어요. 여러 시행착오를 겪었죠. 스스로와 주변 사람들을 바라보는 시각이 달라져서 '퀴어'를 꼽았어요.

희주 마지막 키워드는 샤월이에요.

숨눈 모든 팬덤이 다 그렇겠지만, '우리 팬덤은 이런 문화를 가졌어'라는 게 있잖아요. 이를테면 샤월은 공연 관람 매너가 좋고, 질서가 무너지는 일이 생기더라도 팬덤 내에서 금방 자정작용이 활발하게 이뤄지는 편이에요. 샤월만의 그런 문화를 자랑스럽게 생각하고요. 배우 박보영 님의 팬이 '나는 숲속의 나무 한 그루다. 당신이 나무 하나하나를 전부 알지 못하더라도 숲을 사랑한다는 걸 알기에 숲속의 나무가 되어 하늘의 행복을 빌 것이다'라는 내용의 편지를 쓰신 걸 본 적 있거든요. '숲속 나무로 존재하는 샤월'도 제가 덕질을 지속하는 데 도움이 되어서 꼽았습니다.

희주 저 지금 감격해서 무릎에 소름 돋았습니다(웃음). 얼마 전에 에스엠타운 30주년 콘서트에 다녀왔다가 샤이니와 샤월의 유대감에 엄청 감동을 받았거든요. 단순히 오랜 시간 함께했기 때문이라곤 할 수 없는 끈끈함이 엿보여서 나중에 위시랑 시즈니도 이런 관계가 될 수 있으면 좋겠다 싶었어요. 샤이니는 언제부터 좋아하셨어요? 어떤 점이 좋았어요?

숨눈 저는 2021년 「Don't Call Me」 활동부터 좋아한 늦덕이에요. 대학생일 때 신화에 관심이 있었는데 모든 멤버들이 돌아가면서 사고 치는 걸 보고 다신 아이돌을 좋아하지 않으리라고 다짐했었어요. 그런데 우연히 샤이니가 출연한 〈문명특급〉을 보고 키에게 치인 거예요. 키는 똑똑하고, 노력에서 비롯된 자신감을 가진 사람이에요. 직장 상사로 만난다면 고생은 시켜도 팀원을 성장시켜줄 것만 같은 타입인데(웃음), 저는 존경할 만한 사람을 좋아해서요.

희주 키가 부지런하잖아요. 연차가 차면 자연스럽게 콘텐츠 양도 좀 줄고, 앨범 내는 간격도 길어지는데 쉴 새 없이 일한다는 인상이 있어요. 샤이니 데뷔 때를 알아서 그런지 아직 소년 같고요. 태민이는 영원한 중 3(웃음).

숨눈 제가 또래여서 함께 성장했다는 감각이 있어요. 데뷔 때부터 팬은 아니지만 오래 봐오면서 허튼짓 안 하고 바르게 잘 컸다고 생각했고요. 그런데 막상 제가 교사가 되고 나서 키를 보니 너무 안쓰러운 거예요. 물론 제가 걱정하는 것보다 강인하고, 현명하게 잘 살아왔겠지만 청소년기에 겪는 혼란과 어려움이 있는데 어떻게 그걸 극복하고 이렇게 잘 자라줬을까 싶어서 대견하다는 느낌이 있어요.

희주 위시에도 어릴 때부터 연습생 생활을 한 친구들이 있거든요. 막둥이들은 아직 미성년자고, 또 외국인이기도 하고요. 그래서 때때로 마음이 복잡한데 이렇게 롤모델이 될 만한 선배가 가까이 있는 게 고맙기도 해요.

숨눈 키가 사람들에게 좋은 영향을 주고 싶다는 얘기를 많이 하는 편이에요. 본인 SNS에 알맹상점[3]에 방문한 사진을 올리기도 했고요. 팬들이 앨범을 여러 장 구입하는 걸 아니까 소장 가치가 있게끔 디자인도 신경 써서 만들어요. 어디 가서 샤이니나 키를 좋아한다고 말했을 때, 팬들이 주눅 들지 않게끔, 자부심을 느낄 수 있도록 노력한다는 게 보이죠. 샤월이라는 거대한 정체성 안에서 만나는 거지만 인간 대 인간으로서 키와 교류한다고 느끼기도 해요.

3 생활용품을 다회용기에 리필해 사용할 수 있게 판매하는 국내 최초 리필 스테이션 Refill Station. 시민들과 함께 기업과 국가 정책의 변화를 요구하는 다양한 캠페인을 진행한다.

희주 12·3 비상계엄 선포 이후 집회에 세 번 참여하셨다고요.

숨눈 12월 6일 금요일과 7일 토요일, 그리고 14일 토요일에 국회의사당 앞에 열린 집회에 참여했어요. 6일에는 일을 마치고 밤 9시 이후에 혼자 갔어요. 평소엔 가고 싶은 시위가 있어도 혼자 못 가는데, 먼저 집회에 갔다 귀가한 언니네트워크 소속 친구들이 다들 응원봉을 들고 있다고 전해줘서 용기가 났거든요. 가보니 진짜로 많은 사람이 응원봉을 들고 구호를 외치고 있더라고요. 뭐야, 하나도 안 무섭잖아, 라는 생각이 들었어요. 다음 날인 7일에는 '아는언니들' 단원들과 행사가 끝난 뒤에 다 같이 갔고, 14일엔 이랑 님 공연에 코러스로 참여한 뒤 따로 챙겨간 샤팅스타[4]를 들고 참여했어요.

[4] 샤이니 공식 응원봉. 일전에도 스틱봉, 다이아몬드형 응원봉(일명 떽석기) 등의 응원봉이 있었으나 현재는 샤팅스타가 가장 많이 사용되고 있다. '샤팅'으로 줄여 부르기도 한다.

구구 '아는언니들' 활동이 사회운동 참여의 시작이었나요? 이전에도 경험이 있었는지 궁금해요.

숨눈 사범대 시절 대학에서 노래패 활동을 했어요. 노래패에서 교육이나 학생 인권에 대한 논의를 나눈다든지, 교육기관인 학교가 기업처럼 운영되는 법인화나 학내 노동자 차별에 반대하는 등의 목소리를 냈고요.

희주 그럼 대학에 가서 처음 사회문제를 접하게 되신 거예요? 사회문제에 최초로 관심을 가진 시기가 언제예요?

숨눈 중학생 때 국어 선생님이 학생들의 목소리를 잘 들어주는 분이었어요. 문학작품의 해석에 반발하면 무시하는 게 아니라 거기서 대화를 이끌어나가는 분이었고요. 문학을 이해하는 데 필요한 역사적 배경을 설명해주시는 걸 들으며 잘은 몰라도 정의로움을 추구하는 분이다, 저렇게 되고 싶다는 생각을 했어요.

제가 지역 출신이에요. 예전에 살던 집이 군청 바로 앞에 있어서 어릴 때부터 농민들의 시위를 자주 봤어요. 그래서

민중가요도 익숙했고요. 중학생 때는 광우병 촛불집회에
나가지 말라는 선생님께 그건 우리의 권리인데 왜 나가지
못하게 하냐, 이런 식으로 말하기도 하고…(웃음).

희주 (감탄) 너무 멋있는 중학생 아니에요?

숨눈 주변 환경에 자연스레 영향을 받은 거 같아요.
기본적으로는 순종적인 학생이라 학생 인권이라든지, 이런
식으로 바로 연결하진 못했어요. 뭔가 기분이 나쁜데?
하지만 난 모범적인 학생이니까 하라면 해야지, 하고 막연한
불쾌감을 안고 있을 뿐이었죠. 대학에 입학한 후에야 그걸
설명할 언어를 찾게 되었어요.

구구 노래패 동아리가 제법 빡센 곳 아닌가요? 정치적
의제를 적극적으로 말하는 곳이라는 걸 알고 들어가신 건지
궁금하네요.

숨눈 알고 들어가진 않았어요. 어릴 때부터 민중가요를
들어서인지 노래패 공연을 봐도 거부감이 들지 않더라고요.
누군가는 '왜 저런 가사를 써' 이럴 수도 있는데 저에겐
익숙했거든요. 새내기 때 제 짝선배가 노래패였고, 짝선배의
짝선배가 노래패이기도 했어요.

희주   그럼 동아리를 선택할 때, 이런 표현이 좀 웃기긴 한데, 음악에 대한 열정이랄까, 그러니까 음악이 좋아서 고르신 거예요?

숨눈   음악도 좋아하긴 했는데 사람이 좋아서 선택했다고 봐야죠. 물론 야만의 시대라 술 많이 마시고 이런 게 있긴 했어도 기본적으로 이들이 나를 공격하지 않을 거다, 라는 믿음이 있었다고 할까요. 새내기 때 반바지를 입고 갔더니 한 남자 동기가 저를 훑고선 "다리는 예쁜 편이네"라고 얘기한 적이 있거든요. (**희주** 진짜 야만의 시대였다.) 당시에는 장난이랍시고 사람을 평가하고 함부로 취급하는 일이 만연했는데, 노래패 안에서는 누군가 문제라고 짚어주거나, 당사자가 반성하는 분위기가 있었어요. 페미니즘도 노래패 세미나에서 처음 접했고요.

희주   그게 몇 년도였어요?

숨눈   2015년이요. 그즈음인가, 조금 이전인가? 학내에서 여학생 흡연 관련 이슈가 있었어요. 자세히는 기억 안 나는데 남학생이 성별 권력을 이용해 여학생을 모욕했고, 여학생이 그걸 문제 삼은 사건이었죠. 처음 들었을 땐, 물론 자세히 모르기도 했지만 여자 쪽이 예민한 거 아닌가 했는데요.

페미니즘 세미나를 듣고 나서 그간 같은 학교를 다녔던 남자애들과 대학 동기, 남자 선배들이 나를 대하던 태도가 주마등처럼 스쳐 지나가면서 이런 거였구나 싶었어요. 내가 불편해해도 되는 거였고, 문제를 제기해도 되는 거였구나. 그렇다면 이 세상에 얼마나 더 많은 문제가 있을까. 분명 우리 안에도 있는 문제를 어떻게 짚어나갈 것인가 고민도 되었고요.

구구 저는 대학을 졸업하고 페미니즘을 알게 되었거든요. 그때 제가 겪고 있는 상황을 이해할 수가 없어서 더 힘들었기에 부럽기도 해요.

희주 처음 페미니즘을 접한 순간에 오는 개안의 감각이 있죠. 그 뒤 대학을 졸업하고도 지속적으로 사회참여운동을 하고 계시고요.

숨눈 노래패 친구들과 집회에 갈 때도 있고요. 비건 교육단체와 '아는언니들'에서도 활동하고 있어요. 교사로서는 수업 시간에 다루는 것만으로는 부족하다는 생각이 들어서 인권 동아리를 만들어서 활동 중이고요. 처음에는 3월엔 여성의 날이 있으니 페미니즘을 다루고, 5월엔 노동절이 있으니 노동권을 다루고, 11월엔 학생운동의 날이 있으니 학생 인권을 다루는 식으로 달마다 테마를 정했는데요. 비건을 공부하고 나서는 모든 권리 투쟁의 궁극은 비거니즘이 아닐 하는 생각이 들어 비건을 더욱 집중적으로 다루고 있어요.

희주 음악과 관련한 사회참여운동을 오래 하셨으니, 샤이니와 키의 음악에 대해서도 생각하시는 바가 있을 거 같아요. 음악적으로 색깔이 강한 팀이기도 하고요.

숨눈 나한테 이런 취향이 있구나, 라는 걸 새롭게 알게 됐달까요. 좀 과한 말일 수도 있는데 음악적인 지평을 넓혀준다? 늘 새로운 경험을 하게 해준다? 키는 내가 좋아하는 걸 해주는 사람이 아니라 본인이 한 걸 내가 좋아하도록 만드는 사람이거든요. 내가 기분 나쁘지 않게 설득을 잘해주는 사람이요.

  저는 원래 포크를 즐겨 들어요. 최신 케이팝은 키가 예능에 나와서 커버한 부분만 알고, 아이돌은 딱 샤이니만 좋아하죠. 신보가 나왔을 때도 멜로디나 가사의 좋고 나쁨을 판단하지 않아요. 곡 해석과 멤버들의 인터뷰를 읽으면서 이런 부분에서 노력했구나, 우리에게 새로운 걸 보여주려고 했구나, 하고 감동을 받는 편이에요.

희주 흔히 아이돌 팬이라고 하면 떠올리는 케이팝에 익숙한 청자는 아니네요. 오히려 포크나 민중가요에 익숙하시고요. 일상생활에서도 민중가요를 찾아 들으시나요? 민중가요는 부르기 위한 음악 같달까, 케이팝처럼 출퇴근길에 이어폰으로 듣는 모습이 잘 상상이 안 되어서요.

숨눈 크게 다르지 않고 어떤 에너지가 필요하거나, 특정 감정에 걸맞은 노래가 필요할 때 찾아 들어요. 「반격」이나 「주문」은 출근할 때 전투력을 높이기 위해 듣고, 무언가를 포기하거나 외면하고 싶을 때는 「두 눈을 똑바로」를 들어요. 친구나 동지들과 위로를 주고받고 싶을 때는 「당부」나 「친구에게」를 듣고요. 용산 참사를 다룬 권나무의 「깃발」, 톨게이트 요금 수납 비정규직 노동자들을 위해 만든 오지은의 「지나가요」나 신승은의 「잘못된 걸 잘못됐다」, 루시드폴의 「평범한 사람」, 이랑의 「늑대가 나타났다」 등 다양한 메시지를 던지는 한국 인디 음악을 즐겨 들어요.

희주 노래방도 자주 가세요?

숨눈 그보다는 단골 술집에서 노래패 친구들과 기타를 치면서 민중가요를 부르는 경우가 더 많아요. 노래방에서

샤이니 노래를 부르고 싶긴 한데…. 부르기가 너무너무
어려워요(웃음). 좋은 곡을 망치기 싫어서 더 안 부르게 되는
것 같아요.

희주 샤이니 노래 쉽지 않죠. 여자가 불러도 어려워(웃음).
음악에 대한 원천 체험이 TV 속 음악 프로그램이 아닌
거리의 시위와 연관되어 있는 게 인상적이네요. 어린 시절
군청 앞에서 들었던 노래 중에 기억나는 게 있으세요?

숨눈 「철의 노동자」와 「불나비」, 「단결투쟁가」요. 자주
들으니까 가사까지 저절로 외우게 되더라고요. 당시
보았던 애니메이션 주제가와 비슷한 느낌도 받았고요.
악당과 맞서 싸우는 영웅들의 노래랄까요? 어릴 땐 의미를
완전히 이해하진 못했으나 부당함에 맞서는 노래라는 건
느꼈고, 중고등학생 즈음부터는 가사의 의미를 곱씹게
되었어요. 일전에 다른 집회에서 「불나비」를 들었는데 무척
반갑더라고요. 신나는 곡도 좋지만 역시 이런 전투적인
노래가 필요하다고 생각했어요. 사람들이 「다시 만난
세계」처럼 따라 불러줬으면 좋았을 텐데. 아는 분들이 별로
없는 것 같아서 행진하면서 혼자 더 열심히 불렀어요.

희주 말씀하신 곡들을 노래패나 '아는언니들'에서

부르기도 하셨나요?

숨눈 노래패에서 부르지는 못했어요. 듣기에는 신나도 부르기는 엄청 어렵거든요. 노래패에선 공연의 기조를 정하고 그에 어울리는 세트리스트를 구성해요. 창작곡이나 민중가요 그룹인 '꽃다지', '노래를 찾는 사람들'의 노래 중에서 주제에 맞는 곡을 찾아 부르는 식인 거죠. '아는언니들'에서는 해마다 공연 테마를 정해 거기에 맞는 창작곡이나 뮤지컬 넘버, 민요, 케이팝 등을 부르고 있어요. 지난 공연의 테마는 '일과 놀이'였는데, 제 추천으로 꽃다지의 「혼자 울지 말고」를 불렀어요. 앞으로 민중가요를 부를 기회가 더 많았으면 좋겠네요.

희주 2017년부터 매년 퀴어퍼레이드(이하 퀴퍼)에 참여했다고 들었는데요. 퀴퍼에서 들었던 음악 중에서 인상 깊었던 곡이 있으세요?

숨눈 행진 트럭에서 대부분 케이팝을 트는데, 제가 케이팝은 샤이니를 빼고 잘 몰라서요. 그래도 즐겁고 신이 나죠. 익숙한 2000년대 가요가 들리면 더 좋고요. 혐오 세력을 보며 우리가 케이팝을 듣고 춤추며 즐거워하는 걸 봐라! 부럽지? 이상한 애들이 아니라 다 똑같은 인간이지?

별반 다르지 않지? 이런 생각도 했어요. 다만 다양한 곳에서 민중가요를 들을 기회가 더 많아지고, 사람들이 민중가요에도 관심을 가지면 좋겠어요.

희주 2022년부터는 퀴퍼에 샤팅스타도 들고 가셨다고요. 그때는 어떤 마음으로 응원봉을 들고 가셨어요? 당시에도 이미 퀴퍼에서 응원봉을 드는 문화가 있었나요?

숨눈 탄핵 집회 때랑 비슷했어요. 샤월 중에도 분명 퀴어, 앨라이가 많을 테니 존재를 보여주고 싶었어요. 제가 보고 싶기도 했고요. 특정 단체에 속하지 않더라도 연결되어 있고, 연결될 수 있다는 것을 느끼고 싶었어요. 2023년 서울퀴어퍼레이드에는 이랑 님 공연에 '아는언니들' 단원들과 코러스로 참여했는데요. 무대에 샤팅스타를 들고 올라갔는데 관객석에도 샤팅스타가 보이더라고요. 너무 반가웠죠.

희주 개인적으론 광장에서 케이팝이 들리는 게 여전히 낯설기도 하거든요. 퀴퍼에서 들리는 건 당연한 일 같은데, 탄핵 집회에서 이렇게 최신 케이팝이? 싶은 거예요. 「다시 만난 세계」는 틀 수 있지만 에스파aespa의 「Whiplash」 같은 테크노가 세대를 아우르는 무난한 곡은 아니잖아요. 숨눈

집회에 들고 나간 샤팅스타

님은 케이팝이 광장에서 어떤 역할을 한다고 생각하세요?
들으면서 어떤 기분이었을지도 궁금해요.

숨눈 퀴퍼 행진 때 케이팝을 트는 것과 같은 역할을 한다고
생각했어요. 흥을 돋우고, 힘을 주고, 두려움을 떨쳐내어
한목소리를 낼 수 있도록 돕는 역할이요. 한국 고전문학의
특징 중 하나인 '웃음으로 눈물 닦기', 즉 해학과 비슷한
느낌을 받았어요. 하지만 제가 퀴퍼에서 최신 케이팝이

나오면 잘 즐기지 못했던 것처럼 케이팝을 모르는 집회 참여자는 어리둥절할 것 같아 걱정도 됐어요. 다행히 집회가 반복될수록 사회자가 따라 하기 쉬운 구호를 선창하거나, 사람들이 집회에 자주 나오는 케이팝을 플레이리스트로 만들어 공유하면서 익숙해졌지만요. 광장에 샤이니 노래도 나왔다는데 실제로는 듣지 못했어요. 나중에 영상을 찾아보며 재밌었겠다, 함께하지 못해 아쉽다는 생각이 들었고요.

구구 민중가요에 익숙한 사람으로서, 광장에 나오는 2030 세대가 민중가요에 익숙해지기를 바라기도 하시나요?

숨눈 노래는 즐거움을 주거나, 슬픔을 위로하는 등 감정에 영향을 끼치잖아요. 민중가요는 케이팝에서 느끼기 어려운 감정을 알려준다고 봐요. 이를테면 우리가 단결하거나 투쟁해야 할 때 민중가요만큼 그 의지를 북돋우는 음악도 없거든요. 좀 더 다양한 선택지를 얻을 수 있다는 점에서 민중가요에도 익숙해지면 좋지 않을까요?

희주 지금 너무 흥미로운 얘기를 많이 들려주고 계셔서 정신이 없는데(웃음). 사실 제가 제일 좋은 건 샤이니 이야기하실 때거든요. 깊은 애정과 자부심이 느껴져요.

그런데 우리가 아이돌을 좋아하면서 아예 갈등이 없을 순 없잖아요. 숨눈 님처럼 삶과 신념을 일치시키기 위해 노력하는 분이라면 마음이 복잡한 순간도 더러 있었을 거 같고요.

숨눈 사실 골프 사진을 올리는 멤버의 인스타 팔로우를 취소했어요. 보는 게 괴로웠거든요. 불편해하는 팬이 나 하나는 아닐 텐데, 어떻게 문제를 제기할 수 있을까? 이런 얘기를 한다면 분명 들어줄 사람인데, 이걸 얘기하려고 앨범을 사재기해서 팬사인회에 갈 수도 없고…. 딱 이 부분만 마음에 걸려서 더 말하기가 어려워요. 골프가 명확한 범죄행위는 아니잖아요. 사교의 장이기도 하고요. 이걸 말하면 누군가는 좋은 걸 빼앗는다고 생각할 거 같고, '지적질'을 못마땅하게 여기는 팬들 눈치가 보이기도 하고요. 한편으론 직업 때문인지 멤버들을 학생들과 겹쳐보게 되기도 해요. 샤이니가 데뷔했을 땐 제 학생들 또래였을 텐데 어떻게 이렇게 어렸을 때부터 그 힘든 일을 했지, 하고요. 물론 지금은 연차가 쌓였죠. 멤버들도 어른이 되었고, 자기 의견을 전할 수 있다는 걸 알지만 그들이 몸과 마음이 빠르게 소진될 수밖에 없는 노동환경에 놓여 있는 건 사실이고 그 소진과 착취에 제가 일조하고 있다는 생각이 들어요.

희주 아이돌의 과잉 노동에 대한 문제의식이 있으시군요. 제가 마음속으로 울면서 들은 이유가(웃음), 지금 위시가 데뷔한 지 1년이 안 됐는데, 멤버 리쿠가 건강 문제로 활동을 중지한 상태거든요. 그런데 이런 얘기를 싫어하는 분위기도 있잖아요. 최근엔 엔시티 127의 한 멤버가 "NCT 127, K팝도 신성한 육체노동이라는 사실"이라는 제목의 기사를 개인 SNS에 업로드했다가 논쟁거리가 되었어요. 요약하자면 아이돌이 그렇게 돈을 많이 버는데 너희들이 하는 일이 무슨 노동이냐, 라는 거죠.

숨눈 노동에 대한 사람들의 인식이 너무 협소한 거 같아요. 학교에서도 노동교육을 1년에 한두 번 정도 하는데, 학생들이 노동이 뭔지 잘 몰라요. 교육 자료에서는 누군가에게 임금을 받고 고용돼서 신체적·정신적인 노동력을 제공하면 노동자라고 정의하지만, 학생들은 노동자라는 용어 자체에 부정적인 인식을 갖고 있어요. 육체노동을 하는 사람만 노동자고, 스스로는 노동자가 될 리가 없어, 돼서는 안 돼, 라고 생각하는 것 같아요. 이야기를 해보려 해도 '어차피 전 사장될 건데요?' 이런 식이에요. 항상 본인이 누군가를 부리는 입장이 될 거라고 믿고, 내가 되지 않을 다른 사람들의 권리에 대해서는 생각하지 않아요. 비단 학생들의 문제가 아니라 사회 분위기가 그런 거 같아요.

구구   제 조카가 초등학생인데 아이브IVE 장원영을 좋아하거든요. 장원영처럼 연예인이 되는 게 꿈이기도 하고요. 그런데 얼마 전에 장원영도 노동자라 고충이 많을 거야, 연예인이라고 좋은 것만 있는 게 아닐 거야, 라고 했더니 조카가 우는 거예요. 노동자라고 하지 말라고. 그거 안 좋은 거 아니냐고.

희주   아이고야.

숨눈   『퀴어돌로지』라는 책에 이런 얘기가 있어요. 과거에는 아이돌이 생산자고 팬은 일방적인 소비자였다면, 이제는 팬이 기존 콘텐츠를 재가공해서 새로운 팬을 유입시키는 등의 노동을 하기 때문에 스스로 아이돌과 공동생산자라는 인식을 가진다는 거죠. 무급으로 일하는 나도 이렇게 열심히 하는데, 돈 받고 일하는 너는 더 제대로 해야 하지 않느냐고 요구한다는 거예요. 그 마음을 모르는 건 아니지만, 그렇다고 해서 아이돌이 부당한 대우를 받을 이유는 없다고 생각해요. 키가 예능프로그램 〈핑계고〉에서 자기는 집 밖을 나서는 순간 본인이 콘텐츠가 된다는 걸 알기에 식당에 가도 사진부터 찍고, 새 옷도 누가 SNS에 올리기 전에 얼른 입고 나가야 한다고 말한 적이 있거든요. 이런 걸 보면 노동과 휴식이 구분되지 않는 것 같아

안타깝죠. 버블도 '얘가 이렇게 팬들에게 보여줄 일상을 만들기 위해 고민하겠구나' 싶어서 구독하면서도 갈등을 느껴요.

구구 좀 어려운 이야기지만, 샤이니 팬덤 내에 갈등[5]이 있잖아요. 멤버 온유의 탈퇴를 요구하는 측에서 성추행 혐의 사건과 함께 탈퇴의 근거로 내세우는 것 중 하나가 온유의 직업적 태만이고요. 그와 반대로 스캔들 없이 성실한 '일잘러'로 유명한 키를 좋아하는 입장에서는 양가감정이 있을 것 같은데요.

[5] 온유는 2017년 클럽에서 20대 여성의 신체 일부를 만진 혐의로 불구속 입건되었고, 이듬해 검찰로부터 무혐의 처분을 받았다. 해당 사건으로 인해 샤이니 팬덤은 온유의 탈퇴를 요구하는 측(4인 지지)과 반대하는 측(5인 지지)으로 양분되었고, 그 갈등은 최근까지 이어지고 있다.

숨눈 먼저 문제가 된 행위는 절대로 타협할 수 없는 지점이라고 말하고 싶어요. 내가 좋아하는 사람이 속해 있고, 그가 그 공동체를 너무나 소중하게 여기고, 그 그룹이 나에게 주는 의미도 크기 때문에 공동체를 구성하는 하나의 조각이라고 받아들이지만요. 다만 그의 태만에 대해서는 개인마다 성향이 다르니 그럴 수 있다고 생각하는데요. 그룹 활동에 안 좋은 영향을 미치는 것 같을 때는 부정적으로 바라보게 되는 것도 사실이에요.

하지만 이건 팬으로서 하는 생각이고요. 교사로서는 어릴 때 일으켰던 문제 행위나 방황에 대해서 회복이나 개선의 여지도 주지 않고 일관되게 비판적인 태도를 취하는 것에 대한 걱정도 있어요. 온유가 아파서 활동을 쉰 적도 있잖아요. 아프다는 이유로 부당한 대우를 받길 원하는 건 아니에요. 잘못을 저질렀다면 그에 대한 합당한 처벌을 받고 개선할 수도 있고요. 사안이 좀 더 회복적인 방향으로 흘러가면 좋겠어요. 동시에 어릴 때부터 그들이 놓인 특수한 환경을 배제할 수 없잖아요. 공동체 내에서 더불어 살면서 배워야 하는 기본적인 상호작용을 모를 수 있다는 거죠. 그렇기에 봐주는 게 아니라 지적하고 알려줘야 한다고 봐요. 개선의 여지를 조금도 남기지 않는 건 안 된다고 생각하고요. 그런데 팬덤은 '우리가 왜 가르치고 기다리고 성장을 지켜봐야 해? 완벽하게 있어야지'라는 태도를 취하기 쉬운 듯해요. 과거의 어떤 행적에 대해서 이 사람이 반성하고 달라졌을 거라는 가능성 자체를 배제하는 느낌이 있죠.

희주 왜 그런 거 같아요?

숨눈 아이돌 팬덤이 공동 생산자가 되면서 더 심화된 것 같아요. 내가 투자한 것만큼 돌려받아야 하는데, 돌려주는 건 고사하고 오히려 자신에게 해를 입힌다고 생각하니까요.

즉각적인 손익계산을 하듯 '얘 때문에 우리가 하락장이 됐으니 빨리 팔아버리고 상승장으로 돌아가야 해' 이런 느낌도 있고요. 아이돌과 팬덤 사이에는 하나의 목표를 달성하기 위해 달려가는, 일종의 영웅 서사가 있어요. 그걸 망친 존재는 악당이고, 악당을 처단하는 나는 정의로운 용사고요. 악당을 해치우고 얼른 다음 단계로 넘어가야 한다는 기조가 너무 강한 것 같아요.

희주 우리에게 아주 중요한 사건이 일어났음에도 천천히 되짚어볼 기회가 많지 않아요. 특히 이런 민감한 문제에 대해서는 하루빨리 털어버리는 게 낫다는 의견이 주류고요. '손절'이 시대정신인 탓일까요? 제가 또 궁금한 게, 방금 전 책을 인용하면서 공동 생산자라는 단어를 쓰셨잖아요. 그럼 숨눈 님은 본인이 어떤 팬이라고 생각하세요?

숨눈 그냥 소비자인 것 같아요. 적극적으로 뭔가 창작하거나 흔히 '착즙'이라고 하는 매력 포인트를 발견해서 퍼트리는 행동을 하지는 않거든요. 그냥 혼자서 생각하는 사람이기에 완전 소비자 입장이라고 봐요.

희주 소비자라는 단어엔 부정적인 뉘앙스가 있지 않아요?

숨눈 저는 가치중립적인 단어라고 생각하고요. 소비자가 지불한 것 외에 부수적인 걸 원할 때 문제적 단어가 된다고 생각해요. 예를 들어 여기 아메리카노 한 잔엔 커피값 외에 파트너의 미소와 친절도 포함되어 있다는 전제가 있잖아요. 그걸 얻지 못하면 사람들이 분개하는 거고요. 서비스라는 건 돈으로 딱딱 정해질 수가 없는 건데 사람들이 이만큼 내면 이런 결과물이 나와야 돼. 그게 아니면 너네가 잘못한 거야. 그런 마인드를 갖는 듯해요. 거기에서 진상이 발생하면서 소비자라는 단어에 부정적인 뉘앙스가 덧붙여진 거 같아요.

희주 그러면 숨눈 님은 소비자로서 샤이니의 뭘 산다고 생각하세요?

숨눈 일단 그들이 낸 앨범을 사고 광고하는 물건을 사죠. 또 팬사인회나 콘서트에 가면 그들이 우리 팬덤을 보면서 행복해하는 모습이나 우리를 아껴주는 모습을 볼 수 있어요. 그게 전부 다 계산된 건 아니겠지만 우리를 향해 웃어주는 거. 여기 모여 있는 너희들이 나를 사랑하는 걸 알고, 앞으로도 계속 사랑해줄 거라는 걸 알고, 그게 너무 고맙고 나도 너희를 사랑해, 이런 의미의 미소를 보죠. 사실 그걸 돈으로 샀다고 생각하고 싶지는 않은데요. 그게 이뤄지는 과정에 필요한 소비를 한다고는 생각해요. 서사를 쌓기 위한 소비랄까요.

희주   저는 아이돌과 팬의 관계에서 팬들이 원하는 건 돈으로 살 수 없는 무엇이라고 봐서 소비자라는 표현이 부정확하다 싶거든요. 가끔은 위악적으로 굴기 위해 사용될 때도 있다고 보고요. 사실인데 진실은 아닌 느낌이랄까요.

슴눈   돈이 개입되어 있으니까 소비자라는 것 자체를 배제할 수는 없을 것 같아요.

희주   그런데 이번 광장에서의 관계는 또 다르잖아요. 예를 들어 기범이가 집에 누워서 TV를 틀었어요. 대통령이 계엄을 해서 시민들이 거리에 나왔대요. 그런데 너무나 익숙한 샤배트[6]가 눈에 띄는 거예요. 여기서도 아이돌과 팬이 소비자와 생산자의 관계라고 하기는….

6 샤이니 팬덤에서 자체 제작한 비공식 응원봉. 경광봉과 닮은 생김새와 강한 발광력으로 존재감을 발휘한다.

슴눈   어려울 것 같네요.

희주   저도 이 지점을 뭐라고 해야 할지 모르겠어요. 어쨌든 친밀한 관계를 만드는 건 자주 보는 팬들, 특히 사인회 같은 대면 행사에 자주 오는 '큰 손'에 가까운 팬일 거잖아요.

그런데 이렇게 거리로 팬들이 나온 걸 보고 어떤 아이돌은 익명의 응원봉에도 친밀함을 느끼지 않을까 했어요. 전 팬들만큼이나 아이돌도 팬들을 궁금해할 거라는 생각을 하는데요. 거리에 나온 사람들의 목소리를 들으면서 팬이자 시민인 이들에 대한 상상력도 키울 수 있을 것 같았고요. 하나만 더 물어볼게요. 만약 영화 〈킹스맨〉처럼 찬장을 열었는데 수많은 응원봉이 있어요. 근데 오늘 시위에 하나를 들고 나가야 한다고 하면 어떤 응원봉을 선택할 것 같으세요?

숨눈 샤팅스타죠.

희주 그렇죠. 샤팅스타죠. 그럼 그 샤팅스타를 들고 나갈 때 마음은 어떤 마음인 거예요?

숨눈 어쨌든 광장에서도 고립되는 사람이 반드시 발생하잖아요. 그렇게 고립되고 싶지 않은 마음이 일단 있어요. 이걸 들고 나가는 것만으로도 나랑 연결되는 사람이 있을 것이다, 라는 마음이 있고요. 사실 저는 (샤이니 멤버들에게) 보여주고 싶기도 하거든요. 볼 거라는 걸 아니까. 내가 콘서트장에는 너를 위해서 이걸 들고 가지만, 다른 곳에서도 나 부끄러운 짓 안 하는 사람이다. 이렇게 건강하게 시민으로서의 역할을 다한다, 이런 걸 보여주고도 싶어요.
다른 시민들에게도 너네 우리 오타쿠라고 부르지? 그런데
내가 그런 것만 하는 줄 아냐, 하는 마음이 있죠.

희주 집회에 갈 때마다 샤배트의 발광력을 체감해요. 계엄
첫 주엔 여의도에서 샤월 무리를 봤는데요. 샤이니 노래가
나오니까 응원봉을 칼각으로 흔들면서 응원법을 완벽히
맞추는 거예요(웃음). 부럽더라고요. 저기 못 낀 샤월들 너무
끼고 싶겠구나, 했고요. 광장에서 샤월을 만나면 기분이
어때요?

숨눈 콘서트장에서 만나는 거랑은 좀 다른 느낌?
콘서트에서는 우리가 같은 사람을 좋아한다는 거 외에는
서로를 잘 모르잖아요. 오히려 약간의 경계심이 있죠.
응원하는 것 말고 무엇을 함께할 수 있을지 그 답을 찾지
못했는데, 시위 현장에서 만나니 우리가 통하는 지점들이
있고, 샤이니와 무관한 일로도 다시 만날 수 있겠다는
생각에 훨씬 가깝게 느껴졌어요. 말을 걸고 싶기도 했고요.
내향인이라 낯을 많이 가려서 생각만 했지만요.

구구 팬덤 내에서 비거니즘을 실천하는 사람이나 퀴어
팬을 만나고 싶다는 생각도 하셨을 거 같아요.

집회 현장에서 촬영한 샤팅스타와 깃발들

숨눈 멤버들이 광고하는 제품을 사서 응원해주고, 매출을 높여주고 싶어도 제가 비건이다 보니 불가능할 때가 있어요. 키가 맥도날드 광고를 찍었는데요. 거기서는 제가 사 먹을 수 있는 게 없어요. 이런 걸 함께 얘기할 사람이 있으면 싶죠. 커피 차나 조공을 보낼 때 비건 식단이나 제로웨이스트를 시도해보고 싶기도 하고요. 또 저는 아이돌 산업이 '퀴어함'을 마케팅 전략으로 삼는다고 생각하거든요. 샤이니는 데뷔 때부터 한동안 소년미를 강조했고, 키와 태민이라는 젠더리스 콘셉트를 보여주는 멤버들도 있어요. 퀴어 당사자들이 하고 싶어 하는 것을 대중들이 받아들일 수 있는 방식으로 대신 표현해주는 사람들이니 퀴어 팬이 많을 거라고 생각해요. 함께 만나면 재밌겠다 싶죠.

희주 샤이니 팬연합 트위터 계정 '피의연합당'이 유튜브 채널 〈김어준의 겸손은힘들다 뉴스공장〉과 인터뷰를 할 예정이었습니다만, 팬덤 내부의 반대로 무산되었어요.[7] 해당 사건을 알고 계시나요?

숨눈 트위터 계정의 존재는 알았지만, 그런 일이 있는 줄은 몰랐어요. '정치적'이라고 하면 순수하지 않은 의도가 있다고 보는 사회적 분위기 때문인지 사람들이 팬덤이 정치화되는 것을 경계하는 것 같아요.

[7] 비상계엄 사태 이후 첫 주말인 12월 7일 토요일 집회에 참여하는 샤이니월드의 안전과 연대를 위해 생성된 트위터 계정 (@UNION_of_BLOOD). 해당 계정을 통해 핫팩, 건전지 등의 나눔이 이뤄지기도 했다. 운영진이 응원봉을 들고 나간 시민으로서 유튜브 채널 〈김어준의 겸손은힘들다 뉴스공장〉과 인터뷰를 할 예정이었으나, 운영진 개인의 의견이 아티스트와 팬덤을 대표할 수 있다는 비판을 받아 인터뷰를 취소했다. 해당 계정은 2024년 12월 14일 활동을 마무리했다.

희주 말씀에 동의하는 한편으로 이번 사태를 '정치적'으로 받아들이지 않은 팬들도 많았기 때문에 이토록 많은 사람이 응원봉을 들고나온 게 아닐까 싶기도 해요. 12월 3일 이후로

시간이 좀 지나서 여론이 바뀌었고, 마치 계엄이 논리적으로
대립을 할 수 있는 문제인 것처럼 해석되기도 하는데요.
초반까지만 해도 전혀 그런 분위기가 아니었잖아요.

숨눈   제 경험상 소속이 없는 상황에서 시위에 나가는 건
두려운 일이거든요. 응원봉이 그런 두려움을 덜어주고,
사람들에게 소속감을 느끼게 해주는 매개가 되었다고
생각해요. 또 응원봉은 개인의 정체성을 드러내는 것이니
주체적인 선택이기도 하고요. 그걸 두고 아이돌 혹은 다른
배후 세력이 있는 것처럼 곡해하는 건 이상하죠. 개인의
삶에서 정치를 분리할 수는 없잖아요. 덕질도 마찬가지고요.
공개방송, 사전녹화, 팬사인회 등에서 팬들이 당한 인권유린,
기획사의 사행성 조장과 이로 인한 탄소 배출도 다 정치적
의제거든요. 또 덕질과 무관한 분야에서 팬덤의 이름을 걸고
응원봉을 내세워도 문제될 건 없다고 봐요. 그런데 '광장에
나온 건 특수한 상황이라 그렇지, 우리는 원래 덕질만 하던
사람들이었어'라고 생각하는 팬들이 더 많은 것 같아서
마음이 복잡하더라고요.

희주   '이번 일 끝나고 일상으로 돌아가면'이라는
표현을 쓰잖아요. 이처럼 일상과 광장을 분리하는 태도가
문제적이라고 보시는 걸까요?

숨눈 그렇죠. 이번 집회에서는 사람들이 민주노총이나 금속노조를 우리 팀이라고 생각하지만, 한때 그들과의 연대를 '우리의 순수한 의도를 오염시킨다'거나 '정치색이 묻는다'면서 두려움을 갖고 보는 시선도 있었잖아요. 이런 부정적인 인식이 점점 바뀌고 있지 않나 싶기도 해요. 결과적으로 유명인들도 목소리를 내기 편한 분위기가 형성될 거라 보고요.

희주 샤이니는 이번 비상계엄 사태에 관해 언급한 적이 있나요? 위시는 직접적인 언급은 없었어요. 대신 리더 시온이가 6일 시위가 있기 전날 내일 추우니까 따뜻하게 입으라고 짧은 글을 올렸는데요. 그걸 좀 과대 해석이랄지, 긍정적으로 읽는 분위기가 살짝 있었거든요. 저도 그렇게 읽고 싶었고요. 그 친구가 세월호를 추모하는 노란 리본을 휴대폰 케이스에 붙인 과거 사진을 본 적이 있어서 더 그랬는데, 이게 (한숨) 지나고 나니 마음이 너무 복잡한 거예요. 첫째로는 과대 해석하려는 제 자신이 문제고요. 둘째로 이 바탕에는 이 친구가 전남 출신이고, 거기 프라이드를 갖고 있는데 내가 그걸 좋다고 해도 되나 싶더라고요. 그 친구를 좋아하고 존중해서 목포 집회에 참여하기도 했지만 어떤 굴레를 덧씌우는 건 아닌가 해서요.

숨눈 샤이니가 따로 언급한 건   8 2017년 멤버 종현이
없었어요. 그래도 현재 상황이 어떤지   우울증으로 세상을 떠났다.
알고 있을 거예요. 특히 키는 아이돌 산업에 대해 잘 알고
있기 때문에 말을 아끼고 있을 거라고 보고요. 샤월은
누군가 고통받거나 세상을 떠나는 일이 얼마나 힘든지
알고 있는 팬덤이기에 훨씬 더 조심스러운 듯해요.[8] 더불어
제 추측이지만, 샤이니가 워낙 어릴 때 데뷔해서 팬들이
샤이니에게 여전히 어린 모습을 겹쳐보는 경향이 있거든요.
샤이니를 어린아이로 두고, 어른인 팬들이 샤이니를
보호해야 한다고 생각하는 것 같아요. 어른들이 부끄러운
모습을 보여주지 말자, '우리 애'가 어떤 신념을 가지고
한 행동이 공격받을 때 보호해줘야 한다, 이런 마인드가
있달까요. 거꾸로 말하면 잘못된 일을 했을 때 지적해줄 수
있는 팬덤이라는 생각도 해요.

구구 그것도 보호의 일종이죠. 목소리를 내어주었으면
하는 한편에 팬덤 내에서는 아티스트 보호를 위해 그들의
정치적 입장이 두드러지지 않았으면 하는 바람도 있을
듯해요.

희주 역으로 현재 샤월로서 집회에 참여한 사람들 중에는
'어른' 종현의 영향을 받은 이도 있을 것 같아요. 종현이

인기 남자 아이돌로는 드물게 적극적으로 사회문제에 목소리를 내주었잖아요. '안녕들하십니까' 대자보를 한동안 SNS의 프로필 사진으로 쓴다던지, 꾸준히 세월호 추모를 한다던지요. 그런 모습에 자부심을 느끼는 팬들도 분명 있을 테고요.

숨눈 정치적인 목소리를 내는 연예인이 비난받고, 대부분 쉬쉬하는 와중에 종현이 보여줬던 모습이 상대적으로 더 두드러졌던 거 같아요. 종현이라면 분명 어떤 방식으로든 광장에 함께했으리라 믿고, 그런 종현이를 사랑하고, 함께하고 싶기에 나선 분, 또 종현이라면 분명 정의를 위해 광장에 나온 우리를 지지하고 응원했을 거라고 직접적으로 표출하는 분들도 있었고요.

민중가요는 정치적인 메시지를 직접적으로 드러내지만, 그런 동시에 사랑도 자주 언급해요. 샤월로서 집회에 참여하는 것은 샤월이 사는 방식이자 종현을 기억하고 사랑하는 방식이겠죠. 아마 종현의 신념과 태도를 좋아한다면 종현이라는 사람을 모르더라도 광장에 나왔을 거예요. 그렇지만 그 사람이 종현이라는 존재를 알았다면, 종현으로부터 더욱 힘을 얻어 광장으로 나설 수 있었을 거라고 보고요. 이런 마음을 함께 공유하는 샤월들의 존재가 지속 가능한 참여를 만드는 거 같아요.

희주 종현의 트위터 소개 문구가 '청년靑年'이잖아요.
그 말처럼 정말 푸른 사람이었던 거 같아요. 종현이 가진
푸른빛이 우리의 마음속에 오래 물들어 있길 바라봅니다.
마지막으로 숨눈 님이 추천하는 '혁명의 케이팝'이 있다면요?

숨눈 키의 「가솔린Gasoline」을 추천하고 싶어요. 이 노래는
에스엠타운 콘서트에서 선공개한 곡인데요. 키를 잘 모르던
타 그룹의 팬들이 이 노래를 통해 키의 진가를 알게 된
것처럼 이번 광장에서의 경험이 우리가 서로의 존재를
인식하는 계기가 되었다고 생각해요. 또 이 곡은 나를
불태울 테니 내가 뭘 하는지 지켜보라는 의미가 담겨 있어서
키도 엄청 전투적으로 활동했다고 하더라고요. 이 시국에
우리에게 필요한 태도라고 생각해 선곡했어요.

핫 데뷔!
'인간 인기가요'의
광화문 집회
데뷔 일기

동네 같은 팬덤에서 평화를 느끼는 비비 '팝콘'

인터뷰 4

2025.02.02. 오후 12시 ~ 2시
용산 더 체임버

윤석열 대통령의 변호인단이 문형배 헌법재판소장 권한대행과 정계선·이미선 재판관에 대한 회피 촉구 의견서를 헌법재판소에 제출한 사실이 알려졌다. 윤석열의 이른바 '헌재 흔들기'가 헌재 결정에 대한 불복으로 이어질 것이란 관측이 나오면서, 시민들은 경악을 감추지 못했다.

  다크비DKB●를 처음 알게 된 건 다크비 멤버 희찬이 엑소 카이를 롤모델로 꼽았다는 트윗을 읽은 후였다. 카이를 존경한다는 아이돌은 많았지만, 카이 직캠*을 팬들에게 보내며 "입 벌리고 머리 움켜쥔 채 영상을 봤다"라고 말하는 아이돌은 그가 처음이었다.

● 브레이브 엔터테인먼트에서 약 8년 만에 선보이는 보이그룹. 본래 9인조 그룹으로 출발했으나 멤버 테오의 음주 운전 및 탈퇴로 현재 8인조로 활동 중이다.

  인터뷰를 위해 다크비를 다시 만났다. 아이돌이 끊임없이 생겨나고 사라지기를 반복하는 시대라지만, 다크비는 모든 게 너무 낯설었다. 트위터에서 잠깐 화제가 됐던 「미안해 엄마Sorry Mama」가 벌써 5년 전 곡이라는 사실이 놀라웠다. 대기업 아이돌만 파면서 좁고 편협해진 우리의 시야에 당황할 무렵, 문득 궁금해졌다. 중소기업 기획사의 아이돌과 팬, 그리고 소속사는 어떤 관계를 맺고 있을까? 팬들은 광장에서 서로를 어떻게 인식하고 있을까? 그들이 느끼는 소속감은 대형 팬덤의 그것과 얼마나 다를까?

  팝콘은 다크비를 영업할 기회를 놓치지 않겠다는 듯 두 눈을 반짝이며 내 질문에 답했다. 그의 말은 우리가 아이돌에게 품어온 애정의 형태를 되돌아보게 했다. 한편으로 팝콘과의 만남은 구체적인 의제나 명확한 문제의식이 있어야만 집회에 나갈 수 있다는 통념을 깨뜨리는 시간이기도 했다. 광장 이후, 의제의 구체성을 새롭게 학습하고 벼리는 시민의 얼굴을 발견한 덕에. 내란 정국에서 우리가 경험한 광장이, 또 다른 적극적인 시민을 탄생시키는 중인지도 모른다는 낙관과 기대가 생겼다.

인터뷰이 팝콘

자기소개가 제일 어려운 ENFP. 오타쿠와 백수가 체질. 낭만 빼면 시체. 웃음소리 큼. 사랑이 쉬운 편. 인생의 명장면에 늘 최애가 춤추고 있기를 바라며, 팝콘을 닉네임으로 사용하게 되었다.

인터뷰어 구구, 희주

구구   팝콘 님의 덕질 연대기부터 들어보고 싶어요. 어떤 아이돌로 덕질을 시작하셨어요?

팝콘   첫 덕질은 지오디god였어요. 초등학생 때 4집 앨범 타이틀곡 「길」로 입덕했죠. 그러다 2004년에 동방신기TVXQ! 데뷔 무대를 보고 좋은 의미로 충격을 받았어요. 그때부터 오랫동안 시아준수의 홈걸*로 살았어요. 고등학생 때는 빅뱅BIGBANG, 원더걸스, 카라Kara, 소녀시대, 투애니원2NE1을 다 좋아하는 학생이었는데, 대학 들어가서는 케이팝보다 새롭고 재미있는 것들이 많아지더라고요. 연애도 하고, 대학생활도 즐기면서 덕질은 잠시 쉬었어요. 그땐 엑소도, 방탄소년단도 잘 모를 정도로 케이팝에 관심이 없었고요. 한참 쉬다가 몬스타엑스(이하 몬엑)로 다시 덕질을 시작했는데요. 애인과 헤어지고 마음이 허할 때 몬엑 멤버들이 출연한 TV 예능 프로그램 〈몬스타 엑스레이〉를 보고 형원이를 좋아하게 됐어요. 꽤 긴 시간 동안 몬엑을 좋아하다가 원호 탈퇴[1] 직전에 탈덕했고요. 그다음엔 에이티즈ATEEZ를 좋아했는데, 에이티즈 덕질은 좀 힘들었어요. 저는 아이돌을 직접 봐야 하는 사람인데 하필 코로나19 시기라 그럴 수 없었거든요. 그렇게 지쳐가던 때에는 여러 아이돌을 동시에

[1] 2019년 10월, 멤버 원호가 개인사를 둘러싼 논란으로 탈퇴를 결정하였다.

좋아했어요. 피원하모니P1Harmony, 엔시티 127, 이펙스EPEX, 씨아이엑스CIX, 티엔엑스TNX, 투모로우바이투게더, 앤팀&TEAM, 보이넥스트도어BOYNEXTDOOR…. 유료 팬클럽 가입도 하고, 콘서트도 가고, 엄청 돌아다녔죠. 그때는 안 좋아하는 가수가 없어서 제 별명이 '인기가요'일 정도였어요(웃음). 그러다 다크비에 입덕한 뒤에는 다크비한테 올인했어요. 제가 너무 많은 아이돌을 좋아하는 게 좀 지조 없어 보이나요?

구구 저도 지오디로 덕질을 시작한 빠순이라 팝콘 님 이야기가 더 가깝게 느껴졌어요. 저 역시 소문난 잡덕*이었거든요. 우린 사랑이 많은 사람인 걸로 합시다(웃음). 찾아보니까 다크비가 2020년에 데뷔했더라고요. 워낙 좋아하신 가수가 많아서 우리 타임라인을 정리하면서 얘기를 나눠야 할 것 같은데요. 다크비는 데뷔 초부터 좋아했던 거예요?

팝콘 저 완전 늦덕이에요. 2023년 6월에 입덕했어요. 그때 다크비가 부산에서 콘서트를 했거든요.² 함께 몬엑 덕질하던 몬베베³ 언니가 '네가 안 좋아할 수는 없을 거야'라면서 부산에 놀러 가는

2 2023년 방영한 JTBC 서바이벌 프로그램 〈피크타임〉에 다크비도 참가자로 출연했다. 프로그램 종영 두 달 뒤인 23년 6월, 부산에서 열린 〈피크타임〉 콘서트 '유어 타임 YOUR TIME'을 말한다.

김에 콘서트도 보고 오자고 꼬셨어요.   3 몬엑의 팬클럽명.
그래서 같이 갔는데, 그야말로 벼락을   4 다크비의 팬클럽명.
맞았어요. 벼락 맞는 거 뭔지 아시죠? (일동 고개를 끄덕인다)
저도 모르게 막 소리를 지르게 되더라고요. 콘서트 끝난
당일에 버블도 가입했다니까요? (웃음)

구구   몬엑을 제외하면, 저랑 팝콘 님이 정말 비슷한 경로로
덕질을 해온 것 같아요. 그런데 결정적으로 다른 점은
저는 계속 대형기획사 아이돌(이하 대형돌)만 좋아했다는
거고, 팝콘 님이 지금 좋아하고 있는 다크비는 중소기획사
아이돌(이하 중소돌)이라는 점인데요. 소속사 규모에 따라 팬
경험의 차이도 있을 것 같은데 어때요?

팝콘   제가 몬엑을 좋아했던 게 2017년에
「아름다워Beautiful」로 활동했던 때거든요. 그때와 비교하면
다크비랑 별다른 차이를 느끼지 못하는 것 같아요. 몬엑도
슈퍼스타가 되기 전이었고요. 게다가 오랜만에 다시
덕질하게 된 거라 대형돌, 중소돌 같은 개념 없이 무작정
좋아하기만 했어요. 그래서 둘 사이에 이런 차이가 있다,
라는 생각은 해본 적 없는 것 같아요. 또 알고 지내던
몬베베들이 비비[4]까지 이어져오면서 친구처럼 지내고
있어서 팬 경험이 구분되기보다는 자연스레 이어진

느낌이에요.

구구 중소돌 팬들이 종종 '중소돌 팬으로서의 설움'을 이야기하잖아요. 그래서 저도 대형돌과는 뭐가 다를 거라는 편견을 갖고 있었어요. 트위터에 명절처럼 돌아오는 이야기 중 하나가 '중소돌 팬, 여기까지 경험해봤다!'잖아요. 그래서 그렇게 생각했었나 봐요. 아이돌 활동 규모나 방식에서 소속사 간 차이는 없었어요?

팝콘 큰 회사건 작은 회사건 일단 소속사에는 그냥 싫은 감정이 드는 것 같아요. 몬엑을 좋아할 때도 소속사 대표 욕하는 건 기본이었어요. 몬엑, 다크비 소속사 대표 모두 프로듀서 출신이라는 공통점이 있는데요. 차이가 있다면 몬엑 소속사가 좀 더 과감한 편이었던 것 같아요. 투자나 새로운 시도에 열려 있다고 느껴졌달까요? 브레이브 엔터테인먼트는 확실히 소극적이고 보수적이거든요.

구구 과감한 시도를 하려면 재정적인 규모가 큰 영향을 미치겠지만, 대표가 어떤 마인드를 가진 사람이냐도 중요한 부분인 것 같아요. 소속사의 이런 소극적이고 보수적인 태도가 다크비에게 어떤 영향을 주고 있다고 보세요?

팝콘   최근에 다크비 멤버들이 빅뱅 태양의 콘서트에 다녀와서 버블에 소감을 올렸는데, "더 열심히 할게"라고 하더라고요. 저는 그게 멤버들이 자책할 문제가 아니라고 생각하거든요. 오히려 소속사가 과감하게 투자하거나 새로운 시도를 했다면 결과가 달라졌을 것 같아요. 하필 코로나19가 한창일 때 데뷔한 것도 아쉬웠어요. 그래서 저는 항상 다크비 연차에서 3년은 빼야 한다고 말해요. 코로나19 시기에는 눈에 띄는 활동을 할 수 없었으니까요. 소속사가 이 그룹이 잘될 수 있는 타이밍을 계속 놓치고 있는 것 같아요. 멤버 구성도 희한해요. 중학교 3학년인 멤버와 지금 아니면 데뷔가 힘들겠다 싶은 나이의 멤버가 같이 데뷔했죠. 시기, 기획, 구성까지 '용감한형제'[5]라는 타이틀을 빼면 이상한 점투성이에요.

구구   다크비 해리준이 04년생이더라고요. 제가 덕질하고 있는 위시의 유우시랑 동갑이란 말이죠. 유우시가 그룹 내에서 셋째인데, 해리준은 막내잖아요. 케이팝 산업의 문법대로 본다면, 멤버들이 전반적으로 데뷔가 늦은 것 같다는 생각이 드네요. 그럼 팝콘 님은 소속사에 의견을 개진하는 편이에요?

[5]   브라운아이드걸스 「어쩌다」, 손담비 「미쳤어」 등을 성공시키며 선풍적인 인기를 끈 프로듀서이자 2008년에 설립한 브레이브 엔터테인먼트의 대표이사. 이하 용형.

팝콘   건설적인 욕을 하려고 해요. 어쨌든 내가 좋아하는 그룹이니까, 어떻게 하면 더 잘될 수 있는지 머리를 맞대보자는 거죠. 다크비가 활동을 지속할 수 있는 데에는 코어 비비들의 영향이 크다고 느껴요. 그래서 비비들이 회사에 의견을 전달하면, 회사에서도 어느 정도 호응하려고 흉내는 내요. 자체 콘텐츠를 달라고 하면 만들어주는 식으로요. 예전에는 자컨에서 멤버들이 개인 마이크가 없어서 수음이 잘 안 됐는데 그 부분도 개선해줬어요. 올해 설날 콘텐츠에서 처음으로 멤버 전원이 개인 마이크를 차고 나왔고요.

아! 욕할 게 하나 더 생각났어요(웃음). 다크비가 작년 7월부터 계속 팬사인회를 하고 있어요. 그리고 오늘(2월 2일)이 마지막 팬사인회예요. 진짜 미쳤어요. 음악방송은 2주밖에 안 하고, 그마저도 상대적으로 규모가 작은 방송에만 나왔어요. 〈인기가요〉나 〈뮤직뱅크〉 같은 지상파 방송은 한 번인가 나갔던 것 같아요. 음악방송에 나가는 게 돈이 많이 든다는 건 알죠. 그래도 좀 너무해요. 행사도 마찬가지예요. 국내 행사가 많은 5월, 10월에는 공백기였고, 대학교 축제가 한창인 10월에는 해외 투어를 돌았다니까요.

구구   지상파 음악방송에 나가기 어려울 만큼 재정이 부족한 상황일까요? 브레이브걸스Brave Girls의 역주행으로 어느 정도 수익이 났고, 용감한형제가 프로듀싱 이전부터 작사, 작곡에 꾸준히 참여해 왔으니까 저작권 수입도 꽤 있을 것 같거든요. 그런데도 자기가 만든 그룹에 적극적으로 투자하지 않는 이유가 뭘까요?

팝콘 저랑 몇몇 비비들은 회사 내부의 운영 기조가 팬들이 바라는 방향과 다른 거라고 생각해요. 말씀하신 대로 회사가 재정적 여유가 있어도 새로운 시도나 과감한 투자를 피하는 분위기가 느껴지거든요. 수익 구조가 이미 안정돼 있다 보니, 리스크를 감수하면서까지 아이돌 사업에 힘을 쏟지 않는 것 같아요.

구구 사전 조사차 다크비 영상을 여러 개 찾아봤어요. 저는 팬들 사이에서 어떠한 감정이 주로 흐르는지 살펴보는 걸 좋아하는데, 다크비 팬들의 댓글은 멤버들을 격려하는 내용이 대부분이더라고요. 근데 그 사이에서 유독 눈에 띄는 댓글이 있었어요. 어떤 팬분이 소속사를 향한 깊은 불만과 원망을 표출하고 계시더라고요. 애들 풀 죽은 거 봐라, 돈 좀 들여라 이런 식으로 안타까워하는 댓글들이었어요.

팝콘 저는 그런 팬분들께 그저 감사한 마음이에요. 저 대신 표현해 주시니까요.

희주 돈 얘기가 나와서 말인데 팝콘 님은 덕질 비용으로 얼마나 지출하는 편이에요? 직장인인데 다크비를 따라다니기에 부담은 없어요?

팝콘 월급의 30퍼센트 정도는 쓰는 것 같아요.

희주 적지 않은 금액이네요. 만약 멤버의 열애설이 터지면 '내가 너한테 얼마를 썼는데' 이런 마음이 들 것 같은가요? 요즘 팬들은 자기가 얼마를 썼는지 이야기하고, 소비자 정체성을 무기 삼아 힘을 행사하려는 모습을 자주 보이는데요. 아이돌이 팬의 기대와 다른 행동을 했을 때 그 힘이 폭력적으로 발휘되기도 하고요. 한편으로는 '유사연애'가 아이돌 인기의 핵심 동력 중 하나고 기획사에서 그 감정을 소비로 조장하는 문화가 있으니 팬 개인을 비난하기도 어렵다는 생각도 들어요.

팝콘 저는 오늘 당장 열애설이 터져도 그런 생각은 안 할 것 같아요. 제가 좋아서 한 일이니까요. 스스로 팬이 되기로 한 거니까 멤버들에게 그런 이야기는 할 수 없다고 생각해요. 작은 소속사고, 애들도 아직 성공하기 전이라서 이 정도 지출은 당연하다고 여기는 편이에요.

희주　다크비 팬덤 규모는 어느 정도인가요. 흔히 네임드라고 불리는 팬의 트위터 계정 팔로워 수는 몇 명 정도예요? 대형돌을 파는 네임드*의 팔로워 수는 2~3만이 기본인 것 같은데, 중소돌의 경우에는 어느 정도인지 궁금해요.

팝콘　네임드의 팔로워 수는 300~400명 정도예요. 그중 200명 정도는 외국 팬이고요. 저는 팔로워가 100명 정도 돼요. 생일 카페* 같은 행사에 오는 분들은 적게는 열 명, 많게는 50명 정도 되고요. 비비는 한적한 시골 동네 같아요. 팬들끼리 한 다리 건너면 서로 다 아는 닉네임이라 '동네' 느낌이 강하죠. 오프라인 행사에 참여하는 분들도 전부는 아니지만, 어느 정도 익숙한 분들도 계세요. 저는 팬사인회 가면 몇 명 왔는지 꼭 세봐요. 사람이 없는 날에는 멤버들도 "오늘 왜 이렇게 빈자리가 많아?" 하고 말하기도 해요. 제 입장에서는 멤버들도 다 아는데 계속 이렇게 하는 게 맞나 싶어요. 소속사도 앨범 판매로 투자금을 회수해야 하니까 그런 시스템을 두는 것 같아요. 그래도 좀 불만이에요.[6]

구구　멤버들이 그런 말을 한다고요? 팬들 마음이 너무 좋지 않을 것 같아요. 그 말을 뱉거나 듣는 멤버들도 마음이 안 좋을 것 같고요. 멤버들이 왜 이렇게 빈자리가 많냐고 하는 건 자조적인 농담이에요, 아니면 소속사에 대한 불만을 돌려 말하는 걸까요?

팝콘 멤버들이 팬들한테 진짜 한을 안 먹이거든요. 불만을 얘기하지 않아요. 회사를, 특히 용형을 정말

6 아이돌 팬사인회는 앨범 1장당 1개의 응모권을 쥐게 되는 구조로, 앨범을 많이 구매할수록 랜덤 추첨 시 당첨될 확률이 높다고 알려져 있다. 팬들 사이에서는 소위 '팬싸컷'이 암암리에 공유되는데, 이는 팬사인회에 당첨될 가능성이 있는 앨범 장수를 뜻하는 말이다.

감사한 분이라고 생각하는 것 같아요. 저는 팬이니까 이런저런 불만이 많지만, 유교 사회에서는 대표님을 좋아하고 존경한다고 말하는 게 맞다고 생각하기도 해요. 다른 그룹들은 회사에 대한 불만을 직접적으로 표현하기도 하던데, 그건 그만큼 소속사에 기여하고 개선을 기대할 수 있는 위치라서 가능한 거라고 봐요. 그게 부러울 때도 있지만, 다크비는 그러면 안 될 것 같아요. 괜히 역풍을 맞고 회사에 밉보여서 투자를 더 못 받을 수도 있잖아요.

구구 다크비가 해외에서 제법 인기가 많은 편이라고 들었어요. 요즘은 케이팝이 워낙 전 세계적인 문화 콘텐츠가 되어서 해외에서의 성과도 중요하게 생각하는 것 같던데요. 아예 해외 시장을 겨냥한 그룹과 곡, 퍼포먼스를 기획하기도 하잖아요. 제가 보기에 이런 측면에서 다크비도 충분히 소속사에 기여하고 있다고 느껴지는데, 팝콘 님이

느끼시기엔 어떤가요? 해외 투어에 가보셨는지, 가보셨다면 그곳에서 다크비의 인기를 실감하셨는지 궁금해요.

팝콘 맞아요. 해외에서는 꽤 잘된 편이에요. 유럽, 미주, 아시아 투어 모두 성공적으로 마쳤거든요. 그런데 개인적으로는 투어에 아쉬운 점이 있었어요. 멤버들이 아침부터 화장하고 리허설하고, 팬 이벤트를 진행하느라 쉴 틈이 없어요. 팬사인회, 팬토크, 하이터치, 폴라회 같은 이벤트[7]까지 마친 다음에 공연을 하니까요. 투어 중에 올린 사진을 보면 전부 밤에 찍은 거예요. 관광도 못 하고 도시에서 도시로 이동하느라 숨 돌릴 틈도 없이 공연만 하는, 말하자면 '수금을 위한 투어'였던 거죠. 저는 2024년 10월에 다크비 미국 투어 다녀왔는데, 멤버들한테 투어 잘하라는 말이 안 나오더라고요. 너무 고생했다는 말만 나왔어요. 마음이 짠해서요. 어디 가서 놀기도 하고 즐겼으면 좋겠는데, 소속사가 돈만 벌려는 이벤트를 기획하는 게 뻔히 보이니까 너무 빡쳤어요. 미국만 해도 일고여덟 개 주를 돌았거든요?

[7] '팬사인회'는 아이돌과 팬이 일대일로 만나 사인을 하는 이벤트, '팬토크'는 다수의 팬과 한꺼번에 만나는 이벤트를 말한다. '하이터치'는 일본 아이돌 문화로부터 이어져온 이벤트로, 멤버와 손바닥을 마주칠 수 있는 기회가 주어진다. '하이터치회 이용권'을 구매하거나 앨범 내 랜덤으로 삽입된 이용권이 필요하다. '폴라회'는 아이돌 멤버가 '폴라회 티켓'을 가진 팬과 함께 폴라로이드 사진을 찍어주는 이벤트로 이와 유사한 '셀카회(팬과 셀카를 함께 찍어주는 이벤트)'도 있다. 이러한 부대 행사는 해외 투어에만 포함되어 있기 때문에 해외 공연을 보러 가는 팬들도 있다.

큰 사고 없이 잘 마치긴 했지만 안쓰러웠죠.

희주 다크비 팬덤을 동네 같다고 얘기했는데, 비비로서의 소속감은 어때요?

팝콘 저는 소속감이 중요한 사람이에요. 몬엑 덕질을 가열차게 하던 시절, 몬베베라는 이름으로 스스로를 부르고 그 안에 속해 있다는 게 제게 정말 중요하다는 걸 알게 됐어요. 내가 좋아하는 걸 함께 좋아하는 사람들이 모여 있고, 공통된 감각을 공유하니까 자세히 설명하지 않아도 바로 알아차리는 순간들이 분명 있고, 그게 참 좋아요. 제가 동네처럼 작은 팬덤을 선호하는 사람인 것 같기도 해요. 예전에 엔시티 드림 콘서트를 갔을 때 잠실 올림픽주경기장을 가득 메운 인파를 보고 압도당한 적이 있어요. 그런 규모나 열기도 멋졌지만, 제겐 눈으로 확인할 수 있는 관계와 소속감이 더 중요하더라고요. 몬베베 때부터 알고 지낸 팬들과는 순수한 마음으로, 그저 좋아하는 마음만으로 덕질을 했어요. 그때 경험했던 평화로운 소속감 덕분에 지금까지 순수하게 좋아하는 마음을 유지할 수 있는 것 같고요. 이전에 겪었던 팬덤들보다 비비가 한결 평화롭고 잔잔해서 더 좋아요.

구구　집회에 대한 이야기를 해볼게요. 팝콘 님이 집회에 나간 게 탄핵 가결 다음 날이잖아요. 탄핵 가결 전에도 계속 윤석열 퇴진 광장이 열렸었는데, 그날 처음 참여한 이유가 있을까요?

팝콘　박근혜 탄핵 집회가 한창일 때 애인이 있었는데, 장거리 연애를 했어요. 주말에만 만날 수 있다 보니 시위에 나가지 못했어요. 다음 주에 가야지, 그다음 주엔 가야지 하다가 결국 박근혜 탄핵이 가결돼버린 거예요. 미루고 미루다가 탄핵 시위에 참여하고 싶어도 못 하게 된 거죠. 그때부터 계속 부채감이 있었어요. 그래서 이번에는 무조건 가야겠다고 결심했어요. 여의도에는 가지 못했어요. 집회에 참여하는 게 처음이기도 하고, 무엇보다 혼자 가는 게 무서웠거든요. 제가 나름 행동파인데도 막상 혼자 가려니 좀 두렵더라고요. 다행히 몬베베 시절 알게 된 친구가 여의도 집회 다녀와서 같이 가자고 하길래 함께 나갔어요. 참고로 그 친구가 지금은 광주FC 팬이라는 걸 꼭 밝혀달래요(웃음).

희주　그럼 과거에는 집회에 참여해본 적이 없었던 거예요?

팝콘　시민으로서 민주 의식을 가지고 있었지만, 집회에 직접 참여해본 적은 없었어요. 그래서 응원봉 문화가 생긴 게 좋았어요. 시위에 참여하는 허들이 낮아졌다고 해야 할까요. 저는 케이팝이 항상 안전하다고 느꼈거든요. 물론 산업이나 팬덤 내부에 불합리한 일들도 있지만, 어쨌든 여자들이 꾸민 채로 자유롭게 돌아다닐 수 있는 환경이잖아요. 콘서트장에 가면 온갖 여자들이 다 있지만, 그래도 그 안에서는 안전할 거라는 생각이 들어요. 누가 나를 때릴까 봐 걱정할 일도 없고요. 저는 그런 여자들만 있는 향기로운 공간이 늘 좋았어요. 요즘은 팬들의 인권 의식이 높아지면서 더 안전해진 느낌이에요. 경호원들이 팬들을 함부로 대하는 것도 지금에서야 공론화되는 거지, 예전에는 카메라 뺏기고 쫓겨나는 걸 크게 문제 삼지 않았잖아요.

응원봉 들고 시위에 참여한 사람들도 넓게 보면 케이팝을 하는 사람들인 거잖아요. 제가 느낀 안전감을 함께 경험한 사람들일 거라는 생각이 들었어요. 그래서 저도 나가볼 용기를 낼 수 있었고요. 친구랑 대화하다가 깨달은 건데요. 시위 문화가 정말 많이 달라졌다는 걸 느꼈어요. 예전엔 시위 같은 걸 왜 가냐고 하던 친구였거든요. 친구가 우연히 약속이 있어서 광화문에 갔다가 "국민이 주인이다"가 쓰인 깃발을 드신 분을 본 거예요. 그러곤 저한테 너무 재밌어 보인다면서 다음에 같이 가자고 하더라고요. 그때 시위도 재미있고 안전할 수 있구나, 그럼 나도 친구도 갈 수 있겠다, 하는 이런 생각이 들었어요.

사실 트위터가 아니었으면 내가 왜 시위를 나가야 하지?
싫었을지도 몰라요. 왜 응원봉을 들고 나가야 하는지
의문을 가지기도 했을 테고요. 그런데 광장의 응원봉
문화를 먼저 경험해본 사람들이 트위터에 흥미롭고 웃긴
썰을 풀어주니까 막연히 가보고 싶다는 생각이 들었어요.
응원봉을 들면 내가 어디에 속하는지 분명해지고, 이
자리에서 행동하고 있다는 걸 보여주는 거니까 의미 있다고
생각했죠.

구구 흥미로운 이야기네요. 저는 콘서트장에 별의별
여자들이 모이기 때문에 오히려 두려울 때가 있거든요(웃음).
트위터에서 워낙 별별 꼴을 다 봐서 그런지, 여자들만 있어서
안전하다는 감각이 제겐 아직 낯선 것 같아요. 사이버불링을
일삼거나 멤버들에게 말도 안 되는 농담을 던지고, 악질적인
루머를 퍼뜨리는 팬들의 행태를 보다가 콘서트장에서
얼굴을 마주하면 '헉! 이 사람들도 실체가 있었지' 싶은
순간이 있어요. 그럴 때마다 약간 소름이 돋아요. 그래도
팝콘 님이 말씀해주신 '광장의 응원봉 문화'가 준 긍정적인
영향에는 동의해요. 집회에 나가보니 어땠어요?

팝콘 광화문 집회가 오후 3시부터 행진이었는데, 닥봉[8]이
발광력이 나빠서 낮에는 빛이 희미하더라고요. 왜 이렇게

기놀이꾼 여현수의 기접놀이

발광력이 별로지? 이 생각을 제일 많이 했던 것 같아요(웃음). 집회 구역이 나뉘어 있었는데, 친구랑 "나 지금 2구역 2열이다" 하고 웃기도 했어요. 준비물 챙겨서 공개방송(이하 공방) 뛰는 거랑 뭐가 다르냐는 식으로 농담하면서요. 집회 갈 때 챙긴 핫팩, 방석, 담요는 공방 갈 때도 다 챙기는 것들이거든요. 멜론 인증서 안 뽑아도 되고, 신분증 없어도 되니까 오히려 좋다면서 즐겼어요. 공방에 가면 현장에서 휀걸들은 당연하게 바닥에

8 다크비 응원봉의 별칭으로, 멤버 이찬이 제안한 이름이다.

있는 존재로 취급돼요. 무수리 취급을 받는다고 해야 하나요.
근데 집회에서도 바닥에 앉더라고요. 바닥에 앉는 게
익숙하니까 어려울 게 없었어요.

구구 케이팝 공연 문화가 집회에 영향을 준 좋은
사례네요(웃음). 저도 좀 더 즐기면서 참여해볼 걸 그랬어요.
광장을 공방처럼 여기고, 방송국에서 받던 취급보다 훨씬
낫다고 여긴다니 어쩌면 팝콘 님은 광장과 퍼스널컬러가
잘 맞는 사람일지도 모르겠어요. 이후에도 집회에
나가야겠다는 생각이 들었나요?

팝콘 계속 가고 싶었는데, 그러지 못한
게 제 안에 아쉬움으로 남아 있어요.
몸이 아파서 한남동 시위를 못 갔거든요.
미안한 마음이 너무 커서 집회 라이브를
틀어놓고 수도원에 보조배터리도
보냈어요.⁹ 그때 제주항공 여객기 참사도 겹쳐서… 내가 할
수 있는 게 뭐가 있을까 계속 생각했어요. 집회에 한 번도
안 가봤더라면 이런 마음이 들지 않았을 텐데, 얼마나 춥고
고된 일인지 잘 아니까요. 거기에 계속 앉아 있는 게 어떤
마음인지 아니까 자꾸 신경 쓰이더라고요. 사실 그냥 갔으면
될 일이었다는 생각도 들어요. 근데 친구 없이 혼자서는

9 2025년 1월 6일, 한남동 대통령 관저 인근에서 집회가 이어진 가운데, 근처 가톨릭 수도원의 신부가 응원봉을 들고 시민들을 편의 시설로 안내한 사실이 드러나 화제가 되었다.

아직 무서운 것 같아요. 한강진에서 탄핵 반대 측과 충돌이 있었다는 이야기를 듣고 더 겁이 났어요.

희주 시위 현장에서 비비나 몬베베를 보기도 했나요?

팝콘 직접 보진 못했지만, 트위터에는 닭봉을 들고나온 팬들의 사진이 많이 올라왔어요. 그런 트윗들을 보면서 내가 잘하고 있다는 안도감과 동시에 비비들 중에서도 행동하려는 분들이 많다는 생각에 기뻤어요. 현장에서 비비나 몬베베를 보지 못한 건 제게 중요한 문제는 아니었어요. 워낙 인원이 적으니까 만날 거라는 기대 자체가 없었고요. 각자의 자리에서 열심히 하고 있다는 걸 알기 때문에 아쉽다기보다 든든했어요.

희주 비비로서 이런 인터뷰에 참여하는 게 부담스럽지는 않았어요? 여러 팬덤에서 아이돌한테 정치 묻히지 마라는 식으로 반응하는 경우도 있잖아요. 특정 정당과 엮일까 봐 걱정하는 분위기도 있고요.

팝콘 제가 인터뷰를 해도 되나 싶기는 했어요. 워낙 팬덤 규모가 작으니까 비비를 대표하게 될까 봐 걱정됐고요. 비비 중에도 시위에 참여하신 분들이 여럿 있다는 걸 알고 있어서 용기를 낼 수 있었어요. 응원봉을 들고 시위에 나간다는 건 그 팬덤이 현 사안에 목소리를 내는 데에 거부감이 없다는 뜻이기도 하니까요. 자꾸 강조하는 것 같아서 민망하지만, 저는 소속감이 정말 중요한 사람이고, 그게 행동하는 데에도 큰 동력이 돼요. 물론 규모가 큰 팬덤이 부러울 때도 있고, 팬덤만의 문화가 있는 것도 멋지다고 생각해요. 하지만 소속감만큼은 작은 팬덤에서 더 깊이 느낄 수 있는 것 같아요. 그래서 비비의 일원으로서 팬덤에 해를 끼치지 않으려고 의식적으로 조심해요.

막 입덕하신 분들이 마플[10]을 바로 맞닥뜨리지 않도록 소속사를 욕할 때 주어 없이 맥락으로만 표현한다든가 하는 식으로요.

10 '마이너스 플로우'의 줄임말. 부정적인 얘기로 가득 찬 흐름을 뜻하는 은어다.

구구 팝콘 님이 개인적으로 중요하게 여기는 의제가 있나요? 광장에 가면 세상에 정말 다양한 의제가 있잖아요. 끊임없이 서명을 받고, 어떤 문제에 관심을 가져달라고 끊임없이 소리치고. 저는 다양성을 존중하는 사회라는 게 이런 모양새를 할 수밖에 없다고 생각하면서도 가끔은 숨이 막히는 기분이 들어요. 사람들의 외침이 나와 내 주변의 삶과 밀접하게 연결되어 있다는 걸 어느 순간 강하게 인식하게 된 탓인 것 같아요. 한 명의 인간으로 잘 살아가기 위해서는 많은 문제를 해결해야 한다는 게 너무 크고 무거운 숙제처럼 느껴진달까요.

팝콘 지난 인터뷰를 보고 왔는데, 어떤 분이 의료민영화를 말씀하셨더라고요. 저는 사실 구체적으로 생각해본 적은 없는 것 같아요. 그러니까 민주 시민으로서의 의식은 있지만 깊이 생각하지는 않았어요. 그래서 반성했고요(웃음). 개인적으로는 혐오를 조장하는 폐쇄적인 온라인 커뮤니티가 없어져야 한다고 생각해요. 혐오로 똘똘 뭉친 공간이 존재하는 건 여러모로 해로우니까요. 더불어 디지털·미디어 윤리 교육도 필요하다고 느껴요.

구구 케이팝 팬들에게 온라인 커뮤니티는 중요한 구심점이잖아요. 일베처럼 오직 혐오만으로 굴러가는 곳도 있지만, 덕질을 위한 커뮤니티를 표방하는 곳에서 일부 회원들이 혐오 글을 게시하기도 하는 등의 문제가 있으니까요. 어떤 커뮤니티를 혐오를 조장하는 곳으로 볼 것이냐의 문제가 생기기는 할 것 같아요. 전부 단속하는 건 지나친 규제라는 비판도 있을 테고요. 온라인 커뮤니티의 혐오 문제와 미디어 교육을 중요하게 생각하게 된 계기가 있나요?

팝콘   지역에서 대안학교를 운영하시는 부모님의 영향을 많이 받았어요. 부모님이 소수 인원만 모집해서 위탁 교육 형태로 학교를 운영하고 계신데요. 학교나 집에서 돌보기가 어려운 아이들이 오는 곳이에요. 상황이 안 좋아지는 경우도 있지만, 좋아져서 집으로 돌아가는 친구들도 있어요. 그냥 뛰어노는 시간이 필요했던 아이들이 특히 그렇고요. 이런 친구들은 보호자가 스마트폰 사용에 대한 관리나 교육을 철저히 해주는 게 어려워요. 학교, 가정 안에서 잘 크는 법을 배우기 힘든 아이들이 온라인 커뮤니티를 통해 혐오 문화에 노출되는 걸 보면서 그 문제를 많이 생각했어요. 그건 아이들의 문제가 아니라, 혐오를 조장하는 커뮤니티를 강력하게 처벌해야 해결될 사회의 문제라고 봐요. 관련해서 법 제정도 필요하다고 생각하고요.

10대의 SNS 사용을 막자는 입장은 아니에요. 다만 아이들은 스스로 혐오 콘텐츠를 전부 걸러낼 수 없기 때문에 SNS를 올바르게, 제대로 사용할 수 있도록 여러 방면의 규제가 필요하다고 느껴요. 기술이 발전하는 속도에 비해 디지털 시민 의식은 따라오지 못하고 있으니까요. 어른들이 먼저 올바른 방식을 알려줘야 하는데, 사실 어른들조차 교육이 필요한 상황이라는 게 안타까워요.

구구   부모님께서 대안학교를 운영하시는군요! 보통 대안학교는 정규 공교육 문제를 극복하기 위해 만들어지는 경우가 많고, 그래서 대체로 진보적이라는 세간의 평가가 있잖아요. 대안학교를 졸업한 분들이 뜻을 가지고 사회운동을 하는 경우도 주변에서 많이 봤어요. 부모님의 정치 성향은 어떤가요? 팝콘 님과 같은가요?

팝콘   부모님도 완전 진보 쪽이세요. 문소리 배우가 영화 〈1987〉의 출연자들에게 연기 지도를 하면서 최루탄과 데모에 관해 설명했다는 걸 엄마한테 얘기했거든요. 그랬더니 엄마가 "나도 대학생 때 힐 신고 사방팔방 뛰어다니면서 데모했어" 하시더라고요. 아빠도 젊었을 때 데모에 참여하셨고요. 그러고 보면 저는 엄마한테 여러 가지를 물려받은 것 같아요. 엄마가 조용필 선생님을 덕질하셨거든요. 덕질도, 정치 성향도 다 엄마한테 물려받은 셈이에요.

희주   대학생 때부터 정치와 관련된 행동에 적극 동참하신 부모님이라면 자연스레 정치 이야기를 꺼낼 일도 많을 것 같은데요. 부모님과 정치 이야기를 자주 하는 편인가요?

팝콘   자주는 아니지만, 부모님이 시위에 참여했던 이야기는 종종 들었어요. 할머니가 완전 '빨간 쪽'이셔서 부모님은 보수적인 신념 체계와 이를 신뢰하는 할머니의 태도가 불합리하다는 생각과 반발심으로 더 '파란 쪽'으로 기울었던 것 같아요. 저희 집이 기독교 집안이거든요. 어렸을 때는 저녁마다 가족이 다 같이 모여 성경을 읽었어요. 성경을 한 장씩 읽고 나서 궁금한 걸 나누는 시간을 가졌는데, 제가 정치에 대해서 잘 모르니까 부모님께 별별 질문을 다 했어요. 대선 기간에는 엄마한테 누구 뽑을 거냐고 묻기도 했죠. 그럼 엄마가 "그런 거 큰 소리로 물어보는 거 아니야" 하면서 조용하게 몇 번이라고 알려주셨어요. 아무래도 그런 시간이 쌓이고 쌓여서 저도 자연스럽게 '파란 피'가 된 것 같아요.

희주 사람들이 작년 연말 시상식의 풍경과 그 자리에 참석한 연예인들의 모습이 현 시국과 괴리되어 보인다며 이상한 광경이라고 얘기하는 거 혹시 보셨어요? 거리로 나와 추위에 떨고 있는 시민들도 있는데, 멋지게 꾸미고 나와 현 사태에 대해선 일언반구 하지 않는 모습을 보고 앞으로 연예인을 좋아하지 못할 것 같다는 분들도 계시더라고요.

팝콘 제주항공 여객기 참사로 슬퍼하느라 연말 시상식에 대해서는 생각할 겨를조차 없었어요. 지금 돌아보면 그런 비판이 조금은 과격하게 느껴지기도 해요. 물론 팬들이 하는 말도 이해돼요. 하지만 어쨌든 연예인이라는 존재가 주는,

대체할 수 없는 기쁨과 행복이 있잖아요. 그래서 시상식 참여를 부정적으로만 볼 건 아니라고 생각해요. 다크비는 팬들이 트로피랑 큐카드를 직접 만들어서 연말 시상식을 따로 해줬어요. 그때 해리준이 "올해는 열심히 해서 시상식에 나갈 수 있도록 하겠습니다"라고 말하는데, 그게 너무 기특하고 감동적이었어요.

　1월 1일이 해리준 생일인데, 이번에는 국가애도기간이라 생일 이벤트를 할 수가 없었어요. 해리준이 04년생이거든요. 나이도 어린데 1년에 한 번뿐인 생일 이벤트를 얼마나 기다렸겠어요. 안타까웠지만, 그래도 사람답게 살려면 그땐 애도하는 게 맞다고 생각했죠. 엄마가 지금 무안 근처에서 어르신들을 대상으로 문해 교육을 하시거든요. 근데 그분들 중에 참사로 며느리를 잃은 분이 계셨어요. 그 얘기를 듣고 더 마음이 아팠어요. 저도 그즈음에 방콕에서 열리는 시상식을 보러 갈 예정이었기 때문에, 참사가 남 일처럼 느껴지지 않기도 했고요. 해리준의 생일은 내년에도, 내후년에도 있으니까 지금은 그냥 충분히 슬퍼하고 애도하는 게 맞다고 생각해요. 제가 세월호 참사 이후에 아이돌 덕질을 다시 시작했는데, 그때부터 지금까지 두 번의 큰 참사를 겪었어요. 너무 많은 사람이 세상을 떠나서 슬픈데, 마음을 달랠 콘텐츠도 올라오지 않으니까 더 힘들더라고요. 뭔가 올리면 안 되는 분위기가 깔려 있었던 것 같기도 하고요.

구구 국가적으로 큰 사건이 일어날 때마다 내가 좋아하는 아티스트와 그 상황을 함께 이해하고 애도하거나 대화를 나눌 수 없다는 게 저는 특히 힘들더라고요. 공식 계정도, 버블도, 유튜브 채널도 마치 아무 일도 없는 것처럼 고요한 게 이상하게 느껴져요. 희생자나 생존자, 유가족 중에도 아이돌 팬이 있을 텐데요. 근데 또 생각해보면 오히려 예전이 지금보다 나았던 것 같기도 해요. 세월호 참사 이후에 아이돌 멤버들이 희생자를 위해 추모 메시지를 띄우거나 세월호 팔찌, 리본을 차는 흐름이 있었잖아요. 그런 문화가 계속 이어졌다면 좋았을 텐데요.

희주 콘텐츠가 전혀 올라오지 않을 때는 어떤 마음이었어요?

팝콘 복잡했어요. 일상에서 잠깐이라도 환기할 수 있는 콘텐츠가 올라오면 좋겠다는 생각이 들다가도, 이럴 땐 이렇게 슬퍼하고 화내는 게 맞다 싶기도 했거든요. 너무 슬픈데 마음을 털어놓을 데가 없다는 게 제일 힘들었어요. 그래서 공식 팬카페에 편지를 썼죠. "슬플 때 슬퍼할 줄 아는 것도 어른의 방법인 것 같다. 우리는 아직 시간이 많으니까 더 멋있어져서 만나자." 이런 내용으로요. 그렇게 멤버들과 함께 회복해나갔던 것 같아요.

희주   다크비 멤버들은 이번 비상계엄 사태에 대해 혹시 언급한 적이 있나요?

팝콘   계엄 이후에 다크비는 일본에 있었어요. 버블로 해리준한테 "해리야, 오늘 시위 나가는 비비분들도 있을 거야. 따뜻하게 입고 나가라고 해줘"라고 보냈거든요. 그랬더니 해리준이 "누나 오늘 따뜻하게 입고 나가요"라고 답장했어요. 다른 멤버들이 버블로 어떤 얘기를 했는지는 잘 모르겠어요. 제가 알기로 계엄 사태에 대해 먼저 발언하거나 영향력을 드러내려 했던 멤버는 없었던 것 같아요. 이번 인터뷰 프로젝트에 참여하신 분들도 그 점을 아쉬워하셨던 걸로 알아요. 저 역시 팬들이 시위에 나가는 걸 보면서도 멤버들이 아무 말도 하지 않는 건 조금 아쉬웠어요.

희주   '해찬아 살기 좋은 세상 만들어줄게'라는 밈을 알고 있나요? 인터뷰이 중에서 사실 해찬이가 우리보다 훨씬 더 좋은 세상에 살고 있다고 말한 분도 있는데, 팝콘 님은 어때요? 해리준이 팝콘 님보다 더 좋은 세상에 살고 있다고 생각하나요?

팝콘   아니요(웃음). 사실 잘 모르겠어요. 멤버 중에 누가 더 잘 산다거나 내가 쓰는 돈의 크기 같은 건 생각해본 적이 없어요. 물론 주변에 '남자 아이돌은 그냥 한남'이라고 자조적으로 말하는 사람도 있는데, 저는 해리준이 정말 잘됐으면 하는 간절한 마음을 갖고 있어요. 진심으로 해리준이 살기 좋은 세상을 만들고 싶어요. 진짜 간절하게요. 해찬이는 아마 해리준보다는 벌이가 좋겠죠? 해리준은 아직 성공하기 전이니까 저보다 사정이 낫진 않을 거예요. 그래서 이렇게 생각하는 건지도 몰라요. 듣기로 에스엠 엔터테인먼트는 월 정산을 해준다고 하더라고요. 팬들에게 역조공[11]도 매주 해주고요. 저는 그게 권력이라고 생각해요. 근데 해리준한테 아직 그런 권력은 없는 것 같아요(웃음).

[11] 팬들이 아이돌에게 선물하는 걸 '조공'이라고 한다면, 역조공은 반대로 아이돌이 음악방송 등에 온 팬들에게 선물을 주는 일을 말한다.

 시위 현장에서 "최애야 살기 좋은 세상 만들어줄게"라고 적힌 깃발을 봤는데요. 마음이 찡했어요. 저 역시 '해리준 널 위해서 내가 찬 바닥에 앉아 시위를 하고 있는 거야'라는 생각이 들었거든요. 어쨌든 살기 좋은 세상이 되어야 케이팝도 제대로 굴러갈 테니까요. 제가 공방이나 콘서트장에서 흔들던 응원봉을 굳이 광장까지 들고 나간 건, 해리준이 성공했으면 하는 마음 때문이에요. 제 삶에서 가장 큰 비중을 차지하는 게 케이팝인데, 세상이 이래서야

'최애야 살기 좋은 세상 만들어줄게' 깃발

케이팝이 제대로 될 리가 없잖아요.

구구 끝으로 팝콘 님이 추천하는 '혁명의 케이팝'이 있나요?

팝콘 도영의 「댈러스 러브 필드Dallas Love Field」요. 시위에 가기 전에 이 곡의 가사를 캡처해 트위터 비계에 올리면서, "얘들아 나 잘 다녀올게. 가슴이 뜨거워진다"라고 쓴 적이 있어요. 내가 사랑하는 존재가 언제나 자유롭기를 바라는 마음으로 들으면 가사가 더욱 와닿아요. 가사를 쓴 켄지가 본인 SNS 계정에 앨범 커버 사진과 함께 "언제나 행복하게 노래하길"이라는 코멘트를 올린 걸 보고 더 좋아졌어요.

어제의 '홈마', 내일의 정치인을 꿈꾸다

사랑과 정치가 교차하는 거리에서 만난
열혈 시민 겸 더비 '젤리'

인터뷰 5

2025.02.27. 오후 8시 ~ 10시
줌Zoom 인터뷰

2025년 2월 25일, 헌법재판소에서 윤석열 대통령 탄핵 심판의 마지막 변론이 진행됐다. 비상계엄 선포 이후 84일 만의 일이었다. 최종 변론 이후 탄핵 찬반 세력의 충돌은 더욱 격화됐다. 인터뷰 전날인 2월 26일 이화여자대학교에서 열린 탄핵 찬성 집회에 신남성연대를 비롯한 극우 유튜버들이 난입해 탄핵 찬성 손 팻말을 빼앗아 뜯어 먹는 등 폭력적인 상황이 벌어졌다. 서부지법 폭동 이후 이어진 이러한 사태는 극우의 폭력성이 오프라인 공간으로 옮겨 왔다는 사실을 알리는 동시에, 온라인과 오프라인의 경계를 흐트리는 상징적인 사건이었다.

    이렇듯 격렬한 국면에서 '빠순이'라는 단어를 다시 떠올렸다. 아이돌 팬을 '빠순이'라 부르며 비하하던 맥락 속에는, 팬들이 현실과 유리된 존재라는 그릇된 인식이 깔려 있었다. 많은 사람이 빠순이에게는 아이돌이 전부이기 때문에, 그들의 삶에 정치나 일상이 제대로 자리하는 일은 없을 거라 여기며 무시했다. 하지만 그건 완전히 틀린 말이다. 많은 비웃음과 무시 속에서도 빠순이들은 늘 광장에 있었다. 덕질도, 정치도 그 무엇도 포기하지 않은 채로.

젤리 님 역시 그중 한 사람이다. 그는 덕질과 정치 활동에 주도적으로 참여하며 좌절과 희망 사이를 오갔다. 더보이즈의 팬 '더비'이자 시민으로서 젤리 님은 어떻게 자신에게 주어진 역할과 책임을 감당해왔을까? 지역에서 외로움을 견디며 계속 활동을 이어올 수 있었던 힘은 무엇이었을까?

젤리 님의 이야기를 듣는 내내 우리는 묘한 흥분에 휩싸였다. 빠순이에 대한 오해를 해소할 수 있어서가 아니라, 그가 지닌 에너지와 낙관이 우리가 계속해서 아이돌을, 그리고 세상을 사랑할 수 있는 가능성을 다시 볼 수 있도록 붙잡아주었기 때문이다.

인터뷰이 젤리

더 많은 것들을 사랑하기 위해 기획자가 되었지만, 개인적인 사정으로 잠시 쉬는 중. REST. 주로 활자와 어떤 사람, 고양이에 미쳐 있다. 매일 바뀌는 날씨에 우회 중, 제대로 된 목적지는 아직 찾지 못했다. 장래 희망은 지금보다 유명해지는 것.

인터뷰어 구구, 희주

구구　먼저 젤리 님의 덕질 연대기를 들어보고 싶어요.

젤리　처음 좋아한 가수는 이승기였어요. 그다음은 소녀시대 티파니, SS501이었고요. 저는 팬사인회를 꼭 가야 하는 사람인데, 그때는 지금이랑 달라서 표를 구입하거나 선착순으로 입장하는 방식이었거든요. SS501 팬사인회 때는 이틀 밤을 새운 적도 있어요. 근처 맥도날드에서 시간을 때우는데, 직원분이 저희를 비행 청소년인 줄 알고 쫓아낸 적도 있고요(웃음). 이후엔 샤이니를 좋아했어요. 그때까지만 해도 '명단 문화'*라고 하는 선착순 방식이 있었는데요. 그것 때문에 고생을 많이 했어요.

　에프엑스f(x) 설리도 좋아했고, 잠깐이지만 엑소도 좋아했어요. 그리고 방탄소년단을 좋아했고, 최애는 정국이었죠. 그다음이 더보이즈THE BOYZ예요. 더보이즈를 10년 가까이 좋아했는데, 그 사이에 크래비티CRAVITY 원진, 판타지 보이즈FANTASY BOYS 강민서, 〈미스터 트롯〉에 출연한 김수찬도 좋아했어요. 더보이즈에서는 '뉴'가 최애예요. 뉴의 홈[1]을 운영하면서 크래비티 원진 덕질도 병행했어요. 지금은 제로베이스원ZEROBASEONE의 한빈을

[1] 카메라를 들고 아이돌의 스케줄을 따라다니며 사진과 동영상을 찍는 '홈마'들이 개인적으로 운영하는 홈페이지. '홈마'는 '홈페이지 마스터'의 줄임말로 홈페이지 운영자를 뜻한다. 현재는 대다수의 홈마가 별도의 도메인 없이 트위터를 기반으로 활동하지만, 여전히 해당 명칭이 통용되고 있다.

좋아해요. 걸그룹은 이달의 소녀 yyxy, 스테이씨STAYC 수민,
아이브 장원영을 좋아하고요.

희주 홈을 운영했다니 대단한 능력자네요.

젤리 저는 덕질에 필요한 기술을 전부 독학으로 익혔어요.
학생 때 인터넷에서 배운 정보로 SS501 개인 홈페이지를
직접 만들었고요. 지금도 검색하면 나와요(웃음). 그때
홈페이지를 운영하면서 웹디자인을 배워보고 싶었는데,
아버지가 워낙 고지식하셔서 절대 안 된다고 하셨어요. 예술
쪽보다 실용적이고 현실적인 분야를 택하길 바라셨거든요.
그래서 성인이 된 다음엔 국가에서 지원하는 교육
프로그램으로 영상 기술을 배웠고, 포토샵 같은 디자인 툴은
책을 보면서 혼자 공부했어요. 덕분에 디자인이나 영상 편집
기술을 살려 관련 직종에서 일했죠. 지금은 몸이 안 좋아져서
재택근무가 가능한 콜센터 일을 하고 있어요. 나름 휴식기를
보내는 중이에요.

구구 젤리 님 이야기 들으니까 나모에디터로 덕질용 개인
홈페이지 만들던 시절이 떠오르네요. 저도 웹 기술이나
디자인 쪽으로 관심이 많아서 이것저것 만져봤었어요. 근데
당시에 워낙 완성도 높은 팬페이지가 너무 많아서 금세

좌절해 그만뒀던 기억이 있어요.(웃음)

희주   아버지가 웹디자인을 배우지 못하게 하셨다면, 학창 시절에 아이돌을 보기 위해 타지로 오가는 것도 좋아하지 않으셨을 듯해요.

젤리   제가 장녀인데요. 가족과의 관계가 쉽지 않아서 결국 집을 뛰쳐나왔어요. 학창 시절엔 아이돌 보러 다른 지역에 가는 걸 철저히 비밀로 했어요. 친구 집에 다녀온다고 둘러대고, 심지어 엄마한테도 말하지 않았어요. 1541 콜렉트콜에 삼자 통화 기능이 있는데, 친구랑 짜고 엄마에게 같이 있는 것처럼 연출한 적도 있고요. 평소에 매일 같은 시간에 등하교하는 걸 일부러 부모님께 보여드렸어요. 그래서 아이돌을 보러 가는 날에는 그 시간표대로 맞춰 움직이면 아무도 모르는 거예요. 부모님의 눈을 피해 다니는 스킬만 늘어난 거죠, 뭐.
  저는 다른 것보다 멤버들이 출퇴근하는 걸 너무 보고 싶었어요. 근데 20대 초중반엔 아르바이트를 해서 일을 빼기가 어려웠거든요. 그래서 아침에 출근길을 보러 서울에 갔다가 부산에 와서 알바하고, 저녁에 퇴근길을 보러 다시 서울에 가는 강행군을 한 적도 있어요. 평창 동계올림픽 기념 콘서트에 더보이즈가 출연했을 때는 부산에서 평창까지

왕복 일곱 시간이 넘는 거리를 시외버스로 다녀왔고요. 지금 생각하면 미친 짓인데, 그땐 당연하게 느껴졌어요.

구구 저도 장녀라서 공감이 되네요. 제가 하는 덕질 대부분도 비밀이었어요. 우리 K-장녀-아이돌 팬 커뮤니티라도 만들어야 하는 거 아닌가요. 전화나 연출 도와주는 식으로 상부상조하는 커뮤니티요(웃음). 오늘 젤리 님 처음 뵙고, 또 대화를 나눈 지도 얼마 안 됐지만 제가 느끼기에 젤리 님은 활발하고 당찬 에너지가 넘치는 분 같아요. 엄청난 매력이 느껴져요. 그런 젤리 님이 뉴의 홈을 운영했다고 하니까 뉴라는 멤버가 더 궁금해지네요. 젤리 님이 생각하기에 뉴의 매력은 뭐예요?

젤리 더보이즈가 데뷔할 무렵에 사진 한 장을 봤어요. 얼굴도 안 나오고 흐릿하게 실루엣만 보이는 전신사진이었는데, 하얗고 마른 몸선에 시선이 가더라고요. 그렇게 첫눈에 반했죠(웃음). 뉴가 고등학생 때 실용음악학원 등록비를 벌려고 아르바이트를 했는데, 그때 같이 일하던 외국인 동료가 임금 체불을 당한 걸 알고 직접 고용주에게 항의해서 밀린 돈을 받아준 적이 있어요. 그런 식으로 불의를 못 참고, 정의롭고 감수성이 있는 사람이라 더 좋아하게 됐어요. 또 뉴가 국회의원 선거 때 투표소에 파란색으로

빼입고 갔던 것도 인상적이었고요. 그간의 행동을 보면서 뉴가 저를 배반하지 않을 것 같다는 생각이 들었어요. 그래서 마음이 더 깊어진 것 같아요.

구구 자기 일도 아닌데 외국인 동료를 위해 그런 행동을 했다는 게 인상적이네요. 아이돌이 된 이후에도 비슷한 일화가 있었나요?

젤리 직접적인 일화는 떠오르는 게 없어요. 남태령 대첩처럼 부산에서도 박수영 의원 사무실 앞에서 장시간 시위[2]를 한 적이 있거든요. 그때 너무 힘들어서 바닥에 주저앉아 있는데, 뉴가 라이브 방송을 켰어요. 나는 거리에 나와 있는데 얘는 지금 뭘 하는 건가 싶어 살짝 거리감을 느꼈지만, 그 무렵이 소속사를 옮긴 직후라 이해했어요. 팬들을 달래주러 방송을 켰던 것도 같고요. 이적한 회사가 MC몽이 운영하는 곳[3]인데, 팬들은 이적을 환영하지 않았거든요. 저도 회사가 팬들을 별로 챙겨주지 않는 게 아쉽지만, 새 앨범은 잘 준비한 것 같아서 일단 지켜보는

[2] 윤석열 대통령의 탄핵과 구속 수사를 촉구하던 시민들이 2024년 12월 28일, 국민의힘 부산시당위원장 박수영 의원이 이끄는 당협위원회 사무실과 외부에서 아홉 시간 이상 농성을 벌이다 해산한 일. 이날 모인 시민들은 "내란 사태에 대한 입장을 밝히라"며 박 의원을 압박했고, 시위대 대표단과 박 의원 간 면담이 이뤄지면서 상황은 일단락되었다.

[3] 2023년 MC몽과 차가원이 공동 설립한 원헌드레드레이블을 의미한다. 더보이즈와는 2024년 11월 전속 계약을 체결했다.

중이에요.

희주 아까 뉴가 젤리 님을 배반하지 않을 것 같다고 했는데, 그런 믿음이 최애를 고를 때 중요한 기준이 되나요?

젤리 그런 것 같아요. 뉴를 오래 좋아했지만, 지금 최애는 제로베이스원의 한빈인데요. 저한테 최애는 롤모델로 삼을 수 있는 부분을 하나라도 가진 사람이에요. 한빈도 정말 열심히 살고, 사람들에게 따뜻한 마음을 베풀 줄 아는 온정적인 사람이고요. 제가 지향하는 모습이랑 닮았죠. 앞서 키 팬분이 인터뷰를 하셨다고 들었는데, 저도 키를 좋아하거든요. 현명하고, 사람을 대하는 방법을 잘 아는 사람이라서요. 그렇게 타인에게 상처 주지 않으려고 애쓰고, 타인의 마음을 섬세하게 알아차리는 예민한 구석이 있는 사람을 좋아해요. 그래서 제 최애가 세상 돌아가는 일에 너무 무관심하면 마음이 금방 식어요.

희주 뉴를 2017년부터 좋아했는데, 이렇게 오랫동안 좋아할 수 있었던 원동력은 뭐라고 생각하세요? 저는 덕질을 길게 해본 경험이 없어서 궁금해요.

젤리 무엇보다 뉴가 저를 알고 있다는 게 큰 것 같아요.

제가 데뷔 초부터 활동했던 홈마이기도 하고, 데뷔 초반에는 팬사인회도 갔거든요. 그래서 이 자리에 계속 있어야 한다고 생각해요. 가끔 마음이 멀어질 때도 있는데 활동하는 모습을 보면 금세 다시 좋아져요. 저를 입덕하게 만들었던 얼굴이나 성격이 어디 가는 건 아니니까요.

희주 더비들과의 관계는 어떤가요? 홈마로 활동하셨으니 팬들과도 친분이 두터웠을 것 같아요. 더보이즈 팬이 아니어도 계속 연락하는 친구가 있나요?

젤리 한창 더보이즈 홈마로 활동할 때는 홈마 친구가 많았어요. 제가 지방에 살고 몸이 불편해서 모든 일정에 참여할 수 없었는데, 그때마다 친구들이 사진 데이터를 선물해주고, 뉴에게 제 소식을 전해주기도 했어요. 한 일본인 친구는 팬사인회에서 뉴에게 '젤리 누나 생신 축하드려요'라고 쓴 메모를 받아서 제 생일 선물로 주기도 했어요. 그때 주변에서 '저 사람은 아무것도 안 하는데 홈마들이 왜 저 사람만 좋아하지?' 이런 얘기가 나올 정도였죠. 제가 부산 집회에서 샤이니 종현에 관해서 한 발언이 트위터에서 2만 회 정도 리트윗되었는데요. 어떤 분이 '엄마랑 같이 온 어린 친구가 단상에 섰다'는 식으로 표현하셨더라고요. 저랑 같이 갔던 사람은 엄마가 아니라

10년 넘게 알고 지낸 팬 언니였는데(웃음). 그 언니처럼 더보이즈를 좋아하면서 알게 된 친구들과는 오래 인연을 유지하는 중이에요. 지금도 단톡방이 있고요. 단톡방 구성원이 여섯 명인데요. 다들 정치나 사회문제에 관심이 많아요. 페미니즘 이야기도 자주 하고요. 그중 한 명은 부산 근처에 살아서 제가 발언하는 걸 직접 듣기도 했죠. 2018년에 혜화역에서 열렸던 불법촬영 편파수사 규탄시위[4]에는 함께 참여했어요.

[4] 2018년 5월, 홍익대학교 회화과 실기 수업에 누드모델로 참여한 남성의 사진이 온라인 커뮤니티 '워마드'에 올라온 후 이를 조롱, 비하하는 댓글이 이어졌다. 수사에 착수한 경찰이 동료 여성 모델을 구속했다. 이에 여성단체 '불편한 용기'는 피해자가 남성이기 때문에 수사가 신속하게 이루어졌다며 경찰 수사의 편파성을 비판했다. 이후 혜화역에서 '불법촬영 편파수사 규탄시위'가 진행되었으며, 총 6차에 걸쳐 지속되었다.

희주 젤리 님이 이번 12·3 비상계엄 사태 관련 집회에 10회 이상 참여했다고 해서 정말 놀랐어요. 저도 목포 집회에 한 번 나갔는데, 인원이 적어서 지역에서 계속 행동한다는 게 얼마나 힘든 일인지 실감했거든요. 평소에도 사회문제에 꾸준히 관심을 갖고, 활동하는 편인가요?

젤리 비상계엄이 선포된 그 주 토요일에 부산 집회에 처음 나갔어요. 그때 참여자가 너무 적다고 느껴서 이후에는 될 수 있는 한 계속 집회에 나갔죠. 초반에는 저도 거의 매일 나갔고, 주말에는 무조건 참여했고요. 마침 집회랑

생일이 겹쳤는데, 생일 파티도 안 하고
집회에 갔을 정도로 열심히 나갔어요.
정치에는 원래 관심이 많아요. 예전엔
더불어민주당(이하 민주당) 당원이었고,
지금은 기본소득당 당원이에요. 이재명
후보의 대통령 선거 유세 현장에도 직접
갔었어요. 박근혜 전 대통령의 국정원
게이트 의혹이 터졌을 때는 사람들을
모아서 부산 시위에 함께 나가기도
했어요. 이때 시위 규모가 커지면서
님크⁵라는 단체가 결성됐는데, 그때 제가
부산 지부 관리를 맡았어요.

5   님크(NIMC, Not In My Country)는 온라인 커뮤니티 '여성시대', '오늘의 유머' 회원들로 구성된 단체로 국정원의 정치·대선 개입 의혹에 대한 검찰의 공정한 수사를 촉구하고자 2023년 5월부터 매주 서울역에서 집회를 열었다. 당시 참가자들은 '국정원이 만든 대통령', '2, 30대여! 당신의 나라입니다' 등의 문구가 적힌 피켓을 들고 동방신기의 「주문-MIROTIC」, 지오디의 「촛불하나」 등의 노래를 함께 불렀다.

구구   정치에 관심을 갖게 만들어준 사람이나 사건이
있었나요? 저는 전교조였던 도서관 사서 선생님의 영향을
많이 받았어요. 그분을 통해 시민이 직접 행동하는 일의
힘을 처음 느꼈거든요. 사실 정치에 전혀 관심이 없는
학생이었는데, 선생님이 제 멱살을 잡고 사회운동으로 끌고
가주셨어요. 젤리 님에게도 이런 계기가 있었는지 궁금해요.

젤리   저는 주변의 영향보다는 학창 시절에 집으로
오던 신문이 컸어요. 신문을 읽다 보니 자연스레 정치에

관심이 생겼거든요. 노무현 전 대통령이 서거했을 때 제가 고등학생이었는데, 커뮤니티 쭉빵을 했었어요. 그때 쭉빵에 분향소 위치를 작성하고 안내하는 게시판지기 역할을 했죠. 세월호 참사 때도 비슷했어요. 부산은 현장의 실시간 정보가 잘 알려지지 않아서 답답했거든요. 그래서 국정원 게이트 규탄 시위 때 친해진 사람들에게 전달받은 소식을 온라인 커뮤니티나 트위터에 올려 확산시키는 역할을 했어요.

희주 처음으로 정치에 관심을 갖게 된 건 언제예요?

젤리 아버지가 신문기자셔서 평소에 정치 이야기를 많이 하셨어요. 노무현 전 대통령에 관한 책을 쓰신 적도 있고요. 아버지가 특별히 진보 성향은 아니지만, 업무 중에 그분을 자주 만나면서 인간적으로 좋아하시게 된 것 같아요. 탄핵소추안 통과로 직무가 정지된 노무현 전 대통령께서 봉하마을에서 지낼 적에 아버지가 취재 겸 우리 가족을 데리고 그분을 뵈러 갔던 적이 있어요. 엄청 더운 날이었는데, 그분이 자신이 쓰고 있던 밀짚모자를 만지면서 '다들 더우실 텐데 저 혼자 모자를 쓰고 있어서 어떡하냐'라고 말씀하셨던 게 기억에 남아요. 그래서 서거 소식을 들었을 때 너무 슬펐어요. 세상이 어딘가 심각하게 잘못되고 있다는 생각이 들었죠. 그때부터 정치에 관심을 갖기 시작했고, 부산 서면에서 열리는 집회에 참여하거나 발언하는 등 여러 활동을 이어왔어요. 어려서부터 참여해서 그런지, 지금은 나서는 데 거리낌이 없어요.

구구 이명박 정부 때도 여러 가지 집회나 사회운동이 활발했잖아요. 그땐 어떤 활동을 하셨나요?

젤리 그땐 고등학생이라 직접 나가서 뭔가를 하기는 어려웠어요. 대신 친구들한테 광우병 사태 같은 사회문제를 설명해줬죠. 관심 있는 친구들은 종종 슬쩍 와서 뭐가 문제인지 물어보기도 했어요. 물론 대부분은 별 관심이 없었고 '쟤 아버지가 신문기자라서 유별난가 보다' 하는 친구들도 있었고요. 노무현 전 대통령 서거 때 선생님께 분향소에 가고 싶다고 야자 좀 빼달라고 했더니 그런 데 갈 필요 없다는 말을 들었어요. 그땐 학교 안에서 정치적인 이야기를 하는 게 눈치 보이는 분위기였거든요. 결국 분향소는 같은 반 친구, 그 친구 어머니랑 셋이서 다녀왔어요. 그 외엔 누군가와 무언가를 같이 해봐야겠다는 생각은 잘 안 했어요. 당시에는 지금처럼 인터넷을 활발히 하던 시기도 아니었고, 학교생활이 전부였어요. 그래서 사회에 관심 있는 건 나밖에 없나 보다, 하는 생각이 들었죠. 그때는 외롭다기보다 스스로 내 이야기를 계속하는 게 중요하겠다고 생각했어요. 그래야 언젠가 친구들도 관심을 갖지 않을까 싶어서요.

희주 쭉빵에서 활동한 이후에도 온라인 커뮤니티에서 계속 활동하셨나요?

젤리 20대가 되면서 여성시대(이하 여시)에서 활동을 시작했어요. 그때 돈두댓[6] 캠페인에 적극적으로 참여했죠. 매달 거리로 나가 사람들에게 일본군 위안부 문제를 알리고 일본 정부의 사과를 촉구하는 활동이었어요. 또, 부산 서면을 한 바퀴 도는 슬럿워크[7]에도 함께했죠. 그런 경험을 통해 뜻이 맞는 사람들과 함께 광장에 나갈 수 있다는 걸 처음 느꼈어요.

구구 저도 대학생 때 여시 활동을 했었어요. 팬픽을 올리거나 훈녀생정(훈훈한 여자들의 생활 정보)을 나누는 활동을 했죠. 그러다 상업화 논란이 생기면서 탈퇴했는데요. 그

[6] 돈두댓 Don't Do That은 성범죄 인식 바꾸기 캠페인 단체로 성범죄에 대한 사회적 인식을 바꾸고 그에 따른 법적 제도의 개편을 요구한다. 2030 여성들의 자발적인 참여로 2012년 5월부터 부산과 서울, 광주 등 각지에서 캠페인을 진행했으며, 위안부 문제의 심각성을 알리고 일본 정부의 사과를 촉구하는 길거리 캠페인을 실시하기도 했다.

[7] 돈두댓이 주최한 부산에서 열린 행진을 말한다. '노출했다고 해서 성폭행을 당해도 되는 사람은 없다'는 취지를 담고 있다. 슬럿 Slut이 '난잡하게 노는 여자'를 뜻한다는 데서 착안한 슬럿워크 Slut Walk는 2011년 캐나다에서 시작된 운동으로 한국에서는 '잡년행진'이라는 이름으로 서울에서 대규모로 이루어진 적이 있다.

시기가 메갈리아가 등장하기 전이라 제가 경험한 여시와 지금의 여시가 많이 다른 것 같더라고요. 제가 활동할 때에도 정치 이야기가 꾸준히 오가긴 했지만, 페미니즘이 전면에 부각된 적은 거의 없었어요. 지금 돌아보면 페미니즘적인 감각도 분명 있었는데, 그땐 페미니즘이라는 언어가 커뮤니티 내부에 존재하지 않았고, 그냥 커뮤니티들 간의 협력 혹은 전쟁 정도로 묘사되는 경우가 많았죠. 젤리 님은 그 변화의 과정 속에 계셨던 거네요. 지금도 여시에서 활동을 하고 계신가요?

젤리 네, 지금도 활동 중이에요. 다만 지금은 다른 게시판은 거의 안 보고, 주로 달글[8]만 남겨요. 페미니즘 리부트 이후 한동안 여성주의적인 분위기가 강했는데, 어느 순간부터 다시 연애, 결혼 중심의 보수적인 분위기로 돌아간 느낌이 있더라고요. 제가 달주로 운영하는 달글은 두 가지인데요. 하나는 〈보이즈 플래닛〉[9] 달글, 다른 하나는 부산 집회 참여 달글이에요. 여시 안에서도 집회에 가보고 싶다는 분들이 많아서 참여 방법을 정리해서 올리고, 이걸 트위터에도 함께 올리고

8 특정한 주제를 하나의 게시글에서 댓글로 다는 글을 '달리는 글', 즉 '달글'이라고 부른다. 다음 카페에서 생긴 문화로, 드라마·예능 등의 프로그램을 볼 때 그 감상을 실시간 댓글로 다는 식이다. 이러한 달글을 시작하고 운영하는 사람을 '달주'라고 한다.

9 2023년 2월부터 4월까지 Mnet에서 방영한 보이그룹 서바이벌 프로그램. 순위권 안에 랭크된 이들은 '제로베이스원'이라는 그룹으로 데뷔해 현재 활발히 활동 중이다.

있어요. 제가 집회에서 발언한 뒤로는 푸슝[10]으로 어떻게 하면 발언할 수 있는지, 발언 신청 절차가 복잡한지 묻는 메시지가 많이 와요. 다른 사람들과 함께하고 싶은데 외롭다고 하는 분들이 많아서 단톡방도 하나 만들었어요. 지금은 서른 명 정도 되고 가끔 밥도 같이 먹어요.

10 익명으로 질문을 남길 수 있는 앱.

희주 온·오프라인에서 다른 사람을 이끌고 챙긴다는 게 쉽지 않은데, 젤리 님은 그걸 꾸준히 해내고 있어서 대단하다고 생각해요.

젤리 저는 모임을 만들고 운영하는 걸 좋아해요. 권위 있는 리더이기보다 구성원 각자의 성향을 알고 그 사람에게 맞추는 편이에요. 저는 친구 무리가 생기면 꼭 설문조사 하듯이 가치관을 묻고 토론하거든요. 그 방식을 힘들어하는 사람도 있더라고요. 이런 제가 질린다면서 떠난 친구들도 있어요. 여시에서 달주로 달글을 만드는 이유도 제가 드러나지 않으면서 다른 사람을 챙겨줄 수 있기 때문이에요. 그 사람들이 저를 신경 쓰거나, 좋아하거나, 따라야겠다고 생각하는 게 아니라 많이 알려주는 사람 정도로 알아주면 좋겠어요. 저는 사람들이 각자 자신에게 맞는 세상을 살아갈 수 있도록 돕고 싶어요.

구구　집회는 전부 부산에서 참여하고 계신가요?

젤리　국정원 게이트 규탄 시위랑 혜화역 시위는 서울에서 참여했어요. 그 외엔 전부 부산에서 참여했죠. 부산 집회는 서울만큼 사람이 많지 않아요. 한 줄로 세울 수 있을 만큼의 인원이 모이는 정도죠. 그래서 더 빠질 수가 없었어요. 사람들을 광장으로 끌어내야 한다는 사명감과 책임감도 생겼고요. 집회 초기에는 부산 집회 현장에서 태극기 나눔을 하기도 했어요.

구구　인원이 적으면 극우 세력이나 탄핵 반대 진영에서 위협을 가할 수도 있을 것 같은데요. 광장이 커져야 하는 이유 중 하나가 '우리가 이만큼 많다, 그러니 우리를 함부로 할 수 없다'를 보여주는 것도 있잖아요. 그런데 인원이 적으면 그만큼 공격받기 쉬운 상태에 놓이게 될 것 같아요. 위험하다고 느낀 적은 없어요?

젤리　위험하다고 느낀 적 많아요. 집회할 때 탄핵을 반대하는 사람들이 욕하고 가는 건 일상이에요. 극우 유튜버들은 일부러 넘어지는 척하면서 구급차를 부르게 해 소란을 피우기도 해요. 한 번은 거리 행진을 준비하다가, 극우 쪽에서 위협을 가하려고 한다는 이야기가 돌아서

젤리가 시위에서 나눈 태극기

무산된 적도 있어요. 위협은 항상 느끼는 것 같아요. 집회 때마다 와서 삿대질을 하거나 소리를 지르니까요.

구구 서울 집회에도 한두 명씩 와서 괴성을 지르거나 욕설을 하는 경우가 있더라고요. 인원이 많은 서울 집회도 매번 이런 경험을 하는데, 지역 집회는 오죽할까 싶어요. 게다가 부산은 정치적으로 특수한 지역이죠. 김영삼 전 대통령의 연고지이기도 하고, 한때는 민주당 강세 지역이었지만, 1990년대 이후에 보수 색채가 강해졌으니까요. 제20대 대통령 선거에서는 부산광역시 유권자의 58퍼센트 이상이 윤석열에게 투표했죠. 그래서 부산에선 윤석열 지지층의 목소리가 더 크게 들리지 않을까 싶었어요. 그런 지역에서 젤리 님이 민주당원이었다는 이야기가 흥미로웠어요. 민주당에서 기본소득당으로 당적을 옮긴 데에는 어떤 이유가 있었나요?

젤리 부산 민주당 모임에 나간 적이 있는데, 갈 때마다 민주당은 보수 정당이라는 걸 느꼈어요. 특히 지역에서는 보수적인 색채가 더 짙더라고요. "아이고, 의원님 오셨습니까" 하며 악수하고 인사를 나누는 분위기가 당연한 일처럼 여겨졌고, 청년들은 늘 어린 사람으로 취급받았는데 그게 싫었어요.

구구 기본소득당에서 내세우는 목표나 의제 중 특히 공감하는 부분이 있다면요?

젤리 저는 복지 분야에 관심이 많아요. 그런 점에서 기본소득당이 복지의 보편성과 공평성을 제대로 이해하고 실천하려는 정당이라고 느꼈어요. 그리고 용혜인 대표의 뚝심 있는 행보와 태도가 좋아요. 규모가 있는 당에서 활동을 펼칠 수도 있겠지만, 용 대표는 기본소득당에서 자신이 추구하는 정치를 하고 싶다고 하더라고요. 그런 점이 제 가치관과 잘 맞았어요. 또, 젊은 여성 정치인으로서 그가 받는 억압과 부당한 비난을 볼 때마다 더 응원하고 싶다는 마음이 들기도 했어요.

구구 당원으로 활동하는 것도 중요하지만, 요즘은 여성들이 정치에 좀 더 직접적으로 뛰어들면 좋겠다는 생각도 들어요. 젤리 님은 혹시 직접 정치를 해보고 싶다고 생각한 적도 있나요?

젤리 있어요. 사실 기본소득당으로 옮긴 이유 중 하나도 그거예요. 상황이 허락한다면 직접 정치를 해보고 싶어요.

구구 박혜민 뉴웨이즈 대표가 여성들이 '참여'에 그치지 말고, 정치인을 대체할 힘, '주류 감각'을 쥐어야 한다고 말했던 인터뷰가 떠오르는 순간이네요. 집회에서 시민 발언을 할 때, 본인을 어떤 키워드로 소개했는지 궁금해요.

젤리 제게는 '누구나 약자가 될 수 있다'는 게 중요한 문제예요. 제가 어릴 때는 검도와 스피드 스케이팅을 할 만큼 건강했어요. 그런데 지금은 몸이 아파서 하고 싶은 일도 마음껏 못 하고 재택근무만 할 수 있는 상태예요.

그래서 스스로 건강하다고 믿는 사람들도 언제든 약자가 될 수 있다는 걸 이야기하고 싶었어요. 약자들에게 관심을 가져달라는 말을 꼭 전하고 싶었죠. 이 시국에 굳이 이야기하고 싶지 않은 건 제가 범성애자[11]라는 사실이에요. 평소에는 정체성을 숨기지 않고 외려 적극적으로 얘기하고 싶어 하는 쪽이었는데, 최근 온·오프라인에서 경험한 트랜스젠더 관련 논쟁들을 보면서 말을 아끼게 됐어요. 그리고 저는 고양이와 함께 살고 있어서 고양이에 관한 이야기도 제게 중요해요. 윤석열 정부 들어 길고양이 중성화 사업이 거의 사라지다시피 했거든요. 길에는 고양이가 넘쳐나는데, 밥은 주지 말라고 하니까 완전 엉망이 됐어요.

11 범성애Pansexuality란 타인의 성별이나 정체성에 개의치 않고 사람 그 자체를 사랑하는 것을 말한다.

희주 젊은 여성들이 페미니스트라는 이름으로 성노동자나 트랜스젠더를 공격하는 경우를 종종 보는데요. 이 연령대가 아이돌을 좋아하는 여성 팬층과 중복되기도 해서 마음이 더 복잡해요. 페미니즘에 대한 공적 교육이 부족한 상황에서 여성 청소년·청년이 자극적인 스피커에게 쉽게 이끌리는 것 아닐까 싶어 안타깝더라고요. 젤리 님이 속한 팬덤의 분위기는 어떤가요?

젤리 팬덤 분위기는 잘 모르겠어요. 하지만 예전에 잠시 활동했던 경상도 비혼여성 공동체의 멤버들이 성노동자와 트랜스젠더를 배제하는 느낌을 받은 적은 있어요. 또 요즘에는 여성들이 경제 공부와 신체 건강을 위한 운동을 최우선으로 삼는 경향이 두드러지는 것 같아요. 젠더 폭력과 불평등한 권력 구조 속에서 자신의 안전과 생존을 위한 전략으로 신체적, 경제적 역량 강화에 몰두하는 거죠. 그런데 문제는 그 부분에 너무 집중하다 보니 동물, 성노동자, 퀴어 등 소외되는 존재를 등한시하게 된다는 거예요.

희주 그래도 모임을 만들거나 정치적 행동을 꾸준히 이어 오셨잖아요. 지금 젤리 님이 가장 소속감을 느끼는 집단은 어디인가요?

젤리 솔직히 말하면 딱히 없어요. 어떤 조직에서든 나를 정의하고 그 안에서 소속감을 느끼고 싶지만, 아직은 딱 맞는 곳을 찾지 못했어요. 그나마 가장 친근감을 느끼는 건 〈보이즈 플래닛〉을 함께 즐겨 봤던 친구들이에요. 물론 모두가 제로베이스원의 팬이 된 건 아닌데요. 새로운 아이돌 이야기를 편하게 나눌 수 있어 좋아요.

구구 저는 페미니스트가 된 이후로 예전처럼 아이돌에게 깊이 빠져드는 게 어려워졌어요. 아이돌의 외양이나 언행, 산업 구조가 제 신념과 부딪치면서 강한 부대낌을 느끼거든요. 특히 그들이 수행하는 감정 노동이 여성이 오랜 시간 떠맡아온 돌봄의 패턴과 닮아 있어서 그걸 볼 때마다 마음이 복잡해요. 젤리 님은 덕질을 하면서 본인의 정치적 신념과 충돌한 적이 있었나요?

젤리 페미니즘을 지향하는 사람으로서 매 순간 그런 충돌을 경험하는 것 같아요. 예전에 경상도 비혼여성 공동체에 있을 때 블로그 체험단 활동을 했는데요. 같이 체험단 활동을 했던 멤버 중 한 명이 자기 블로그에 화장품 후기를 올리고 이걸 단톡방에 공유했다가 난리가 난 적이 있었어요. 여성들에게 외모 강박을 조장하는 행위라면서 그 사람을 비난했죠. 아이돌 관련 글을 올릴 때도 비슷했어요. '페미니즘은 이런 거다'라고 단정 짓고, 페미니스트니까 어떤 건 하지 말아야 한다 혹은 해야 한다고 규정하는 모습을 보면서 많이 상처받았죠.

희주 중소돌을 오래 좋아해온 입장에서 그들이 처한 노동환경에 대해서도 하고 싶은 말이 많을 것 같아요.

젤리 진짜 많아요. 중소돌 중에 활동을 중단하는 멤버들이 많거든요. 그만큼 정신적 케어가 잘 안 되는 것 같아요.

팬덤 관리도 마찬가지예요. 팬들이 아이돌을 막 대하거나 불필요한 요구를 해도 소속사가 막아주지 않거든요. 이걸 멤버들이 전부 감당하니까 정신적인 문제가 심해질 수밖에 없어요. 더구나 인기가 없다는 이유로 가기 싫은 행사도 다 나가야 하고, 팬들의 요구를 거절하지도 못해요. 그러면 인기가 많아지면 상황이 달라지냐, 그것도 아니에요. 해외 투어 뺑뺑이를 돌아야 하니까요. 특히 유사연애로 인기가 많은 멤버들은 그 정도가 더 심해요. 가끔 너무하다 싶을 만큼 팬들이 과도한 요구를 하거든요. 가령 낯을 가리고 여린 부분이 있는 멤버에게 ESTP 같은 쿨한 이미지를 강요하는 식이에요. 이건 아주 작은 부분이고, 다 말하기 어려울 정도로 기괴한 일들이 많이 벌어져요.

구구 이번 집회 이야기를 해볼까요. 더보이즈의 응원봉인 더비봉을 집회에도 들고 나가셨나요?

젤리 네! 더비봉과 샤이니 응원봉인 샤팅스타를 들고 나갔어요. 부산 집회에도 응원봉을 든 여성분들이 꽤 많았는데요. 어떤 분들은 빌려서 들고 나온 경우도 있더라고요. 탄핵안이 가결되던 날, MBC에서 부산 집회 현장을 촬영했는데 그때 제가 샤팅스타를 흔드는 모습이 대문짝만하게 찍혀서 전국에 송출된 거예요. 뉴스를 보고 있던 친구들이 그 모습을 찍어서 제게 보내주기도 했었어요.

구구 건강이 나빠졌다고 하셨잖아요. 집회에 참여하는 데 어려운 점은 없었어요?

젤리 당뇨가 심해서 하루에 두 번 인슐린을 맞아요. 그동안 발 상태가 안 좋아져서 운동도 하기 힘든 상태라 행진을 포기해야 하는 순간도 있었는데요. 시위를 자주 나가다 보니 조금씩이라도 몸을 움직이게 되어서 그 덕에 운동이 됐어요. 지금은 거동이 아주 어렵진 않아요. 시위에 나가면서 건강이 좋아진 거죠(웃음). 이번에는 4킬로미터 행진에도 끝까지 완주했어요. 힘들긴 했는데 결과적으로 참여하길 잘했단 생각이 들더라고요. 버스를 대절해서 서울까지 가는 건 아직 무리지만, 이제는 할 수 있는 만큼 해봐야겠다는 의지가 생겼어요.

구구 젤리 님처럼 아픈 몸과 함께 살아가야 하는 분들은 집회에 어떻게 참여할 수 있을까요? 저는 서울 집회에서 행진 속도가 너무 빠르다고 느꼈거든요. 모두가 이 속도에 맞춰 걸을 수 있는 건 아닐 텐데, 그 점이 늘 아쉬웠어요.

젤리 부산 집회는 행진 중간마다 신호등이 많아서 잠깐씩

숨 돌릴 틈이 있었어요. 근데 저도 구구 님과 같은 생각을 자주 해요. 한 번은 서면 집회에서 다리가 불편하신 할아버지를 본 적이 있는데, 뛰어가는 사람들을 못 쫓아가시더라고요. 그래서 제가 옆에서 보폭을 맞춰 걸었어요. 그때 건강한 사람이 시위에 참여하는 것도 중요하지만, 배리어 프리[12] 관점에서 몸이 아픈 사람들이 시위에 참여할 수 있는 방법을 생각해보는 것도 중요하단 걸 알았어요.

    부산 지역 탄핵 집회 기획단에서 일한 적이 있는데, 몸을 잘 못 쓰니까 기획단 활동에 집중을 못 하는 것처럼 보였는지 저를 자르더라고요. 기획단 측에서 먼저 제안했던 자리였는데도요. 자원봉사나 행진에 도움이 안 돼서 그런가 하는 생각에 상처를 많이 받았어요. 친구들에게 아프거나 몸이 불편한 사람들은 기획단도, 집회도 참여할 수 없는 거냐면서 분통을 터뜨리니까 '그래도 건강이 먼저지'라는 말이 돌아왔고요. 나름의 위로였다는 걸 알지만 생각이 많아졌죠. 저처럼 아픈 사람들도 다양한 방식으로 집회에 참여할 수 있으면 좋겠어요.

구구   운동판이라고 불리는 현장에서는 일을 빠르게

---

12 배리어 프리barrier-free는 고령자나 장애인도 살기 좋은 사회를 만들기 위해 물리적·제도적 장벽을 허물자는 운동. 최근에는 각종 차별과 편견, 나아가 장애인이나 노인에 대해 사회가 가지는 마음의 벽까지 허물자는 의미로 확대 사용되고 있다. (출처: 두피디아)

처리하고 움직이는 게 당연한 문화로 자리 잡은 것 같아요. 그때그때 해결해야 하는 의제가 많고, 우선순위가 시시각각 바뀌니까 어쩔 수 없다고 생각하다가도 활동가나 참여자들의 상태를 너무 살피지 않는 건 아닌가, 하는 걱정과 문제의식이 생기더라고요. 속도도 빠른데 그 와중에 탁월함까지 요구해서 불편할 때도 있었고요. 젤리 님 말씀대로 저마다의 속도와 방식을 가진 이들이 사회운동에 더 많이 함께할 수 있다면 좋겠다고 생각해요.

희주 응원봉 시위 문화를 계기로 처음 광장에 나왔다는 분들도 많더라고요. '해찬아 살기 좋은 세상 만들어줄게' 같은 밈도 장벽을 허무는 데 큰 역할을 한 것 같아요.

젤리 솔직히 집회에 다니거나 정치적 활동을 할 때 많이 외로웠어요. 더비 친구들은 서울이나 타지에 있어서 함께하기 어렵고, 부산에는 같이 활동할 만한 사람이 없거든요. 이제 부산에는 젊은 여자가 정말 드물어요. 대부분 일자리를 찾아 떠났으니까요. 저도 최근엔 진지하게 부산을 떠나고 싶다고 생각했는데, 아이돌 팬덤 문화가 시위에 녹아들고 화제가 되면서 생각이 달라졌어요. 광장에서 동년배 여성들을 많이 만났거든요. 부산은 집회 규모가 작으니까 자주 오는 사람들끼리 얼굴을 익히고, 무료 나눔도

하면서 연대감을 느낄 기회가 많았어요. 집회에 참여할수록 조금씩 외로움이 해소되는 것 같아요.

희주 삶에서 덕질과 정치적 활동이 만난 적이 있었는지 궁금해요.

젤리 가장 처음은 종현이었어요. 국정원 게이트 규탄 집회에서 발언했을 때, 종현이 쓴 글[13]을 읽었거든요. 이번에 발언할 때도 종현이 생각을 많이 했어요. 종현이라면 우리를 응원했을 거라고 생각했죠. 그런 순간에 덕질과 정치가 공존할 수 있다고 느끼는 것 같아요.

저도 피켓에 제가 좋아했던 최애들 이름을 쭉 적은 다음에 "살기 좋은 세상 만들어줄게"라고 썼어요. 제가 광장에 나오는 이유는 아이돌을 보면서 느끼는 복잡한 마음의 근원을 없애고 싶어서예요. 지난 연말 시상식에서 연예인들이 즐겁게 떠드는 모습을 보는데, 하던 일을 제쳐두고 집회로 향하는 제 상황과 비교돼서 상실감도 들고 마음이 씁쓸했어요. 비상계엄이 없었다면 그런 생각이 들지 않았을 거고, 덕질하면서 피로감을 느끼지도 않았을

13 "어떤 이름으로 불려도 안녕하지 못합니다"라는 제목의 대자보를 종현이 리트윗한 뒤, 대자보 작성자에게 '다름은 틀린 것이 아니라는 걸 똑바로 외치시는 모습을 응원한다'고 메시지를 보낸 일화를 말한다. 해당 대자보는 차별금지법 제정이 좌절되는 동안 MTF 트랜스젠더이자 양성애자, 88만원 세대로서 겪고 있는 부당함과 아픔을 고백한 글이었다.

젤리가 직접 만든 피켓

거라고 생각해요. 복잡하고 아쉬운 마음을 집회에 더 열심히 참여하는 걸로 해소하려고 했던 것 같아요.

구구 끝으로 '혁명의 케이팝'으로 꼽고 싶은 곡이 있다면요?

젤리 에프엑스의 「MILK」라는 곡을 소개하고 싶어요. 혁명이라고 해서 강한 노래만 들어야 한다는 편견을 깨고 싶은 마음에 선곡했어요. 봄으로 가기 전에 우리의 마음을 치유해야 할 필요를 느끼는 요즘이에요. 우리가 보고 싶은 대로 세상을 보면서 뜨겁게 덴 마음에 하얗고 시원한 우유를 부어 식혔으면 좋겠어요!

'나'를 위하는 일이 곧 '우리'를 위하는 일이 될 수 있다는 믿음으로

이기적 이타심으로 광장에 나선 유애나 '콩알'

인터뷰 6

2025.04.26. 오후 7시 ~ 9시
합정 빌리프커피로스터스

2025년 4월 4일 오전 11시 22분, 헌법재판소가 윤석열 대통령의 파면을 선고했다. 재판관 전원의 일치된 의견으로, 12·3 비상계엄 선포로부터 123일, 국회가 탄핵소추안을 의결한 지 111일 만에 내려진 결론이다.

내(구구)가 운영했던 독서 모임에서 '정치적인 행동을 위해 가장 우선되어야 할 건 무엇일까?'라는 질문을 두고 토론을 벌인 적이 있었다. 나는 나의 삶을 돌아보고, 나의 삶과 정치가 만나는 순간을 발견하는 게 중요하다고 답했다. 이에 한 참여자는 정치의 출발점이 계속해서 본인이기만 하면 안 된다며 타인에게로 뻗어나가는 것이야말로 사회운동의 핵심이라 짚어주었다. 나는 나의 의견도 그의 의견도 모두 맞다고 생각했다. 나에게서 출발해 타인에게로 향하는, 그리하여 종국엔 세상의 변화로 이어지는 흐름이야말로 가장 이상적인 형태의 사회운동이라는 생각이 들었기 때문이다.

그러나 여전히 스스로가 중심이 된 행동은 이기적이라는 비난을 받기도 한다. 나 하나 잘 살자고 운동을 하는 게 비윤리적이라는 것이다. 이러한 비난을 마주하며 심란한 마음을 가졌을 무렵, 콩알을 만났다. 콩알은 나에게 이타적인 행동의 출발점이 타인이 아닌 자기 자신을 위하는 마음일 수 있단 걸 알려준 사람이다.

    또 이른바 '보수 콘크리트층'인 할아버지와의 관계를 털어놓은 콩알과의 대화에서 정치 성향이 다른 사람과 공존하는 법에 관한 희미한 실마리를 발견하기도 했다. 콩알은 정치에 대해 잘 모른다고 수줍게 이야기했지만, 삶의 반경 내에서 청소년과 중장년층, 노인 모두를 만나고 있는, 누구보다도 적극적인 실천가였다. 이 인터뷰를 읽게 될 독자들이 콩알의 이야기를 통해 일, 사람, 가족 사이에서 자신이 할 수 있는 일이 무엇일까 고민하는 계기를 발견하길 바란다.

인터뷰이   **콩알**

'꿈은 많고요, 그냥 놀고 싶습니다'를 신조로 삼는 사람. 인자한 미소를 지으며 롤러코스터 타기 같은 하찮은 특기를 자랑하는 걸 좋아한다.

인터뷰어   **구구, 일석**

구구   먼저 콩알 님의 덕질 연대기를 들어보고 싶어요.

콩알   어렸을 때는 친구 따라 덕질을 했어요. 초등학교에 다닐 땐 빅뱅을, 중학생 땐 빅스VIXX, 엑소를 좋아했죠. 깊게 덕질을 한다기보다는 친구들과 이야기를 나누는 정도로요. 성인이 되어서는 영화나 드라마 보는 걸 즐겨 해서 배우들을 좋아했어요. 배우 본체가 아닌 캐릭터에 빠졌던 거라 덕질이 오래 가진 않았지만요(웃음). 외국 배우 중에 영화 〈신비한 동물 사전〉의 에디 레드메인은 오래 좋아했네요.

이즈음에 가수 윤하의 팬이기도 했었어요. 정규 6집 리패키지 앨범 타이틀곡 「사건의 지평선」 때 입덕해서 부산 콘서트도 다녀왔죠. 그 이후에 입덕한 게 아이유예요. 2024년 미니 6집 앨범에 수록된 「Love wins all」 때 입덕했으니까 유애나[1]가 된 지 얼마 안 됐어요. 아직 콘서트도 못 다녀온 늦덕이에요. 최근에 극장에서 〈더 위닝〉 콘서트 상영회를 해서 이때 갔던 게 전부예요. 그래도 입덕하자마자 바로 응원봉인 아이크도 구매하고 제법 팬의 모습은 갖췄답니다. 사실 본격적인 덕질을 하지 않았을 뿐이지 여돌은 계속 좋아했어요. 원더걸스나 아이브 같은 그룹이요. 그러다 아이유 노래가 너무 좋아서 입덕하게 된 거예요.

1 아이유의 공식 팬클럽명.

구구 「Love wins all」 때 입덕하셨다니 말씀인데, 이 곡의 제목이 처음에는 「Love wins」로 발표됐었잖아요. 그 당시에 트위터에서는 정말 핫한 이슈였어요. 'Love Wins'가 2015년 미국 동성결혼 합법화와 2016년 올랜도 총기 난사 사건을 둘러싼 흐름에서 성소수자를 지지하는 의미로 사용된 슬로건인데요. 제대로 된 조사 없이 슬로건을 그대로 가져다 썼다는 논란이 있었죠. 그래서 아이유와 해당 소속사에 나이브하다는 비판이 가해지면서 트위터 실시간 트렌드에 '나이브하다'가 오르기도 했고요. 혹시 이 논란에 대해서도 인지한 상태로 입덕을 하셨나요?

콩알 노래가 나왔을 때는 논란이 있는지 잘 몰랐어요. 입덕한 후에 노래 제목과 뮤직비디오에 관한 논란이 있었단 걸 알게 됐죠. 사실 저는 퀴어 커뮤니티에서 'Love wins'라는 슬로건을 사용하고 있다는 걸 입덕한 후에 처음 알게 됐어요. 그래서 아직 분명한 제 입장은 없지만, 논란이 될 만한 문제였다는 생각은 들어요.

구구 그럼 우리 집회 경험에 대해 이야기해 볼까요? 파면 전까지 집회에는 몇 번 정도 참여하셨어요? 그때마다 아이크를 들고 나가셨는지도 궁금해요.

콩알　집회는 스무 번 이상 참여했어요. 평일, 주말 할 것 없이 시간과 에너지가 허락하는 한 계속 나갔죠. 아이크는 초반에 서너 번 정도 들고 나갔어요. 근데 뒤로 갈수록 짬이 생기니까 짐을 줄이는 게 낫겠더라고요. 그래서 응원봉은 거의 두고 나갔어요.

구구　역시 짬이 쌓인 혁명가일수록 짐이 단출해지는군요(웃음). 응원봉을 들고 나가야겠다고 마음먹은 순간이 있었나요?

콩알　계엄령 해제 직후에 진행됐던 초반 집회에는 촛불을 가지고 나갔어요. 응원봉을 든다는 생각 자체를 못 해서요. 근데 사람들이 응원봉을 들고나오는 거예요. 그걸 보니까 자신이 사랑하는 존재를 상징하는 물건을 들고나오는 게 멋지다는 생각이 들어서 저도 아이크를 들고 나가겠다고 결심했어요.

　　현장에서 다른 아이크도 자주 봤어요. 같이 사진 찍자고 하는 분도 계셨고요. 제가 유애나라서 그런가, 아이크가 되게 잘 보이더라고요. 보일 때마다 너무 반가웠어요. 게다가 아이유가 선결제도 했잖아요.[2] 그 소식 들었을 때 아이유가 정말 대단한 사람이라고 생각했어요. 공인이라서 정치적인

[2] 2024년 12월, 집회에 참여한 자신의 팬들을 위해 여의도 일대 다섯 곳에 선결제한 것을 말한다.

이슈에 관해 언급하기가 쉽지 않았을 텐데, 팬들을 위해서 선뜻 나서준 게 고마웠어요.

구구 저도 아이유 선결제 소식을 듣고 무척 놀랐어요. 공식 팬카페 공지에 "추운 날씨에 아이크를 들고 집회에 참석해 주변을 환히 밝히고 있는 유애나들의 언 손이 조금이라도 따뜻해지길 바란다"고 쓴 걸 보고 유애나도 아닌데 감동적이더라고요. 콩알 님은 아이유가 선결제한 가게에 가서 뭐라도 드셨나요?

콩알 먹진 못하고 지나가면서 보기만 했어요. 진정성 차원에서 제가 아직 먹을 수 있는 단계의 팬이 아닌 것 같단 생각이 들어서요(웃음).

일석 아이유는 말 그대로 국민가수잖아요. 케이팝 산업 내에서 정치적인 발언은 여전히 금기처럼 여겨지는데, 상징적인 위치에 있는 인물이 먼저 목소리를 냈다는 점이 용기 있게 느껴졌어요. 그 덕분에 다른 아이돌들도 동참할 수 있었던 것 같고요. 콩알 님은 집회에 많이 참여하신 편이잖아요. 특히 기억에 남는 집회가 있나요?

콩알 더불어민주당이 국회에서 출발해서 광화문까지

광장에서 만난 유애나

행진하는 집회를 열었는데, 그때 두 번 정도 참여했어요.
그중 첫 참여가 아직도 기억에 남아요. 제 또래로 보이는
여자분들이랑 같이 구호 외치고 노래 부르고 하니까
즐겁더라고요. 먼 거리를 걷는 행진이다 보니 스피커 같은
장비를 챙겨 올 수 없었던 거 같아요. 그래서 핸드폰으로
「다시 만난 세계」 같은 곡들을 틀어놓고 행진했는데 그
경험이 이상하게 좋았어요. 중간에 「임을 위한 행진곡」을
함께 부르자는 분이 계셔서 MR 없이 무반주로, 스크린에
띄워진 가사도 보지 않고 그냥 생으로 불렀는데 그것도 참
좋더라고요. 신기한 감각이었어요.

제가 원래 민중가요의 '민' 자도 모르는 사람이었거든요.
그러다 집회 다니면서 저절로 노래들이 체화됐는데, 이제는
익숙할 뿐 아니라 가사 없이도 부를 수 있는 사람이 되었다는
게 신기해요.

구구 집회를 스무 번 이상 참여하셨다고 했는데, 사실
추운 날씨에 매번 거리에 몇 시간씩 있는 게 쉬운 일이
아니잖아요. 그래서 초반에 집중적으로 참여했던 응원봉
시민들이 후반부에 들어 상대적으로 줄어들기도 했죠.
체력적으로 한계를 경험하게 되니까요. 그런데 콩알 님은
파면 선고 전까지 꾸준히 나가셨다니 놀라워요. 어떤
동력으로 그렇게 계속 참여할 수 있었던 것 같나요?

콩알   사실 저도 1월 즈음부터는 이제 안 나가도 곧 해결될 것 같다는 예감이 들어서 드문드문 나가기 시작했어요. 지쳤다기보다는 낙관적인 상황으로 받아들인 거죠. 그러다 구속 취소[3] 소식을 접하고 나니까 다시 초대장이 왔다는 생각이 들더라고요. 그래서 다시 나가기 시작했어요. 역시 가만히 있어서는 아무것도 해결되지 않는구나, 라는 생각이 그때 처음 들었죠. 동력이라고 한다면 집회에서 만나는 '같은 생각'을 나누는 사람들의 존재였어요. 나와 뜻을 함께하는 사람이 이렇게 많다는 게 제게는 원동력이 되어주었죠.

[3]   3월 7일, 법원이 윤석열 대통령의 구속취소 청구를 받아들인 것을 말한다.

일석   집회는 누구랑 같이 가셨나요? 저는 보통 혼자 가는 편인데, SNS를 통해 같이 집회에 갈 사람을 구하는 경우도 더러 있더라고요. 어떤 경로로 집회 정보를 확인하셨는지도 궁금해요.

콩알   대체로 혼자 나갔고 친구랑 같이 간 적도 있어요.. 함께 덕질하는 친구는 아니지만 모임에서 알게 된 친구와도 같이 참여하면서 돈독해졌어요. 저도 집회 정보는 SNS 통해서 자주 확인했는데, 온라인에서 집회에 같이 나갈 친구를 찾아볼 생각은 안 했던 것 같아요. 그냥 혼자 나가면 나가는 거지 누구랑 함께 가야 한다는 생각이 별로 없었거든요.

집회에 나오지 않는 사람들에게도 비난이나 원망이 생길 틈이 없었어요. 제가 종용할 수 없는 문제라는 마음 때문에요.

구구 그럼 혹시 자랑하거나 생색내서 인정받고 싶은 마음은 없으셨어요? 트위터에서는 타인의 인정이나 칭찬을 갈구하는 트윗이 보이더라고요. 개인적으로는 문제의식을 강하게 느꼈던 장면 중 하나였어요. 인정을 위해 투쟁하기 시작하면 억울함과 분노가 쌓이거든요. 그게 또 다른 사회문제가 될 수 있기 때문에 우려했어요.

콩알 그런 마음도 없었던 것 같아요. 일단 너무 정신이 없었고요(웃음). 혹시나 같이 가고 싶은 사람이 있을까 싶어서 집회 나갈 때마다 인스타그램 스토리에 올리고는 했지만, 그것도 자랑은 아니었어요. 그냥 제 근황을 그런 식으로 알린 정도죠. 후반부로 갈수록 뭘 올릴 정신도 없었고 얼른 끝났으면 좋겠다는 마음뿐이었어요.

구구 집회에 가면 대오 아무 곳에나 앉아서 참여하셨나요? 아니면 집회에 가서 따로 찾는 깃발이 있으셨어요? 혼자 가는 게 어색하거나 낯설기도 했을 것 같은데요. 개인 자격으로 집회에 가는 게 저한테는 어색했던 시기가 있어서 그런 부분이 염려될 때가 있어요.

콩알 특정 깃발에 가까이 가서 앉기보다는 빈자리가 보이는 대로 아무 데나 앉았어요. 근데 집회에 계속 나가다 보니까 자주 보는 깃발, 눈에 익은 깃발들이 생기더라고요. 저도 모르게 내적 친밀감이 생겨서 그 깃발들을 만나는 날은 무지 반가웠어요.

구구 집회 현장에서의 감정은 좀 어떠셨어요? 분노, 슬픔, 절망 등 다양한 감정이 있을 텐데요. 저는 대체로 슬펐던 것 같아요. 가뜩이나 노동시간도 긴 대한민국에서… 사람들이 휴식시간도 반납하고 할 일도 제쳐둔 채로 찬 바닥에 앉아 있는 게 마음 아프더라고요. 그리고 이게 다 정치를 사유화하려는 사람들 몇 명 때문에 벌어진 일이라는 게 열받았고요.

콩알 저는 오히려 해소되는 느낌이 가장 컸어요. 집회 안 나갈 때는 뉴스 보면서 스트레스 받다가도, 막상 집회에 나가면 '그래, 사람이 이렇게 많은데 (파면) 안 되겠냐'는 마음 때문에 스트레스가 풀리더라고요.

일석 저도 집회에 가서 큰 소리로 구호를 외치고 노래를 따라 부르다 보면 좀 후련해지더라고요. 그리고 집에 오는 길에는 제발 오늘이 마지막 집회이기를 간절히 바랐죠. 저에게는 이 과정 자체가 굉장히 피로했던 것 같아요. 2016년에 박근혜 퇴진 집회에도 참여한 적이 있다고 하셨는데, 이번 집회와 어떤 차이가 있다고 느꼈나요?

콩알 박근혜 퇴진 집회는 탄핵이 기정사실화됐을 즈음에 나갔어요. 그래서인지 절망적이기보다는 활기찬 기운을 느꼈고요. 언론에서도 집회 분위기나 실황을 자주 다뤘던 걸로 기억해요. 일반 시민들이나 저희 엄마같이 나이가 있는 분들도 '광화문에 집회 있대' 하고 얘기 나누기 쉬웠고요. 반면에 이번 집회는 SNS 없었으면 정보 얻기가 힘들었을 것 같아요. 집회를 함께 다녔던 친구도 저한테 정보를 자주 물었어요. 길에서 만난 어떤 분은 집회 가냐고 물어보시더니 저한테 번호를 주시면서 집회 있는 날 소식을 알려줄 수 있겠냐고도 하셨고요. 50대 정도 되어 보이는 분이셨는데, 확실히 나이가 있는 분들은 집회 정보 얻기가 쉽지 않을 거라는 생각이 들었어요.

구구 저도 공감해요. 파면 직전에 한창 시민단체에서 철야 농성하던 시기가 있었잖아요. 저도 그때 천막 지킴이를 했는데, 아직 집회가 열리는 시간이 아닌데도

낮부터 어르신들이 종종 찾아오셔서 집회 몇 시부터인지 물어보시더라고요. 또, SNS 계정이 없는데 정보를 얻을 수 있는 다른 통로는 없느냐고 하셔서 비상행동 홈페이지를 알려드리기도 했어요. 저는 SNS가 익숙한 세대니까 홈페이지의 중요성을 간과할 때가 많은데, 그날 홈페이지에 정보를 올리는 게 중요한 일이라는 걸 새삼 깨달았어요.

일석 아이유는 노래, 작사, 연기 등 다방면에서 활약하는 멀티 플레이어잖아요. 콩알 님은 아이유의 활동 중에서 특히 좋아하는 분야가 있으신가요?

콩알 아이유가 하는 모든 활동을 좋아해요. 드라마 〈폭싹 속았수다〉도 다 봤고, 아이유가 출연한 영화나 드라마는 다 찾아보려고 하고 있어요. 그래도 제일 해보고 싶은 팬 경험은 콘서트에 가는 일 같아요. 집회에 같이 나간 친구 중에 방탄소년단 콘서트나 차은우 팬미팅 티켓팅에 성공했던 친구가 있어서 그 친구를 아이유 콘서트 티켓팅 용병으로 섭외해둔 상태예요.

구구 저는 위시를 좋아하는데, 저도 데뷔일 기준으로 1년 정도 늦게 입덕한 늦덕이거든요. 보통 이렇게 늦게 입덕하면 그간의 활동들을 톺아보는 시간을 갖기 마련이잖아요. 저는 밀린 영상 보느라 새벽 늦게 잠드는 날이 많았어요. 역시 덕질도 체력이라는 걸 위시 입덕하면서 실감했달까요(웃음). 콩알 님도 아마 그 시기를 거쳤을 거란 생각이 드는데, 아이유 앨범 중에는 어떤 앨범을 가장 좋아하세요?

콩알 저는 정규 5집 앨범 『LILAC』을 제일 좋아해요. 그래서 입덕 계기였던 『The Winning』 앨범을 산 다음에 바로 『LILAC』을 샀어요.

구구 아이유가 여러 가지 논란을 자주 겪은 가수이기도 하잖아요. 아이유 스스로 만든 논란이라기보다는 인기 스타를 둘러싼 계속된 잡음이었고, 아이유 본인이 그걸 소화하는 방식도 시기별로 달랐던 것 같아요. 그때마다 여성이 아이돌로 살아간다는 게 쉽지 않다는 생각을 자주 했고요. 입덕 전에 일반 대중으로서 콩알 님은 아이유를 어떻게 바라보고 계셨나요?

콩알 토크쇼 〈대화의 희열〉에 아이유가 나온 걸 보고 관심을 갖게 됐는데요. 그때는 팬이라고 할 정도는 아니었고 그냥 노래 좋다고 느낀 정도였거든요. 근데 방송에 나와 말하는 걸 보니 아이유가 그간 많이 힘들었겠다는 생각이 들었어요. 힘든 일을 너무 많이 겪어서 깎이고 깎인 사람의 모습을 본 것 같았달까요?

일석 아이유가 미디어에서 늘 차분하고 초연한 모습을 보여주잖아요. 그런 모습을 보면 정말 많은 우여곡절을 겪었고, 크게 소진된 끝에 저렇게 담담해졌구나, 라는 생각이 들어요. 존경심도 드는 한편, 그 과정이 얼마나 고단했을지 떠올리면 안타깝더라고요. 안 그래도 어린 나이에 데뷔했으니까요. 그럼 입덕한 이후에는 아이유를 어떻게 바라보게 되셨나요?

콩알 입덕하고 보니까 팬을 정말 소중하게 생각하는 사람이란 걸 알았어요. 팬들이랑 소통을 진짜 많이 하는 편이고요. 그래서 「Love wins all」로 논란이 있을 때도 한 아이유 팬분이 적어주신 글에 공감을 많이 했어요. 이 곡을 아이유와 팬의 입장에서 들어보면 또 다르다, 라는 이야기였는데요. 그 글에서 느껴지는 팬과 아티스트 사이의 유대감에 크게 공감했던 게 기억나요. 외부에서 많은 공격이나 비난이 있어도 당신이 나를 좋아해주면 그걸로 됐다, 라는 내용으로 해석한 글이었는데 와닿았어요.

구구 저희가 인터뷰를 하면서 중요하게 생각하는 것 중에 하나가 팬덤에 대한 소속감이거든요. 아이유를 좋아하는

팬이라고 이야기하는 것과 '유애나'라고 말하는 게 조금
다르다고 느끼는데요. 콩알 님께서는 유애나로서 소속감을
느끼는 편인가요?

콩알 소속감이라고 말하기는 어렵지만 어쨌든 집회
현장에서 유애나를 보면 엄청 반가운 마음이 들기는 해요.
자꾸 아이크가 눈에 들어오기도 하고요. 같은 사람을
좋아하는 사람들이 같은 장소에 나와 있다는 사실이
신기하고 기뻐요.

일석 집회에서 유애나를 만나셨다니 부러워요. 저는
집회에서 보아BoA 응원봉을 든 분을 만나지 못했거든요.
혹시 콩알 님은 유애나 친구가 있으신가요? 아직 없다면
유애나 친구를 만들고 싶다는 생각을 하시는지 궁금해요.

콩알 온라인으로 소통하는 유애나가 따로 없어서,
친구 만들고 싶어요! 윤하 덕질할 때에는 덕질 메이트가
있었거든요. 제가 「사건의 지평선」으로 입덕한 늦덕인데
그때 신규 팬 유입이 많았어요. 트위터에 늦덕들이 많다
보니까 그중에 가까워진 게 바로 그 친구예요. 트위터에서
대화 나누다가 같은 뉴비이기도 하고 대화가 잘 통해서
응원봉을 같이 사러 갔는데, 그 친구가 자기가 먼저 줄을

서 있다고 두 개까지 살 수 있다면서 제 것을 사다 줬어요. 그러면서 금세 가까워지게 됐죠. 지금은 제가 휴덕 중이라 덕질 얘기는 많이 안 하지만 여전히 가까운 사이예요. 지금 이야기하다가 생각났는데, 친구 중에 아이유를 좋아했던 친구가 있거든요. 그 친구를 살살 꼬셔서 유애나 활동을 같이하자고 이야기해볼까 하는 생각이 드네요.

구구 집회에 참여한 시민분들이 시민 발언대에 올라서 자기 정체성 먼저 소개하고 발언을 시작하셨잖아요. 콩알 님이 발언대에 오른다면 스스로를 어떻게 소개할 것 같아요?

콩알 저는 사실 시민 발언대 오를 생각 자체를 해본 적이 없어서 이 질문이 조금 어려운데요. 만약 소개한다면 음… 평범한 20대 청년이라고 이야기할 것 같아요. 그리고 아이유 좋아하는 팬이라고도 말할 수 있겠네요.

구구 집회 나가서 앉아 있다 보면 좀 지루해질 때가 있으니까 망상을 자주 했거든요. 주로 상상했던 장면 중 하나가 제가 시민 발언대에 오르는 거예요. 그때 나를 어떻게 소개할 것인가, 하는 게 제게는 숙제였어서 콩알 님은 어떻게 생각하는지 궁금했어요. 말씀하신 '평범한 20대 청년'이라는 말에 저도 고개를 끄덕일 수밖에 없었던 게 저도 그냥 서울 강동구에 사는 30대 누구입니다, 라고밖에 말을 못 할 것 같은 거예요. 정체성이라는 게 몇 개의 단어만으로 소개가 되는 것인가에 관한 의문도 있고, 진솔하게 말하자니 너무 길어질 것 같은데 어떻게 재치 있게 끊을 수 있지, 하는 고민도 들고요. 그리고 한편으로는 페미니스트라고 나를 소개한다면, 이게 유튜브에 생중계되기도 하니까 좀 무섭다는 생각도 들었던 것 같아요. 그럼 정체성 소개 말고, 관심 있는 의제에 대해 이야기할 수 있다면 어떤 걸 말하고 싶으세요?

콩알 환경이나 페미니즘 쪽으로 이야기하고 싶어요. 예를 들면, 제가 지금 강아지랑 함께 살고 있거든요. 그래서 '사지 말고 입양하세요' 같은 말을 하고 싶을 것 같아요. 조금 딴 얘기지만, 저는 깃발을 만든다면 '주말에 집회 나가서 강아지가 삐친 반려인 협회' 깃발을 만들고 싶다는 상상을 했었어요.

일석 페미니즘은 언제부터 관심을 가지게 되셨는지 궁금해요. 주변에 환경이나 페미니즘 이슈에 관해서 이야기 나누는 친구들이 있는 편인가요?

콩알 2016년 강남역 살인 사건[4] 때 처음 접하게 됐어요.

같이 독서 모임을 하는 친구들이 있는데, 그 친구들이랑 환경이든, 페미니즘이든, 정치든 어떤 주제에 대해서도 편하게 이야기하는 편이에요. 이번 비상계엄 사태에 관해서도 그 친구들이랑 자주 이야기 나눴고요. 최근에는 온라인 여성혐오 문제를 다룬 책『인셀 테러』를 같이 읽기도 했어요.

4 서초동의 한 남녀 공용 화장실에서 한 남성이 불특정 여성 한 명을 칼로 찔러 살해한 사건이다. 이를 전해 들은 시민들이 강남역 10번 출구에 피해자를 추모하는 내용의 쪽지와 국화를 남기기 시작하면서, 이 살인 사건이 '여성혐오'에 기인한 범죄이냐 아니냐를 두고 시민사회의 갑론을박이 이어졌다.

구구   저는 89년생이거든요. 제가 만나는 또래 집단 구성원들은 대체로 페미니스트인 것 같아요. 스스로 페미니스트라고 생각 안 한다고 말하는 친구들도 페미니즘을 알고, 얕은 관심이라도 가지는 편이고요. 근데 제 친구 중에 20대인 친구들도 있거든요? 그중 한 친구가 20대 초반인데, 이 친구 주변에는 페미니스트가 거의 없다고 하더라고요. 그래서 페미니즘 독서 모임을 만들어서 일부러 페미니스트들을 만나려고 노력한다는 이야기를 한 적이 있어요.

콩알   독서 모임을 함께하는 친구들은 확실히 비슷한 성향을 가지고 있는 편이에요. 그 외에 다른 친구들은 스스로를 페미니스트로 규정하는 것 같진 않아도 동의하는 편인 것 같아요. 물론 그렇지 않은 친구도 있지만, 대체로 관심을 갖고 있다고 느껴요.

구구 콩알 님 어머님께서도 박근혜 퇴진 집회에 나가셨다고 알고 있는데, 가족분들이 콩알 님의 집회 참여를 이해해주시는 것 같다고 느껴요. 콩알 님 주변에는 페미니스트 친구들을 포함해서 집회 참여를 지지해주는 동료, 친구, 가족이 많은 편인가요?

콩알 운이 좋게도 제 주변에는 공감하고 지지해주는 사람이 꽤 있어요. 물론 제가 집회에 이렇게 자주 나가고 있다는 사실을 받아들여줄 수 있을 만한 친구 몇 명에게만 이야기하기도 했지만요. 그래도 인스타그램 스토리 같은 데 꾸준히 올리는 편인데 별말들이 없는 거 보면 다들 응원해주고 있는 게 아닐까 싶긴 해요.

일석 이번 비상계엄 사태 이전에도 친구들이랑 같이 집회에 나가보신 적 있으세요?

콩알 정치에 관심은 계속 갖고 있었는데, 나가는 건 조금 주저했어요. 윤석열 정권에 문제가 많고, 탄핵감이라고 여러 차례 생각했지만 언론에서도 잘 안 알려지는 것 같고 사람들이 금방 잊기도 하니까요. 시위를 한다고 해서 될 일이 아니구나, 라는 생각을 했어요.

일석 윤석열 정부 출범 이후에 무력감을 느끼는 순간이 정말 많았죠. 저는 특히 이태원 참사 때 정부의 무책임하고 무성의한 대응을 보면서 크게 분노하고 또 절망했어요. 임기 초부터 비판 언론을 탄압한다는 비난을 받은 정부답게, 그간의 여러 만행이 언론을 통해 제대로 다루어지지도 못했고요. 뭐 하나 제대로 해결되기도 전에 나쁜 일들이 계속 반복되니까 어느 순간부터 무력감에 익숙해져버린 것 같다는 생각도 들어요.

구구 지금 다니는 직장에서는 어떠세요? 어떤 일을 하고 계시는지 여쭤봐도 될까요?

콩알 저는 학원에서 보조교사 일을 하고 있어요. 직장에서는 저도 정치 성향을 드러내려고 하진 않는데, 애들이 물어보면 제 생각을 피하지 않고 말하긴 해요. 제 의견을 강하게 밀어붙이는 건 아니고 그냥 사실 그 자체를 말하는 편이에요.

일석 학원에서 만나는 학생들이 몇 살쯤 되나요? 탄핵 정국에 대해서도 질문을 많이 하는 편이었나요?

콩알 주로 초등학생인데, 중고등학생도 더러 있어요. 질문이 엄청 많은 건 아니지만 계엄령 이후에도 그렇고 파면 선고 나던 날도 학교 선생님들이랑 같이 봤다는 말을 하기도 했어요. 뭔가 들리는 게 있으니까 관심을 가지는 것 같아요. 계엄령 터지고 나서는 이 계엄에 관해서 자세히 물어보면 어떡하지, 하는 고민이 있었는데, 다행히 질문이 걱정만큼 많지는 않았어요(웃음).

구구 예전에 학교 선생님인 분을 인터뷰했었는데, 그 또래 아이들이 또래 집단 안에서 사회문제에 관한 이야기를 꺼내는 걸 어려워한다고 했어요. 콩알 님이 보기에 페미니스트인 친구가 있다든지, 그 친구가 어려움을 겪고 있다든지 하는 분위기가 있나요?

콩알 페미니스트인 친구가 있는지는 잘 모르겠어요. 제가 오래 일하는 건 아니고 한 학생당 한두 시간 정도만 만나거든요. 근데 자기 생각을 말하기 힘든 분위기가 있는 것 같긴 해요. 아무래도 말을 함부로 하는 남자애들이 섞여 있으니까 여자애들이 어려움을 겪고 있는 듯해요.

구구   주로 어떤 상황에서 그런 생각을 하세요?

콩알   남자애들이 정확히 뜻을 모르면서 혐오 발언을 할 때 그런 생각을 해요. 무슨 뜻인지 모를 거 뻔히 아는데 그냥 막 내뱉거든요. 그럴 때마다 미디어가 악영향을 미치고 있다는 생각이 들어요. 그런 남자애들이 주변에 있으면 여자애들이 말하기가 어렵지 않을까요.

구구   남자애들이 모르고 하는 소리는 뭐가 있나요?

콩알   제일 많이 하는 게 '너 게이야?' 이런 말이에요. 진짜 공기처럼 자주 들려요. 그냥 자기 마음에 안 드는 애가 있으면 걔한테 너 게이냐고 하는 거죠. 그리고 가끔 '앙 기모띠' 이 소리도 들려요. 이런 말들이 들려올 때마다 제가 숙련된 교사가 아니라 학원 보조교사인지라 그 자리에서 아이들에게 해줄 적당한 말이 잘 안 떠올라요. 퇴근할 때가 되어서야 '아 이렇게 말할 걸' 하고 후회해요(웃음). 타이밍 좋게 말을 못 해서 답답할 때가 많죠.

일석   제가 초등학생일 때에는 게이, 레즈비언 같은 용어가 혐오 발언이 될 수 있다는 개념 자체가 없었던 것 같거든요. 단어의 뜻을 모르는 친구들도 많았고요. 지금은 미디어를 통해서 너무 많은 정보를 접하다 보니까 혐오 발언의 범위도 확장됐다는 생각이 들어요.

구구 저는 너 게이냐, 같은 소리를 일하다 들었으면 못 참고 크게 한 소리 했을 것 같기도 하거든요. 성질머리가 더러워서…(웃음). 물론 직업인으로서, 게다가 선생님으로서 그럴 순 없겠지만요. 콩알 님은 다음에 같은 소리를 들으면 어떻게 해야겠다, 하는 시뮬레이션 같은 거 해봤어요?

콩알 우선 어떤 의미로 사용하는 건지 물어볼 것 같아요. 아이 생각을 먼저 듣고 싶어요. 그 친구도 별생각 없이 주변 애들 따라 하는 거라고 생각해서 스스로 생각할 기회를 주고 싶거든요.

구구 저는 아이들이 좋은데 한편으로 너무 어려워요. 아이들이 정말 귀하잖아요. 그래서 좋다고 소문난 어린이책들 진짜 열심히 읽었거든요? 그런 책들 읽을 때마다 나는 어른으로서 어떤 좋은 영향을 줄 수 있을까 고민하게 되는 것 같은데, 이걸 직업적으로 풀어야 한다고 하면 너무 어려울 것 같아요. 혹시 〈소년의 시간〉[5]이라는 드라마 보셨어요? 그 작품을 보고 평한 글들을

[5] 2025년 넷플릭스에 공개된 영국 드라마. 13세 소년이 동급생을 살해한 혐의로 체포되면서 벌어지는 일을 다룬다.

보면 전 세계적으로 인셀화가 진행되고 있다는 진단이
나오는데, 교육 현장에서도 그런 걸 느끼시나요?

콩알   『인셀 테러』 읽기 전후로 아이들이 이렇게 혐오
발언을 체화한 상태로 자라면 어떻게 될까, 라는 생각을
했어요. 미디어에 안 좋은 영향을 받은 아이들이 자라면 어떤
모습이 될지 걱정돼요. 아이들이 접하는 정보를 어른이 모두
단절시킬 수는 없잖아요. 그럴 권리도 없고요.

구구   미디어나 언론에 대한 문제를 계속 언급하셨는데,
문제가 진짜 심각하다고 느꼈던 장면이 있어요?

콩알   구체적으로 떠오르는 건 없지만 탄핵 국면까지
왔는데도 언론이 여전히 정치권의 눈치를 많이 보는구나,
이런 걸 계속 느꼈어요. 현 시국에 대해 시원하게
지적한다든가, 집회 소식을 제대로 다룬다든가 하지 않는
행태를 보면서요.

구구   앞으로 이렇게 자주 집회에 나가야 할 일은 아마
없어야 할 텐데…. 자주 나가던 분들 중에서는 허무함을
느끼는 분들도 계시더라고요. 어쨌든 탄핵이라는 목표가
실현된 건 맞지만, 탄핵 이후에 우리가 세세하게 챙겨야 할

문제가 산재해 있는 것도 맞잖아요. 콩알 님은 다른 집회에도 계속 나가야 하나 생각하고 있나요?

콩알 아직 다른 집회를 찾아보거나 하진 않았어요. 계속 관심을 갖고 볼 거고 필요하다면 나갈 것 같은데 아직까진 어떤 집회에 나가야겠다는 생각은 구체적으로 해보지 않았어요.

일석 저는 본격적으로 집회에 참여한 건 이번이 처음인데, 이번 광장을 지나면서 앞으로 어떤 집회에도 참여할 수 있겠다는 생각이 들더라고요. 콩알 님은 앞으로 뜻을 모아야 하는 다른 집회가 열릴 때에도 아이크를 들고 나갈 것 같나요?

콩알 네. 가능하다면 아이크를 들고 나가고 싶어요. 탄핵 집회 나갈 때 나가는 이유를 생각하지 않으려고 노력을 많이 했거든요. 이유를 생각하다 보면 가지 않을 이유만 떠오르고, 가족들이 걱정하는 상황 속에서 내가 꼭 가야 할까, 오늘은 좀 쉬고 싶은데 그냥 가지 말까 이런 생각을 계속했어요. 그래서 만약 다음에 집회를 나가야 할 일이 있다면 별생각 없이 아이크 들고 뛰쳐나가려고 해요.

구구 집회 참여 이후에 일상이나 사회 의제를 대하는 태도나 마음가짐이 좀 달라졌다고 느끼시나요?

콩알 아무래도 전에는 정치에 관심이 있었다고는 해도 구체적으로는 들여다보지 않았거든요. 다른 친구들과 마찬가지로 투표하는 정도? 그 정도로만 관심을 갖고 약간의 정치 무력감을 느끼는 청년 중 한 명이었어요. 그래도 집회 참여하면서 정치에 좀 더 구체적인 관심이 생긴 것 같고, 정치는 진짜 국민이 하는 거라는 사실을 좀 체감하게 됐어요. 근데 이건 대외적으로 이야기할 때 하는 소리고(웃음), 진짜 솔직히 제 일상에서 가장 크게 바뀐 건 할아버지와의 관계예요. 우리 가족 중에 할아버지만 보수 정당 콘크리트 지지층이거든요. 그래서 할아버지랑 정치 얘기만 하면 파국이었어요. 제가 할아버지랑 친구처럼 지낼 정도로 엄청 친하거든요. 할아버지가 정치만 그렇지 다른 거에는 완전 개방적이고 도전적인 성격이셔서 저도 할아버지를 정말 좋아하는데 정치 얘기만 나오면 대화가 너무 힘든 거예요. 그러다가 이번에 제가 집회 나가는 걸 보면서 할아버지가 좀 달라지신 것 같아요. 원래 제가 누구 뽑을 거냐고 물어보면 무조건 국민의힘이라고 하셨는데, 요즘에는 제가 뽑으라고 하는 후보 뽑겠다고 대답하세요. 그게 저한테 진짜 큰 변화였어요. 그런 말을 빈말로도 절대 안 하는 분이신데, 이번에는 제가 누구 뽑으라니깐 바로 알았다고 하시더라고요. 비로소 진짜 까임 방지권을 얻은 느낌? 내가 집회를 허투루 다닌 건 아니구나, 라는 깨달음? 같은 게 있었어요.

구구　할아버지가 집회에 나가지 말라는 말씀은 안 하셨어요?

콩알　그런 건 전혀 없었어요. 가족들이 저 집회 나가는 걸로는 절대 터치 안 하셨어요.

일석　그럼 파국이 일어난 건 집회 참여하기 전의 이야기인가요?

콩알　사실 지금도 할아버지가 콘크리트층인 것 같긴 해요. 근데 손녀딸이 오랫동안 밖에서 고생하는 거 보면서 한 번 정도는 내가 양보하겠다는 마음을 갖게 되신 것 같아요.

구구　할아버지는 윤석열에 대해서는 어떤 입장이셨어요?

콩알　할아버지는 그냥 윤석열도 이유가 있었겠지, 이런 말을 하셨어요. 쥐도 궁지에 물리면 문다 이런 비유를 적용하신 거죠.

구구　콩알 님이 할아버지와의 관계에서 자그마한 변화를 경험하신 것처럼 정치적으로 다른 입장이나 생각을 가진 사람과 대화를 통해 변화를 만들 수 있을 것 같다고 생각하시나요? 저는 가능하다고 낙관하는 쪽이긴 한데, 최근에는 대화 자체가 시작될 수 없는 경우를 여럿 목격하고 또 직접 겪다 보니 조금 비관적인 방향으로 생각이 달라지더라고요.

콩알　아예 불가능하다고는 생각하지 않아요. 계속 콘크리트이신 분도 계시겠지만, 그냥 중도인데 어쩌다 보니 휩쓸린 사람도 분명 있지 않을까요. 그래서 살살 꼬시는 게 가능할 것 같다고 생각해요.

일석　박근혜 퇴진 집회 때는 두 분 관계가 어땠는지 궁금해요.

콩알　그때도 계속 박근혜 지지하셨어요. 근데 탄핵된 게 억울한 결과라고 생각하시진 않았고요. 그냥 탄핵됐으면 어쩔 수 없는 거라고 결과에 승복하셨어요. 기본적인 성향 자체가 쿨하세요.

구구　아까 어머님도 집회에 나갔다고 하셨는데, 할아버지랑 어머니 간에 갈등은 없었나요?

콩알　저랑 언니, 할아버지 셋은 친하지만 엄마는 아무래도 시아버지와 며느리 사이니까 엄청 가깝진 않아요. 그래서 직접적인 갈등도 없고요. 근데 언니랑 저, 그리고 할아버지는 논리로 싸우는 게 있어요. 저랑 언니가 팩트로 이야기하면 할아버지는 인정을 하지 않는 상황이 자주 있거든요.

일석　혹시 할아버지께서 보수나 극우 유튜브 채널도 보시나요? 할아버지는 보통 어디서 관련 정보를 접하시는 것 같나요?

콩알　극우 유튜브 채널은 아예 안 보시는 걸로 알아요. 그거보다는 할아버지, 할머니 들 사이에서 찌라시가 도는 게 문제예요. 언니랑 제가 맨날 그거 좀 보지 말라고 하는데도 자꾸 받아서 읽으세요. 그게 어르신들 사이에서 계속 돌더라고요. 카카오톡으로 서로 공유해요. 찌라시 내용이 엄청 길거든요? 근데 할아버지는 그걸 어떻게 다 읽으시는 건지 받으면 또 다른 친구들에게 공유하시더라고요.

구구　커뮤니티가 있는 거예요? 단톡방 같은?

콩알 아니에요. 일대일 대화창으로 받으면 그걸 또 다른 분에게 공유하는 식이에요.

구구 그럼 할아버지가 국민의힘을 지지하는 개인적인 이유가 있어요?

콩알 저도 잘은 모르겠지만 박정희의 여파가 크지 않을까 해요. 늘 하시는 말씀이 박정희가 경제 다 살렸다는 것이거든요. 그러면 제가 '박정희 독재했잖아'라고 대꾸하는데 들은 척도 안 하세요.

구구 박정희가 경제를 다 살렸다고 했을 때 할아버지 본인이 수혜를 많이 입었다고 생각하시나요?

콩알 저희 집이 막 부잣집은 아니거든요. 본인이 실제로 받은 혜택은 딱히 없는 것 같은데 왜 지지하는 건지는 저도 항상 의문이에요.

구구 이제 케이팝 산업에 대한 이야기를 나눠보고 싶은데요. 제 이야기를 먼저 해보자면 이번에 위시가 버블에 입점하게 되었어요. 그게 어떤 부분에서는 좀 좋기도 해요. 애들이랑 직접 소통하는 기분을 느낄 수 있는 몇 안 되는 창구니까요. 근데 애들이 추가적인 노동을 해야 하니까 거기에는 상당한 불편감이 있어요. 그래서 소속사가 듣지 않더라도 아이돌의 노동환경 개선에 관해 계속 의견을 개진하고 싶다는 마음을 갖고 있고요. 콩알 님이 늦덕이어서 아직 구체적으로 상상해보지 않으셨을 수도 있겠지만, 케이팝 산업 내에서 아이유가 겪는 일들을 보면서 내가 팬으로서 목소리를 내보고 싶다고 생각했던 순간이 있었는지 궁금해요.

콩알 여자 아이돌들이 살인적인 스케줄을 소화하는 게 늘 마음에 걸려요. 또, 아이돌은 보여지는 게 중요한 직업인데, 그 갖춰진 모습이 또래 학생들에게 너무 큰 영향을 주고 있다는 것도 고민이에요. 제 경우에는 페미니즘 리부트 이후에 다이어트도, 꾸밈도 하고 싶지 않은데 지금 아이들은 아이돌이 예뻐 보여서 그 친구들처럼 되고 싶다는 마음을 갖는 것 같아요. 케이팝 산업이 그런 이미지를 계속해서 만들어내고요. 어떤 기준이라고나 할까요? 미의 기준을 산업이 만들어내고 있는 거죠. 안 그래도 체구가 작은 아이들이 다이어트한다고 할 때 정말 기괴하다고 느껴요. 뺄 살이 어딨냐, 지금은 잘 먹어야 된다고 말해도 소용이 없어요. 아이돌도 직업이니까 무조건적으로 비난할 수는 없겠지만, 산업적으로 확실히 문제가 있는 건 맞아요.

일석   제 경우에는 여자 아이돌의 위치를 떠올릴 때마다 복잡한 마음이 들어요. 그들 또한 산업 내에서 피해자니까요. 아이돌 산업이 '마른 몸'을 강조하면서 외모 지상주의를 강화하는 등의 구조적인 문제를 안고 있는데, 대부분의 비난이 산업을 향하기보다 아이돌 개인에게 향할 때가 많으니까 더 속상해요. 콩알 님이 만나는 학생들 중에서 아이돌이 되고 싶다고 하는 경우가 많은가요?

콩알   직접 들은 건 없지만 요즘 아이들은 춤, 노래에 관심이 진짜 많아요. 숏폼 찍고 틱톡에 올리고 이런 거 특별한 아이들만 하는 게 아니더라고요. 그냥 놀이처럼 해요.

구구   저희 집 앞에 큰 초등학교가 있는데요. 아이들이 하교 후에 그 근처에서 숏폼 찍는 걸 몇 번 봤거든요. 제가 일 시작하기 전엔 낮에 산책을 자주 했는데, 그럴 때마다 숏폼 찍는 애들이 보이는 거예요. 애들이 다 너무너무 말랐더라고요. 그게 걱정되기도 하는 한편으로 그냥 요즘 애들은 체질이 저런 건가? 싶기도 하고. 또, 어른들이 아무리 다이어트할 생각하지 말라고 해도 그게 잘 안 들리는 시기이기도 하잖아요. 또래 집단의 평가나 유행에 민감한 시기니까요. 그래서 저도 아이들과 어떻게 대화를 나눌 수 있을 것인가에 대한 고민이 늘 있었는데 콩알 님은

직업적으로 아이들을 계속 만나야 하니까 항상 고민이
있으실 것 같아요.

콩알 맞아요. 아이들한테 이야기해도 안 듣는 게 보여요.
근데 너무 강압적으로 무조건 하지 말라고 하는 게 괜찮을까,
하는 생각도 들거든요. 참 어려운 문제예요.

구구 긴 시간 동안 이야기 나눴는데, 인터뷰 마치기 전에
덧붙이고 싶은 말씀 있으세요?

콩알 그동안 제가 집회에 나가는 이유를 계속 회피해
왔거든요. 나는 왜 집회에 나갈까. 아무리 생각해봐도
거창한 건 잘 떠오르지 않더라고요. 국가, 민주주의 수호
같은 것들이 중요하다는 건 알지만 너무 큰 개념이기도
해서 저한테 직접적으로 와닿지 않는 것 같아요. 그냥
추상적으로만 느껴져요.

말하자면 제게는 대의도 없었고, 민주주의를 수호하고
있다는 감각도 거의 없었어요. 저는 그냥 제 일상을 지키고
싶어서 나간 거라 이타적인 이유는 없고 지극히 이기적인
이유로 나갔던 것 같아요. 아까 말씀드렸던 환경, 페미니즘도
미래 세대를 위해서라고 이야기하지만 저는 제 세대부터,
저부터 영향을 받게 되니까 관심을 갖는 거예요. 지금의 제가

잘 살고 싶어서요. 더 좋은 대한민국에서 살기 위해서 이런 것도 아니고요. 그냥 제 일상을 지키기 위해서요.

제가 〈대화의 희열〉이라는 프로그램을 좋아했는데요. 유시민 작가님이 나온 회차를 특히 인상 깊게 봤어요. 그때 작가님이 무슨 이야기를 해주셨냐면, 수감되어 있을 때 정말 살 떨리는 분위기에서 나비 한 마리가 날아들어 왔대요. 들어온 나비가 나가려고 유리창에 계속 몸을 부딪치는데, 너무 무서우니까 아무도 차마 움직일 엄두를 못 냈대요. 그런데 어떤 사람이 일어나서 나비를 손으로 잡아 총칼 든 헌병 옆을 지나 문밖에 나비를 놔줬다는 거예요. 같은 처지의 피고인이, 포승줄에 묶인 채로요. 무서워서 어떤 행동도 하기 어려운 순간이었을 텐데 그렇게 하신 거죠.

그분이 계속 기억에 남아서 이후에 찾아갔는데, 그분은 안 계셨고 그분 형이 계셨대요. 고 제정구 선생님인데요. 평생 도시 빈민 생존권 운동을 하신 분이에요. 제정구 선생님에게 당시에 동생분이 어떻게 두려움 없이 그런 행동을 할 수 있었을까 물었더니, 선생이 두려움은 극복하는 게 아니라 참는 거라고 답하셨대요. 두려움에도 불구하고 행하는 거라는 거죠.

그러면서 한 패널이 유시민 작가님한테 다시 그때로 돌아간다고 해도 그 행동(감옥에 수감되었던 계기가 된 일)을 하실 거냐고 물었어요. 정확한 문장은 기억 안 나지만,

작가님은 두렵지만 똑같이 하게 될 거라고 답하셨어요.
가만히 있는 건 너무 못나 보인다고, 어떤 일을 외면하면
너무 비참해지니까 나를 지키기 위해서 한 거라고 하셨어요.
그 일이 자기 자신을 지키기 위해서 한 일이라는 거죠. 저도
마찬가지예요. 저도 제 자신을 지키기 위해 집회에 나갔어요.
이 얘기를 꼭 하고 싶었어요.

구구   정말 중요한 이야기라는 생각이 들어요. 제가
광장에서 시민 발언을 들을 때마다 조금 어렵게 느꼈던
건 '민주주의 수호'라는 대의에 순조롭게 합의된
과정이었거든요? 수호라는 건 기존에 지킬 게 있어야 가능한
일인데, 윤 정권이 지속되어 오면서 우리에게 민주주의라는
게 어떤 식으로 남아 있었는지에 대한 의문이 있었어요.
도대체 민주주의가 뭐지? 우리가 지금 뭐 때문에 이렇게
한마음으로 모여 있지? 한마음이라는 건 괜찮은 건가? 라는
생각이 있었던 것 같아요. 그래서 깃발 아래에 모이는 것에
대한 불편함도 있었어요. 깃발이라는 하나의 구심점을 두고
사람들이 모이는 게 괜찮은가? 개성도 특징도 지우고 대의만
남기는 게 운동의 방향성으로서 괜찮은가? 이런 고민을
했죠.

    그리고 저 역시 혁명은 '나'로부터 시작된다고 생각해요.
내가 행동하는 것에서부터 출발한다는 뜻도 되겠지만,

사회적 의제가 나의 문제와 포개어질 때 좀 더 적극적으로 나설 수 있다고도 생각해요. 그래서 '나'를 출발점으로 삼는 게 윤리적으로 어긋나 있다는 평에 대해서는 조금 이상하게 느껴지기도 해요. 물론 나로부터 출발해서 타인에게 이르는 게 우리가 나아가야 할 길이겠죠. 그러나 시작점이 '나'인 것은 너무나도 당연한 일이라는 생각이 들어요. 그래서 콩알 님께서 해주신 말씀에 크게 공감을 하게 되네요.

일석 이야기 나눠주셔서 감사합니다. 탄핵 이후에 조금은 가벼운 마음으로 지나온 날들을 되짚어볼 수 있어 뜻깊은 시간이었어요. 앞으로 또 다른 광장에서 만날 수 있으면 좋겠습니다. 끝으로 콩알 님의 '혁명의 케이팝'은 무엇인가요?

콩알 음율의 「파도혁명」이라는 곡이요. "파란을 일으켜, 파도의 색은 파랑이 아니야"라는 가사가 있는데요. 혁명도 하나의 색이 아니라 여러 색이 섞인 거라고 생각해서 이 노래가 딱 떠올랐어요.

정치 너머,
빛 너머,
광장 너머
돌봄과 사랑의
세계로

엔시티 퀴어 깃발을 든 '우나'와 오빛봉을 든 '니제'

2025.03.09. 오후 3시 ~ 7시
을지로 카페느티

기획 초기부터 대담이 있으면 좋겠다고 생각했다. 작업이 진행되며 필요성은 확실해졌다. 인터뷰를 통해 어떤 의문은 풀려도, 어떤 의문은 꼬리를 물고 이어졌기 때문이다. 인터뷰이에게 묻지 못한 것, 혹은 언급 이상으로 구체적으로 파고들고 싶은 지점도 있었다. 운 좋게도 우리는 이에 대해 제대로 이야기 나눠줄 사람들을 이미 알고 있었다.

  니제는 그가 나(희주)의 저서 『환상통』을 『망설이는 사랑』에서 부분 인용하며 알게 되었다. 『망설이는 사랑』은 관심경제 내부에서 '논란'이 다뤄지는 방식과 이를 마주한 팬들의 이야기를 담은 책이다. 학교 폭력, 갑질 등의 폭로는 아이돌에게 치명적인 타격을 주고 팬에게도 마찬가지다. 이 경우 팬이 취할 수 있는 가장 쉬운 태도는 손절·비난·배신감의 토로겠으나, 니제는 무슨 일이 있었는지 주의 깊게 들여다보길 선택한 이들을 조명했다. 이리저리 생각만 하는 태도를 뜻하는 '망설임'은 얼핏 '옳음'의 반대에 놓인 듯 보인다. 그러나 니제는 팬들의 심층 인터뷰와 대화를 통해, 섣불리 답을 내리지 않는 태도가 뜨겁게 사랑했던 사람의 책임감이라는 걸, 우리와 우리가 사랑한 시간에 대한 존중이라는 걸 보여줬다. 그가 제시한 새로운 윤리는 울림이 깊었다. 연구자 이전에 팬으로서 그가 최애에게 보이는 순수한 애정에 공명한 것은 두말할 것도 없다.

우나는 현재 아이돌 팬은 아니다. 그러나 그는 그룹 엔시티의 팬이던 시절, 퀴어 팬 모임 '엔시티 퀴어'를 조직해 팬덤 내의 퀴어 팬을 가시화하는 역할을 했으며 현재도 종종 아이돌 관련 칼럼을 쓴다.

국책 사업으로까지 오인받는 이 거대한 문화에 대해 이야기하는 이들은 많다. 그중 우나를 만나고 싶었던 건, 그의 칼럼이 종종 사이버불링의 대상이 되기 때문이다. 칼럼을 써서 누군가의 반응을 이끌어내는 일은 어렵다. 설령 부정적인 반응이어도 마찬가지다. 특히 대다수 팬들은 자신이 팬문화의 최전선에 있다고 생각하기에 일반 독자를 대중 삼아 곱게 사포질한 아이돌 칼럼 따위는 읽지 않는다. 그럼에도 우나의 글이 드물게 팬들의 격렬한 반응을 이끌어낸 건 그가 비난을 감수하는 글을 쓰기 때문이다. 정확히 우나는 비난받을 것을 예견하며 글을 쓴다. 노동·연애·퀴어 등 팬덤 내의 첨예한 갈등을 불러일으키는 주제를 거침없이 다루는 그가 우리에게 해줄 이야기가 있다고 느꼈다.

대담자 우나, 니제, 응원봉 걸스

우나 엔시티를 덕질하다 퀴어 커뮤니티를 만나고 책까지 썼다. 지금은 특정한 그룹을 덕질하고 있지는 않다. 연혜원이라는 이름으로 다양한 글을 쓰고 있다. 저서 『퀴어돌로지』(공저), 『가장자리를 위한 복수 노트』가 있다.

니제 '광야 쇠맛(에스파의 강렬하고 미래 지향적인 스타일을 의미)'과 '정병기 코어(프로듀서 정병기가 이달의 소녀, 트리플에스 등으로 선보이는 비주류적인 스타일)'의 노예지만 최애는 이달의 소녀 아솔(이브). 어쩌다 덕후가 한 처먹게 되는지, 한 처먹는 덕질은 어떻게 지속되는지 연구하다가 한만 더 처먹게 되었다. 국민의힘 해체하고 이달의 소녀 재결합하라. 안희제라는 이름으로 주로 연구와 비평을 하며 지낸다. 저서 『망설이는 사랑』, 『증명과 변명』 등이 있다.

응원봉 걸스 '케이팝 하는 여자들' 행사에서 만난 희주, 일석, 구구 세 친구가 만든 팀. 거리에서 만난 팬들의 이야기를 수집 중이다. 언제나 다양한 팬들과의 만남을 기다리고 있다.

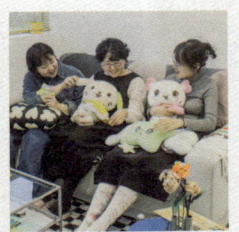

응원봉 걸스 반갑습니다. 먼저 자기소개 부탁드려요.

니제 『망설이는 사랑』을 쓴 안희제입니다. 10년 만에 대학을 벗어나서 굉장히 기쁜 상태고요. 여전히 이달의 소녀 팬덤 '오빛'으로서 한을 먹고 있습니다(웃음).

우나 퀴어예술매거진 『them』을 만들고 있고, 단행본 『퀴어돌로지』를 함께 쓴 연혜원입니다. 투명가방끈 활동가로도 일하고 있어요. 일전에는 '엔시티 퀴어'라는 이름의 엔시티를 좋아하는 퀴어 팬 모임을 조직하여 활동했습니다. 2018년 서울퀴어문화축제 리플릿 후원 모금과 전국 퀴어문화축제에 깃발을 들고 참여하기 위해 처음 결성되었고요, 팬덤 내 퀴어 팬들을 인터뷰하고, 청소년 퀴어 팬들을 위한 파티를 여는 등 다양한 활동을 했습니다.

#나의 키워드

응원봉 걸스 앞선 인터뷰에서 인터뷰이분들이 자신에게 중요한 세 가지 키워드를 소개해 주셨어요. 두 분에게 중요한 키워드 세 가지는 무엇인지 궁금합니다.

니제   오빛, 퀴어, 계급입니다. 제가 이달의 소녀 팬이기 때문에 오빛이라는 키워드가 제일 중요하고요(웃음). 이달의 소녀가 멤버 '츄'의 비정상적인 수익 정산 구조에 따른 문제 제기를 계기로 멤버 전원이 소속사와 전속계약 효력정지 가처분 신청을 걸었고, 그 과정에서 팀이 넷으로 나눠졌어요. 팬덤명도 각자 따로 생겼고요. 저는 그중 최애인 이브의 응원봉을 사긴 했는데, 제가 오로지 이달의 소녀 팬을 지칭하는 '오빛'이라는 단어에만 반응하더라고요.

  두 번째는 퀴어입니다. 제가 퀴어 당사자로서 덕질을 하면 할수록 퀴어로서의 다양한 욕망을 발견하게 되는 것 같아요. 저는 주로 걸그룹을 보는데 '이런 사람을 만나고 싶다'는 욕망과 '저렇게 되고 싶다'는 욕망이 공존하거든요. 아이돌 덕질을 하기 전에는 해본 적 없는 탐색이라, 덕질하면서 새로운 욕망을 발견하는 경험을 하고 있습니다.

  마지막 키워드인 계급은 여러 차원의 계급을 뜻하는데요. 하나는 돈이 너무 많이 들어서 팬사인회도 못 가고 앨범도 많이 못 사주는 저의 계급이에요. 사실 저희는 그렇게 많이 안 사도 팬사인회를 갈 수 있는데, 그만큼도 못 사고 있거든요(웃음). 또 다른 차원의 계급은 그룹 간의 계급입니다. 제가 첫 덕질을 대형기획사 소속의 에스파로 시작했어요. 그러다 중소기획사 소속의 이달의 소녀를 좋아하고 보니 회사 규모의 차이부터 여러모로 상황이 열악한 게 느껴지더라고요. 여기에 더해 저와 아이돌 사이의 거리감에서 비롯한 계급 문제도 있고요. 이 세 가지 키워드가 덕질하면서 제 마음을 자극하는 지점인 것 같아요.

우나 저는 퀴어, 트위터, 자본주의를 꼽고 싶은데요. 일단 제가 퀴어 자의식이 없었더라면, 애초에 엔시티를 덕질하지도 않았을 거예요. 한때 케이팝을 좋아하는 퀴어 팬들을 만나려면 엔시티를 덕질해야 한다는 게 정설이었거든요. 제가 처음 좋아한 엔시티 멤버가 '텐'인데, 텐이 참여한 곡인 「夢中夢 (몽중몽; Dream In A Dream)」, 「Baby Don't Stop」이 퀴어들 사이에서 반응이 정말 뜨거웠고요. 제가 지금도 소장하고 있고, 절대 빌려주거나 팔지 않는 전설적인 팬픽들이 많이 나오기도 했습니다.

 그렇게 엔시티에 깊이 빠졌고, 이 모든 과정이 트위터에서 일어났기 때문에 두 번째 키워드로 트위터를 꼽았습니다. 엔시티에 입덕하기 전 오랜만에 덕질을 해볼까 싶어서 엑소에 관심을 가졌던 적이 있는데요. 당시 엑소 팬덤의 주된 분위기는 엑소 외엔 사담도 허용하지 않을 정도로 보수적이었어요. 한번은 어떤 멤버가 여행을 갔다는 트윗을 보고 제가 '와, 저도 여기 가봤는데'라고 남겼더니 '왜 엑소 말고 다른 얘기하세요?'라고 혼난 적도 있고요(웃음). 저랑 안 맞는 사람들로 타임라인을 잘못 꾸린 거죠.

또 팬덤 내에서 팔로워가 많은 스피커들이 자체적으로 차단해야 하는 계정을 정리한 뒤 공유하는 문화가 있었는데, 그 리스트에 속해 차단당한 적도 있어요. 기존 팬덤 문화에 순응적이지 않은 계정이라 당한 건데, 당시엔 이유도 모르고 답답했지요. 이렇게 엑소 팬덤에서 소외감을 느끼던 많은 퀴어 팬이 엔시티로 몰려와서 일종의 마을을 만든 거예요(웃음). 물론 그들이 엔시티 팬덤의 전부는 아니지만, 일부는 그랬다는 거죠.

엔시티가 초반에 명작 팬픽이 많은 걸로 유명했는데요. 이 중에 엑소에서 팬픽을 쓰다 넘어온 존잘*님이나 팬덤 문화의 기반을 만든 사람들이 많았어요. 이들이 '그때 못 했던 걸 여기서 하자'는 식으로 이런저런 시도를 했고요. 데뷔 초기에는 엔시티 팬덤이 크지 않았기에 비교적 자유로운 분위기에서 다양한 활동을 할 수 있었거든요. 이런 토양이 있었기에 팬덤 내에서 크게 환영받지 않는 퀴어 팬들을 모아 '엔시티 퀴어'를 조직할 수 있었던 거 같아요. 단순히 멤버들이나 그들의 관계를 퀴어적으로 재해석하면서 노는 걸 넘어서, 팬이자 퀴어 당사자로서 의미 있는 활동을 해보자고 도모한 거죠.

마지막 키워드인 자본주의는 노동과 연결되어요. 개인적으로 이 두 가지를 빼고 케이팝을 얘기하기가 어렵더라고요. 최근 데뷔한 신인 아이돌 키키KiiiKiii의 「I

DO ME」를 즐겨 들어요. 이 노래는 타인의 시선에 개의치 않고 나로서 존재하겠다는 포부가 담긴 곡이거든요. 근데 자꾸 이런 생각이 드는 거예요. 온전한 나로 살기 위해서는 안전망이 필요한데? 당당하게 살겠다는 포부만으로 다 되는 게 아닌데? 저는 기획사의 규모와 관계없이 아이돌에게 안전망이라는 게 없다고 생각하거든요. 요즘엔 아이돌을 저와 같은 노동자로 바라보게 되면서 예전처럼 그저 감탄하는 식으로 덕질하기가 어려운 것 같아요.

니제 마지막 키워드에 너무 공감이 돼요. 저의 경우엔 글을 쓰는 프리랜서 노동자로서 정체성이 강해질수록 아이돌에 대한 마음이 복잡해지더라고요. 많은 작가가 시장에서 살아남기 위해 작가이면서 인플루언서이길 요구받거든요. 북토크도 극소수를 제외하면 팬미팅처럼 흘러가는 경우가 많고, 독자에게 디엠이 오면 늦은 시간이라도 바로 확인하거나 답장을 쓸 수밖에 없는데, 사실 이게 엄청난 정동노동이거든요. 내키지 않는다고 하지 않을 수 없는 거고요. 제가 이런 '작가 되기'의 어려움을 주제로 석사논문을 썼어요. 연구하다가 어느 순간에 나 작가 되기 싫구나, 하는 걸 깨닫고, 집에 와서 자컨을 보는데 기분이 안 좋은 거예요. 나도 힘든데, 멤버들은 얼마나 힘들까 그런 생각이 들어서.

또 아까 계급 키워드와 관련해서도 한마디 덧붙이고 싶은데요. 최근에 에스파가 「Whiplash」로 활동하면서 멤버 지젤이 보여준 자신감 있고 관능적인 모습이 지젤력(지젤+力)이라고 불리며 주목을 받았잖아요. 그런데 그 '지젤력'이 아무래도 계급에서 나오는 게 아닐까? 하는 얘기를 친구랑 나눈 적이 있어요. 지젤이 경제적으로 유복한 집에서 태어났거든요. 그런 걸 보면 나도 저렇게 되고 싶은데 영영 못 되겠지, 라는 생각이 들면서 거리감을 느끼는 한편, 아이돌이 처한 노동환경이나 상황이 불합리한 부분도 있기에 마음이 복잡해져요. 저와 겹치는 지점과 멀어지는 지점을 동시에 갖고 있으니까요.

우나 그래서 저는 좋아하는 아이돌이 명품 브랜드의 홍보대사로 선정되거나 '인간 땡땡(브랜드명)'으로 불리는 걸 보면 심란해요. 명품 브랜드의 모델로 선정되는 것이 어떤 팬들에게는 자긍심이잖아요. 그런데 명품 산업이라는 게 사실 그 내부에 다양한 착취를 내포하고 있는데, 그런 것들을 제하고 '명품'이라는 이미지만 취해도 되나? 싶은 거죠. 비슷하지만 또 다른 맥락에서, 록이나 힙합 등 노동계급에서 비롯한 하위문화에서 계급은 지우고 강인하고 저항적인 이미지만 가져오는 게 불편할 때가 있어요. 올해 미국 대중음악 시상식인 '그래미 어워즈'에서 싱어송라이터

채플 론이 기획사가 아티스트의 임금을 보장하고 건강보험 혜택을 줘야 한다는 수상 소감을 하며 노동자 정체성을 드러냈는데 이 일이 무척 인상 깊었거든요. 저는 사실 노동계급이 가진 멋짐이 있다고 생각해요. 일종의 록스타 같은 면모랄까? 굉장히 파워풀한 에너지가 있잖아요. 그런데 현재 아이돌 문화에선 나와 비슷한 계급에서 만들어진 문화를 내 것으로 만들지 못하고 돈을 주고 사야 한다는 데서 오는 소외감이 있어요. 그래서 아티스트를 노동자 대 노동자로 만나고 싶고요.

#광장과 응원봉

우나 인스타그램에서 니제 님이 집회에서 응원봉을 들고 찍은 사진을 올리신 걸 봤어요. 저는 응원봉이 없는 상태로 완덕*한 사람이라 응원봉을 들고 나간 사람의 경험이 궁금해요.

니제 저는 이달의 소녀, 루셈블, 이브, 에스파 응원봉을 가지고 있는데요. 이중 이달의 소녀 응원봉인 오빛봉만 들고 다녔어요. 이달의 소녀가 현재 데뷔 소속사와의 계약 분쟁 중이라, 잘 이겨내길 바라는 마음을 담았기에 오빛봉이 다른 응원봉보다 애틋해요. 광장에서 다른 오빛들을 만나고 싶은 마음도 있었고요.

 광장에 처음 나간 2024년 12월 6일 금요일에는 아이돌한테 정치색 입히지 말라고 할까 봐 눈치 보여서 응원봉을 못 챙겼는데, 막상 가보니 온 사방이 응원봉인 거예요. 저는 사실 '오빛봉'을 응원봉이라고 생각 안 하고, 오빛 혹은 이달의 소녀라는 개별적인 도상으로만 여겼는데, 그 광경을 보면서 누군가의 팬이라는 것만으로 다른 사람들이랑 연결되는 감각을 느꼈어요. 응원봉이 있으면 이 사람들과 함께하고 있다는 감각이 더 커질 것 같아서 그다음부터 응원봉을 챙겨 갔고요.

 그런 한편으로 팬들이 응원봉을 들고 나간 걸 멤버들이 이해해줄 거라는 마음도 좀 있었던 것 같아요. 계약 문제를 겪으면서 이 세계의 불합리함을 많이 느끼지 않았을까, 그렇게 일을 많이 하고도 정산을 하나도 못 받는 말도 안 되는 경험을 했으면 우리가 응원봉을 들고 나간 마음을 이해할 수 있지 않을까, 했던 거죠. 동시에 우리가 여기에 있다는 걸 알아주면 좋겠다는 마음도 있었고요. 이게 멤버들한테 힘이 될 거라고 생각했던 거 같아요. 또 여전히 팬들의 사랑을 받는 이달의 소녀는 해체했는데, 왜 국민의힘은 해체하지 않을까, 라는 생각을 제일 많이 해서(웃음), 자기소개를 저렇게 했고요.

광장에 오빛봉을 들고 나간 니제

제가 광장에서 응원봉을 들고 찍은 사진을 이브 네이버 블로그 안부글에 비밀 글로 올린 적이 있는데요. 이브가 실제로 인스타그램 스토리에 촛불 이미지를 올리거나 팬 소통 플랫폼을 통해 탄핵 집회에 나가는 팬들에게 응원의 메시지를 보내기도 했거든요. 그래서 이브도 동의하고 좋아할 거라는 마음으로 올렸던 것 같아요. 혜주는 집회에 직접 참여하기도 했고, 팬들을 만나면 커피 사준다고도 했어요(웃음).

우나   이번에 혜주의 행보가 정말 인상 깊었어요. 직접적으로 언급하지는 않았지만, 자신이 불안정한 상황에 놓인 노동자고, 같은 세대로서 동시대를 살고 있는 시민이라는 걸 잘 알고 있는 것처럼 느껴졌거든요. 그 외에도 몇몇 아이돌에게서 광장에서 팬들을 만나고 싶어 하는 욕망을 봤고요. 그런데 대부분의 아이돌이 소속사로부터 검열당하고 있기 때문에 목소리를 내지 못하는 상황이잖아요. 회사 입장에서는 돈을 버는 데 방해가 된다고 생각하니까요. 그래서 이달의 소녀 멤버들이 목소리를 내준 게 더욱 반가웠어요. 금융 자본주의와 파시즘은 동전의 양면이라고 생각하는데, 지금 금융 엘리트들이 엔터테인먼트 업계를 쥐고 있잖아요. 하이브가 대표적이고요. 돈을 버는 것만이 전부가 아니기에 산업의 변화가 필요하다고 봐요.

니제   수많은 사회문제가 덕질과 연결되어 있잖아요. 이달의 소녀가 계약 분쟁으로 그룹이 공중분해가 될 상황이었을 때, 불공정 계약 문제를 의제화하고자 오픈 채팅방을 만든 적이 있어요. 많은 사람이 모인 건 아니었지만, 뭐라도 같이해보고 싶었어요. 팬으로서 도움이 되고 싶은 마음도 있었고, 동료 시민으로서 그냥 지나칠 수 없다는 생각도 들었거든요. 정말 말도 안 되는 계약이었으니까요. 그 과정에서 시민으로서의 자아와 팬으로서의 자아가 만난 것 같아요.

#팬덤 소속감

응원봉 걸스 니제 님은 현재 오빛으로, 우나 님은 과거 엔시티 퀴어로 활발히 활동하셨는데요. 팬덤 내에서 소속감을 느꼈던 경험이 있는지 궁금합니다.

우나 당시 저를 포함해 엔시티 퀴어로 활동하던 이들이 모두 퀴어로서 힘든 시기를 지나고 있었어요. 우리끼리 서로를 붙잡지 않으면 금방 무너질 것 같아서 더 뭉쳐 있었어요. 서로를 먹이고, 잘 곳을 내어주면서 힘든 시기를 함께 건너왔고요. 어쩌면 엔시티를 향한 사랑보다 서로에 대한 사랑이 더 컸을지도 몰라요.

엔시티 퀴어 팬들이 다른 팬들이랑 달랐던 점은 약간의 냉소가 있었다는 점이에요. 팬은 기본적으로 열성적이고 아티스트와 자신을 강하게 동일시하는 편인데, 저희는 거리가 있었다고 할까요. 어떤 때는 멤버들 중에 우리와 같은 퀴어가 있을 수도 있다고 과하게 몰입하면서도, 마음 한구석으로는 다 허상이라고 단념하기도 했죠. 멤버들이 커밍아웃하기 전까지는 답을 알 수 없지만요.

    저희의 가장 큰 바람은 엔시티와 그들의 소속사인 에스엠 엔터테인먼트가 우리의 존재를 아는 거였어요. 팬덤 내에 퀴어가 있다, 퀴어혐오적인 것을 하지 마라, 엔시티에 퀴어가 있다면 그들의 인권도 존중해달라, 이런 메시지를 전하고 싶었거든요. 어떻게 하면 에스엠에 우리의 존재를 알릴 수 있을지 매일 그런 얘기만 했던 것 같아요. 팬으로서 사랑을 전하는 것보다 우리의 존재를 알리는 게 먼저였어요. 엔시티는 매개고, 엔시티 퀴어는 지하조직처럼 되었달까요. 근데 돈이 없어서 팬사인회에 갈 수가 없으니 우리가 이런 걸 하고 있다고 말할 방법이 없더라고요(웃음).

응원봉 걸스   당시 팬덤 내에서는 퀴어에 관해 언급하는 걸 금기시하는 분위기가 있던 걸로 알고 있는데요. 사이버불링도 많았을 것 같고요.

우나   정말 많았죠. 처음에는 아무도 엔시티 퀴어에 관심이 없었어요. 그때는 팬덤 내에 있는 퀴어 팬덤에 주목할 정도로 엔시티가 유명하지 않았거든요(웃음). 그 누구도 관심을 두지 않다가 생각보다 팬덤 안에 퀴어들이 많다는 게 알려지고, 퀴어문화축제에 광고를 싣기 위해 진행했던 모금이 성공적으로 이루어지고, 서울퀴어문화축제에 엔시티 퀴어 깃발을 들고 나가면서 점점 가시화가 되니까 사이버불링이 시작된 거예요. 당시에 엔시티라는 이름 뒤에 뭘 붙여서 활동하는 게 상표권 문제라면서, 상표권 개념이 없냐는 말을 가장 많이 들었는데요. 상표권 문제가 있다면 에스엠에서 조치를 취해야지, 팬덤이 뭘 할 수 있어요? 저희는 오히려 에스엠에서 연락이 오기를 바랐어요. 그럼 우리의 존재를 안다는 거니까요(웃음).

  당시에 엔시티 퀴어로 맺어진 관계들이 무척 끈끈하고도 취약했어요. 대다수 퀴어 공동체의 구성원은 사회에서 고립되어 있기에 유대감이 남다를 수밖에 없어요. 저희들도 퀴어라는 이유로 팬들에게는 사이버불링을 당하고, 가족과의 관계도 원만하지 않았기에 서로 의지했고요. 개인사에 깊게 관여하면서 말 그대로 서로를 먹여 살렸지만, 당연히 내부에서 갈등도, 불미스러운 일도 있었어요. 이 관계가 너무나 중요했기에, 틀어졌을 때 더 큰 상처를 받기도 했고요. 엔시티 퀴어가 광장에 나오지 않기 시작한 것도 그 때문이에요. 공동체가 와해되면서 깃발을 들고 나갈 수 없게 된 거죠. 그래서 한동안은 엔시티 퀴어에 대한 이야기를 대외적으로 하지 않았어요. 혼자 했던 활동이 아니고, 함께했던 활동인 만큼 이 경험을 내가 말해도 되나 싶어 망설였는데요. 지금은 그럼에도 나의 경험이기 때문에 말하고 싶어요. 시간이 지난 만큼 제 안에서도 많은 것이

엔시티 퀴어 깃발의 모습

정리되기도 했고요. 되돌아보면 퀴어 공동체의 끈끈함과 취약성을 동시에 경험한 시간이에요.

응원봉 걸스 기억에 남는 엔시티 퀴어 활동이 있나요?

우나 청소년 퀴어 팬들을 위한 파티를 열었던 적이 있어요. 퀴어 팬 중에 청소년들이 많다는 걸 알고, 퀴어 청소년을 위한 파티를 열자는 얘기가 나온 거죠. 청소년이 카페를 대관하는 절차가 꽤 복잡해서 성인 팬들이 카페를 대관하고,

청소년 퀴어 팬들은 준비팀으로 같이 파티를 운영했어요.
퀴즈도 풀고, 최애 자랑도 하고, 굿즈도 주고받고, 음식도
나눠 먹었죠. 청소년과 성인들이 격리되는 사회이기 때문에
서로 협업하는 경험을 하기가 어려운데, 당시에 많은
청소년과 교류할 수 있었어요. 팬덤 바깥에서는 할 수 없었던
경험이고, 그때의 자산으로 지금까지도 사람들과 관계를
맺고 있는 것 같아요.

니제 저는 팬덤 내 소속감을 생각하면 앞서 말한 오픈
채팅방이 떠올라요. 의제화를 위해 만들었던 거니까 지금은
채팅방을 없애도 되는데, 이상하게 삭제를 못 하겠더라고요.
그 방에 이달의 소녀 관련 소식이 있을 때마다 항상
공유해주시는 분이 있거든요. 애초에 사람도 별로 없고, 있는
사람들도 반응을 잘 안 하는데도요. 활발하게 소통하지는
않지만 미세하게 연결되어 있다고 느껴서 이 방을 없애고
싶지 않은 것 같아요.

낯을 가려서 오프에 적극적으로 참여하는 편은 아닌데,
멤버 김립 생일 카페에서 오픈 채팅방에 함께 있는 사람들을
만난 적이 있어요. 어쩌면 이게 마지막 생일 카페일지도
모른다는 생각이 들어서요. 서로 성별을 얘기한 적이 없는데
공교롭게 전부 남자더라고요. 그날을 계기로 40대인 형 두
분과 친해졌어요. 만날 때마다 제가 지갑도 못 열게 하는

형들이에요. 셋이 만나면 멤버들 얘기밖에 안 해서 형들이 어떻게 사는지도 잘 모르지만요.(웃음) 재작년에 소중한 친구가 일찍 세상을 떠났는데, 형들이 너무 보고 싶더라고요. 그때 형들의 위로가 정말 큰 위안이 됐어요. 지금도 가끔 힘들 때 전화해서 징징대요. 저는 팬덤이라는 큰 공동체에 소속감을 느낀다기보다 오빛으로 엮인 그 형들과의 관계에서 팬으로서의 유대감을 느끼는 것 같아요.

응원봉 걸스 아이돌을 좋아하는 남성 팬의 이야기를 상대적으로 접하기 어려운데요. 남성 팬덤의 분위기는 어떤가요?

니제 남성 팬은 있는데 남성 팬덤이라는 게 존재하는지 잘 모르겠어요. 이달의 소녀는 남성 팬이 꽤 많은데, 제 경험상 남성 팬들이 모여서 공유하는 특별한 무언가는 딱히 없는 것 같아요. 저는 커뮤니티 활동을 활발하게 하지 않아요. 그래서 주로 생일 카페에서 팬들을 보는 편인데, 남성 팬들끼리만 앉아 있는 모습을 본 적도 없고요. 일전에 오프라인 행사에서 여성 팬한테 집적거리는 남성 팬이 있었다고 하는데, 그 사건을 남성 팬들도 인식하고 '나는 그런 사람이 아니다'라고 선을 긋고 싶은 마음에 남자들끼리 모이지 않으려고 하는 건 아닐까 싶기도 해요. 팬덤 내에서 남성 팬에 대한 부정적인 여론이 있어요.

제가 트위터를 하면서 느낀 게, 트친소를 할 때 기본적으로 다들 여성일 거라고 생각하는 것 같더라고요. 그렇다고 바이오에 남성이라고 기재하면 다른 팬들과 친해지기 어려울 것 같고요. 그래서 저는 성별도 쓰지 않고, 트친소도 참여하지 않아요.

우나 팬덤 내에서 남성 팬들은 뭘 해도 욕을 먹는 위치인 것 같기도 해요.

니제 '남덕들 다 뒤졌으면 좋겠다'라는 트윗을 본 적도 있어요(웃음). 왜 그런 말을 하는지 모르는 건 아니죠. 한편으로 여자 아이돌을 성희롱하는 사람을 보면 막연하게 남성일 거라고 생각하지만, 저는 그런 사람들도 팬이라고 할 수 있나 싶어요. 그럼 도대체 남성 팬은 어디서 뭘 하고 있을까요? 저도 남성 팬인데 다른 남성 팬들이 뭐 하는지 전혀 몰라요. 여성 팬들이 만드는 담론에 참여하는 남성 팬이 있을 수는 있지만, '남성 팬들의 담론'이라는 건 존재하지 않는 것 같아요. 그래서 남성 팬이라고 범주화하는 게 적절한지 잘 모르겠어요. 약간 말장난처럼 보일 수 있지만, '팬덤 내의 남성'을 이야기하는 게 낫지 않을까? 근데 그것도 쉽지는 않죠. 온라인에서는 성별을 알기 어렵고, 안다고 해도

별로 할 말이 없으니까요. 남성 팬들은 어디에서 어떤 정동을
느낄까? 그로 인해 어떤 말과 생각, 행동을 하게 될까?
그것이 그들이 남성임과 얼마나 관련이 있는 형태일까?
대답하기 어려운 질문이에요.

응원봉 걸스 이달의 소녀 팬덤 내에도 사이버불링을 하거나
갈등하는 분위기가 있나요?

니제 최근에는 싸울 일이 없죠. 소속사 욕이랑 멤버들
걱정밖에 안 해요. 오히려 해외 오빛과 국내 오빛 사이에서
소속사에 대한 지지 여부를 두고 약간 갈등이 생긴 적은
있어요. 그런데 이건 다른 팬덤에서도 꽤 흔한 일이고요.
그런 걸 제외하면 갈등이라고 할 만한 건 없는 것 같아요.
모든 게 불확실한 상황이다 보니까 논쟁이나 싸움이
발생하기 힘들기도 하고요.

응원봉 걸스 불공정 계약을 의제화하기 위해 오픈 채팅방을
개설했다고 했는데 진전된 부분이 있나요?

니제 소속사와의 분쟁에 주요하게 개입해온 규모가 큰
트위터 계정이 있었어요. 처음엔 문제의식을 가진 팬들이
그 계정주와 무언가를 도모하고 싶어 연락했는데, 아무도

응답을 못 받았어요. 그래서 제가 오픈 채팅방을 만들고 팬카페에 링크를 올린 거예요.

당시 채팅방에서 트럭 시위나 버스 광고를 하자는 등 다양한 의견이 나왔는데요. 며칠 뒤에 그 큰 계정에 트럭 시위를 하지 말자는 내용의 트윗이 올라왔어요. 그런 식의 직간접적인 개입이 있었고, 적극적으로 뭘 하기가 어렵더라고요. 오픈 채팅방에 있는 사람들도 그 계정에서 딱히 뭘 안 하니까 우리가 나서는 거지, 무언가를 한다면 그쪽에 맡겨야 한다고 생각하기도 했고요. 팬덤 규모가 작아서 그런지 몇 개의 계정이 큰 영향력을 가지고 있는 것 같아요. 거꾸로 오피니언 리더가 되는 계정이 없었더라면 우리들끼리 뭐라도 해볼 수 있지 않았을까, 하는 아쉬움이 남죠.

#팬(덤)과 정치

응원봉 걸스 트럭 시위를 하지 말라는 이유는 뭐였나요?

니제 괜히 시끄럽게 일 벌이지 말라는 거죠. 근데 의제화를 어떻게 조용히 하나요? 애초에 그 트위터 운영자들은 불공정 계약을 노동문제로 연결하고 싶지 않았던 것 같아요. 당시

가수 이승기 씨도 소속사와의 계약 분쟁으로 한창 뉴스에 오르내릴 때, 저는 이걸 이달의 소녀 케이스와 묶어서 크게 공론화할 수 있다고 생각했어요. 그런데 사람들이 사회적인 관점으로 접근하지 않고 각각의 개별적인 계약 분쟁으로만 보더라고요. 왜냐면 '노동문제, 사회문제'라고 지칭을 하는 순간, 팬들에게 정치적으로 엮이면 안 된다, 라는 걱정이 생기는 거예요. 여기 앞서 인터뷰한 분들 얘기에서도 이런 지점을 확인할 수 있었어요. 노동이라는 단어에 대한 강한 거부감도 있고요. 당시 제가 멤버들을 위해 서명을 받든, 탄원서를 쓰든 뭐든 하고 싶어서 기자와 담당 변호사에게 연락하기도 했거든요. 변호사가 그 사실을 전했을 테니 멤버들도 팬들이 노력하고 있다는 걸 알 테고, 그걸로 만족하자고 했지만…. 아쉬움이 많이 남아요.

응원봉 걸스 계엄 이후에도 정치를 거부하는 분위기인가요?

니제 혜주가 탄핵 관련해서 언급한 걸 보고 어떤 팬들이 자랑스럽다는 트윗을 올렸는데, 누가 그걸 알티하면서 '너는 시민이기 전에 아이돌인데 무슨 짓이냐'라는 말도 안 되는 트윗을 올린 걸 봤어요. 도대체 무슨 말인지 알 수가 없는데(웃음).

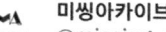

니제가 언급한 SNS 게시 글 (출처: @missing_archive)

우나   이 세상에 시민이기 전에 아이돌인 사람이 있어요?

니제   그러니까요. 근데 그 트윗을 본 뒤에 엄청 감동적인 트윗을 본 거예요. 캡처도 해놨어요. "'세상 모든 소녀들을 위하여' 무대를 선보여온 팀이 '정치적'이지 않을 수는 없습니다. 그런 팀의 세계를 사랑하고 응원해온 팬덤이 '정치적'이지 않을 수도 없습니다."

우나   이달의 소녀 세계관이 이미 정치적이잖아요. 소수자와 마이너리티가 중심이 되는 세계관인데.

니제   이달의 소녀가 처음부터 모든 멤버를 공개하는 것이 아닌, 한 명씩 멤버를 공개하고 그들을 모아 유닛을 만드는 방식을 반복했는데요. 그게 이들의 서사이자 세계관이거든요. 여기저기 흩어져 서로 다른 인생을 살아온 소녀들이 만나 하나가 되는 거죠. 팬들도 이 서사에 포함되고, 결국 우리 모두가 이달의 소녀인 거고요. 「Butterfly」 뮤직비디오를 보면 다양한 생김새와 피부색을 가진 여성들이 여러 국가에서 등장하는데, 이러한 장면들이 세계관의 핵심적인 콘셉트를 집약하고 있어요. 지극히 '정치적'이지 않나요? 그런데 제가 느끼기에 일상에서 '정치적'이라고 하는 것과 팬덤에서 받아들이는 '정치'가 다른 것 같아요. 팬덤마다 다른 맥락이 있겠지만, 어떤 팬덤의 경우에는 정치라는 단어를 '정당 정치'의 차원에서 생각하기도 하더라고요.

우나 '아이돌에 정치를 묻히지 말라'는 말이 제가 엔시티 퀴어로 활동하면서 숱하게 들었던 '엔시티에 퀴어 묻히지 말라'는 말과 다를 게 없다고 생각하거든요. 엔시티 멤버가 그렇게 많은데 당연히 퀴어가 있을 수 있고, 프로덕션 내에도 퀴어 노동자가 존재할 수 있는 건데, '퀴어를 묻히지 말라'는 건 누군가를 배제하는 말이잖아요. 다행히 당시에 누군가 호모포빅한 발언을 하면, 엔시티 퀴어 팬들뿐만 아니라 퀴어 활동가들도 함께 대응해줬어요. 그때부터 퀴어 의제를 팬덤 의제로 만들지 말고, 퀴어운동 단체들과 함께해서 퀴어 커뮤니티 의제로 만들어야겠다고 강하게 생각했고요.
제가 엔시티 퀴어를 함께했던 사람들이 어려운 시기를
지나고 있다고 했잖아요. 대부분이 탈가정을 꿈꾸는
상태였고, 저도 당시 아웃팅 문제로 탈가정을 했었는데,
그런 상태에서 서로를 돌보는 게 너무 힘든 거예요. 진짜
언제까지 돈 빌려주고, 집 빌려주고, 담배 사주고…. 그거를
다 우리끼리 어떻게 해요? 빨리 이 사람들을 끄집어내서
퀴어 커뮤니티와 연결시켜주고 싶다는 생각을 했어요.
그래서 팬덤 내 퀴어 의제를 대외적인 문제로 만들고 싶은
욕망이 컸는데, 다행히 엔시티 퀴어 안에 저랑 같은 생각을
하는 사람들이 많았어요.

#박해받는 빠순이?

응원봉 걸스　성소수자차별반대 무지개행동이 업로드한
'평등으로 가는 수요일' 집회 홍보물에 엔시티의 응원봉
이미지가 사용되었고, 일부 팬덤의 반발로 홍보물이
삭제된 일이 있었어요. 두 분은 해당 논의를 어떻게 봤는지
궁금합니다.

우나　엔시티 멤버들이 한마디도 안 했는데 엔시티

응원봉이 상징적으로 쓰였다는 건 너무 영광스러운
일 아니에요? 제가 아는 엔시티 팬분은 너무 기쁘면서
조마조마했대요. 다른 팬덤에서 '왜 엔시티만 샤라웃shout-out
해주냐'고 뭐라고 할까 봐(웃음). 그런데 그걸 지우라니. 아니,
어떻게 여기까지 왔는데! 돈까스 망치랑 닮았다고 모두의
놀림을 받던 응원봉이 광장의 마스코트가 됐는데 그걸 못
견뎌서 이미지를 지워달라고 하는 건 아니죠. 이 사건이
우리를 정치 주체로서의 시민이 아니라 다시 아이돌 팬으로
축소시키는 일이라고 한 트윗을 봤는데 정말 공감했어요.

 응원봉이 정치적으로 쓰이는 것을 비판하는 사람들
중에서도 응원봉을 들고 광장에 나온 사람들이 있잖아요.
그 자체가 정치적인 행동인데, 이해가 잘 안 돼요. 엔시티
응원봉을 들고 나왔지만, 퀴어가 아닌 여성으로서
나왔으니까 그런 걸까요? 그렇다면 왜 여성과 퀴어가
분리된다고 생각하는 걸까요? 수많은 퀴어가 여성으로서
정체성을 가지고 있어요. 특히 여성들이 교차적으로
형성되는 다양한 정체성에 대한 논의를 꺼린다는 느낌을
받아요. 스스로 퀴어라고 생각하지 않는 여성들이 마치
자신의 파이를 뺏길 것처럼 구는 양상이 심화된 것 같기도
하고요. 퀴어의 인권이 보장되면 여성 인권이 침해될
거라고 생각하는 걸까요? 정체성을 연결의 매개로 삼는
것이 아니라, 파이 나누기로 보는 건 자본주의 사회가 계속

주입하는 관점이기도 하죠. 누군가 너의 대표성을 가져가면 네 몫은 없을 것이다, 라는 건데요. 사실 정치 의제는 파이 뺏기가 아니에요.

니제 '여성들이 나온 건데 왜 계속 팬덤이라고 하냐'라는 말도 봤거든요. 근데 엄밀히 말하면 여성들이 나온 게 아니라 응원봉을 든 여성들이 나온 거잖아요. 2030 여성이라고 호명해서 마치 주류인 것처럼 감각하게 한 다음, 퀴어나 팬덤 등을 다 지우는 일종의 주류화 전략이 아닌가 싶어요. 2030 여성을 누군가를 삭제하는 기표로 사용하는 게 다차원적으로 악질적이죠. 지금 광장에 이렇게 많은 응원봉이 등장한 건 퀴어운동의 역사와 분명 연결된다고 봐요. 맥락을 다 잘라내고 편협한 시각으로만 사안을 바라보면 안 된다고 생각해요.

 광장에 응원봉을 들고나온 팬들 중에 가시적으로 여성이 많은 건 사실이죠. 하지만 언론에서 끊임없이 2030 여성이라고 호명하는 건 다른 문제잖아요. 탄핵 정국을 거치면서 2030 남성을 보수 혹은 극우로 호명하고, 2030 여성을 진보 혹은 민주당 지지자로 호명함으로써 동등한 유권자로 창출된 것 같은 효과를 주고 있는 건가 싶거든요. 그래서 어떤 여성들이 '여성'이라는 명분을 앞세워 퀴어를 배제하려고 하는 움직임을 보이는 건 아닐까. 이러한

움직임은 '여성'이라는 대표성이 탈취되기 쉬운 아주 취약한
것으로 전제되고 있는 건데, 사실 '퀴어 팬덤'에 의해 '2030
여성'의 대표성이 탈취될 가능성은 현실적으로 거의 없단
말이에요. 한국에서 공개적으로 목소리 낼 수 있는 퀴어
팬덤은 정말 한 줌이잖아요(웃음). 본인의 취약성을 전제로
퀴어를 배제하고 공격하는 게 팬덤의 피해자 정체성과
맞닿아 있는 것 같기도 해요. 팬들의 '한'이 잘못된 방향으로
향하고 있는 건 아닌가 싶은 거죠. 여성 팬덤을 취약한
존재로 만드는 맥락이 무엇인지 구체적으로 살펴볼 필요가
있어요.

응원봉 걸스 '박해받는 빠순이'라는 감각이 광장에서 부정적인
방식으로 나타나기도 했죠. 퀴어가 아이돌 팬의 자리를
뺏는다, 라는 식으로요.

우나 그동안 빠순이라는 말이 여성혐오적이라는 페미니즘
연구나 분석이 많이 나왔는데, 정치적으로 자세하게
들여다보는 작업을 이어가지 못하고 피해자성만 강조된
것 같아요. 박해받는 빠순이라는 감각이 이러한 분석
전에도 있었을까요? 팬들을 취약하게 만드는 건 소비자
정체성이잖아요. 산업이 여성 팬들을 기획, 퍼포먼스, 음악성
등을 판단할 수 있는 존재로 대우하지 않고, 무조건적인

사랑을 주는 현실감각이 부족한 존재로 낮잡아보는 문제도 있고요.

팬들을 취약하게 만드는 주체, 우리가 공격해야 하는 대상은 산업이거든요. 그런데 자신의 피해자성을 앞세워 다른 팬을 공격하는 이들이 있단 말이죠. 오히려 산업과 한편인 것 같은 팬들이 있어요. 예를 들어 엔시티 퀴어에게 '퀴어 묻혀서 엔시티 욕먹게 하지 말라'라는 말도 사측이 할 만한 발언이지, 빠순이로서 정치 공동체를 지향하는 발언은 아니잖아요. 피해자성만 취득해서 다른 피해자를 공격한다면, 결국 우리는 계속 멸칭으로서의 '빠순이'로 남을 수밖에 없어요. 하지만 다르게 생각해보면 이러한 갈등이 어쩌면 팬덤 내에 신자유주의적이었던 문화가 무너지는 과정에서 나오는 잡음이 아닐까 싶기도 해요. 팬덤에게는 파이 뺏기가 익숙한 정서잖아요. 한 아이돌이 잘되면 다른 아이돌의 팬이 줄어들고, 한 그룹을 좋아하면 다른 그룹을 좋아해서는 안 되고, 음악방송 순위나 앨범 판매량으로 계속해서 경쟁을 해야 하는 등 산업이 조장하는 신자유주의적인 방식에 너무나 익숙하니까요.

응원봉 걸스 긍정적으로 변화하고 있다고 생각하는 부분이 있다면요?

우나　'평등으로 가는 수요일' 사건도 결과적으론 이미지 삭제로 마무리되었지만 긍정적인 부분이 있어요. 과거에는 엔시티 팬덤 내에 퀴어 팬이 있고, 우리가 어떻게 사회운동에 참여하고 있는지에 관해 우리끼리만 주구장창 말했거든요. 이번엔 제가 말하기도 전에 많은 분이 예전에 엔시티 퀴어라는 게 있었다, 이번이 처음이 아니다, 라는 식으로 말씀을 하시더라고요. 그래서 엔시티 퀴어를 기억하는 사람들이 있다는 생각이 들면서 희망을 느꼈던 것 같아요.

　또 아이돌 노동권에 대한 논의는 생각보다 빠르게 긍정적으로 변화하는 것처럼 보여요. 에스파의 멤버 카리나 열애설이 났을 때, 제가 아이돌은 친밀성을 판매하며 감정노동을 하는 노동자라는 요지의 글을 썼다가 엄청난 사이버불링을 당했거든요. 아이돌이 무슨 노동자냐면서요. 그런데 얼마 안 가 민희진과 하이브 간에 어도어 경영권 분쟁이 터진 거죠. 뉴진스 하니가 직장 내 괴롭힘에 대한 조사로 국정감사에 참석했고, 사람들이 아이돌의 노동권에 대해 이야기하기 시작하더라고요. 이제는 아이돌을 노동자라고 얘기해도 저처럼 사이버불링을 당하지는 않을 거예요. 아이돌 당사자가 스스로 노동권 침해를 받았다고 말하고 있으니까요.

#퀴어 정치와 오늘의 광장

응원봉 걸스   케이팝과 응원봉은 퀴어문화축제에서 먼저 사용된 아이콘이죠. 일부 언론이나 연구자들은 퀴어 정치의 맥락을 소거한 채 응원봉 광장을 분석하기도 하는데, 이러한 해석을 어떻게 바라보고 있는지 궁금합니다.

우나   퀴어문화축제를 빼고 오늘날의 광장을 말할 수 없어요. 퀴어문화축제에는 퀴어운동 단체만 참여하는 게 아니라 여러 인권 단체가 부스를 내고, 함께 노동하는 경험을 해요. 그 단체들이 지금 광장에도 나와 있고요. 집회에서 실무를 담당하는 건 활동가들인데, 그들이 어디서 일해봤겠어요? 퀴어문화축제에서 누적된 집회 문화와 노동의 경험이 지금 광장에 녹아 있는 거예요. 단순히 광장에 퀴어가 많아서 하는 얘기가 아니라, 퀴어문화축제에서 쌓은 노하우가 공동의 자산이 되었기 때문에 퀴어 정치를 보자고 하는 거고요.

더불어 많은 활동가가 퀴어 당사자이고, 각 단체에 내부 문화를 바꾸려고 노력하는 퀴어 활동가들이 정말 많아요. 퀴어운동을 지속해온 시민단체들이 다른 시민단체와 연대하는 움직임도 전부터 있었고요. 단순히 당사자 단체로만 남지 않겠다, 퀴어를 상징하는 '무지개 버스'를 타고 내려간다, 노동자들이 우리를 부르지 않아도 우리는 일단 달려가서 연대하겠다, 했던 역사들이 있거든요. 지금의 '말벌 동지'처럼 부르지 않아도 연대하러 간다는 감각이 자연스럽게 공유됐었죠. 이러한 역사만 떠올려봐도 한국의 사회운동은 퀴어 정치와 떼어놓고 생각할 수 없어요. 지금의 광장을 얘기하며 퀴어 정치와 선을 긋는다는 건 '나는 별로인 분석을 하겠다'는 말밖에 안 되고요. 현상을 냉정하게 못 본다는 거거든요.

니제 지금의 광장은 일상 정치, 문화 정치, 정체성 정치 등 다양한 맥락과 연결되는데, 구체적인 맥락을 삭제함으로써 정당 정치의 범주로 가두는 것 같기도 해요. 2030 남성은 국민의힘을 지지하고, 2030 여성은 더불어민주당을 지지한다는 미디어의 프레임이죠. 근데 제 주변 2030 여성 중에 더불어민주당 지지자는 한 명도 없거든요(웃음). 언제까지 우리가 유권자 창출을 위한 프레임에 갇혀 있어야 하나 싶어요. 일부 기자나 연구자들이 그런 프레임을 재생산하는 게 문제죠. 선거철마다 반복되는 '청년' 담론의 연장선이기도 한데요. '이대남', '이대녀'라는 대립 구도의 구성을 거쳐 이번에는 '2030 남성'과 '2030 여성'이라는 대립 구도를 만든 건데, 프레임 자체를 비판적으로 봐야 할 필요가 있어요.

그리고 이번에 응원봉을 들고 모인 사람들을 '팬덤'이라고 부를 수는 없을 것 같아요. 하나의 팬덤은 아니니까요. 부분적인 액티비즘이 모여서 하나의 거대한 움직임을 만들어내는 건데, 내부의 차이를 삭제하는 게 문제죠. 그래서 미디어가 제공하는 굳건한 프레임을 강하게 거부해야 한다고 생각해요. '팬덤 정치'라는 말이 부정적으로 사용되는 흐름이 있는데, 그럼 '팬덤의 정치'는 무엇이 되어야 하고, 또 '팬들의 정치'는 무엇이 되어야 하는지, 그리고 이미 무엇을 하고 있는지 생각해볼 시점인 것 같아요.

#팬덤이라는 돌봄 공동체

응원봉 걸스 그렇다면 팬덤과 사회운동의 접촉면은 무엇일까요?

우나 팬덤이라는 말이 부정적으로 쓰이기도 하지만, 자본주의 사회에서 발명된 돌봄 공동체라고 생각해요. 팬덤 안에서 정말 복잡한 경험을 하거든요. 소비자로서의 경험도 하지만 동시에 서로를 적극적으로 돌보는 경험도 해요. 가족이 아닌 사람과 돌봄을 주고받는 일이 팬덤과 사회운동의 연결점인 것 같아요. 누군가를 같이 좋아한다는

이유만으로, 무언가를 지키고 싶다는 마음 하나로
온라인에서 처절하게 싸워보기도 하고, 엄청난 정동을
느끼기도 하고, 누군가를 조건 없이 돌보기도 하잖아요.
진짜 가족도 아닌 사람한테 자취방 열쇠 내주고, 담배
사주고, 밥 사주고, 재워주고 이런 걸 누가 해요? 언론의
분석만으로 설명할 수 없는 역사가 팬덤 안에 있어요. 지금의
분석이라고 하는 것들은 팬덤 정체성이 얼마나 유동적인지
다루지 않고, 팬덤 안의 경험들이 어떻게 사회운동과
접촉되는지도 다루지 않아요. 제가 알고 여러분들도 아실
만한, 이번 광장에서 거의 대표성을 띨 정도로 현장의 중심에
있는 사람들이 다 저랑 친한 분들이거든요. 우리가 어떻게
친해졌는지 생각해보면, 다 엔시티 팬덤에서 만난 사이인
거예요. 이런 걸 무시할 수 없는 거죠.

현대사회에서 팬덤이 돌봄의 공간으로서 기능하는 건, 이
사회에서 돌봄을 경험할 수 있는 공동체가 거의 다 사라졌기
때문이라고 생각해요. 지역사회는 망가졌고, 학교도 돌봄을
경험할 수 있는 공간이 아니죠. 접근성이 좋은 곳 중에 남은
것은 팬덤 혹은 종교뿐이에요. 저는 많은 사람에게 자본의
논리를 벗어나 내 선택을 증명하고 싶은 욕구가 있다고
생각하거든요. 아무 이유 없이 베풀고, 돌봄을 받는 욕구가
충족되는 장소가 팬덤이기 때문에 사람들이 계속해서
팬덤을 찾고, 남아 있는 게 아닐까 싶어요. 그래서 이 돌봄의

장으로 아이돌을 소환하고 싶기도 하고요. 돈 없이도 서로를 충분히 돌볼 수 있거든요.

    팬덤을 제외하면 사회운동이 또 다른 비자본주의적인 장소일 텐데, 아무래도 덕질보다는 재미가 없고 진입 장벽이 높죠. 하지만 활동가의 입장에서 설명을 해볼게요. 돈을 내지 않아도 내가 어떤 단체와 연대를 하면, 내가 속한 단체에 역량을 빼앗기는 게 아니라 이 단체의 역량이 곧 내 것이 되거든요. 돈 없이도 모일 수 있고, 서로 영향을 주고받으며 역량을 키워나가는 거예요. 이런 경험은 사회에서 배우기 어렵거든요. 그런데 사회운동 안에서는 가능하다는 거죠. 사회운동의 경험은 전체 역량을 고정된 것이 아닌 계속 커지는 것으로 만드니까요. 1 더하기 1은 단순한 2가 아니다, 그렇게 숫자로 셀 수 있는 감각이 아니라는 것을 운동을 통해 연대하면서 배워가는 거죠.

니제   팬들이 사회운동에 참여하기 시작했다는 분석은 그렇게 심도 깊은 분석은 아닌 것 같아요. 응원봉을 든 사람들이 광장에 나와서 무엇을 했고, 앞으로 무엇을 하는지가 중요한데, 구체적인 장면을 다 지우고 인구통계학적인 측면에서 '2030 여성'으로 구성하고, 그렇게 구성된 프레임만 가지고 분석을 전개하니까 팬덤에서 어떤 가능성도 도출해낼 수가 없는 거죠.

저는 팬덤의 구체성을 자세하게 다뤄야 응원봉이 광장으로 나오게 된 경로를 알 수 있다고 생각해요. 광장에 '누가' 나왔는지가 아니라, 그 사람들이 '무엇'을 주고받는지가 중요하다고 봐요. 콘서트장에 가면 생판 모르는 사람들끼리 이것저것 주고받잖아요. 하나 더 가져가라고 손에 막 쥐여주고요. 이렇게 조건 없이 선물을 주고받는 곳이 정말 없어요. 물론 이렇게 물건을 주고받는 방식은 우리가 정동 자본주의 산업 안에서 착취당하면서 만들어진 것이기도 하죠. 하지만 거기서 팬덤이 어떤 가능성을 발굴해내는지 볼 수 있다고 생각하거든요. 지금 우리가 살아가는 세상은 '사회 없는 국가'인 것 같은데요. '사회'라는 공간이 사라지는 와중에 몇 안 남은 파편적인 사회가 팬덤이지 않을까 싶어요. 어떤 산업은 살아남기 위해 어쩔 수 없이 '사회'를 만드는 데 기여하고 마는 거죠. 그렇게 해야만 벌 수 있는 돈이 있으니까요.

 탄핵 정국을 거치면서 2030 남성을 분석하는 여러 기사들이 나오고 있는데, 2030 남성들이 관계 맺기에 서툴고, 정동을 나누는 경험이 부족해서 극우화된다는 분석이 많잖아요. 근데 저는 그들이 정치나 사회문제를 이야기하는 방향이 다른 거지, 그들만의 공동체가 분명히 있다고 생각하거든요. 온라인 커뮤니티만 봐도 오히려 과잉되어 있잖아요. 2030 남성들이 모일 곳이 없고

외로워서 극우화된다는 분석은 기존 젠더 규범의 문법을
그대로 답습하고 재생산할 뿐이에요. 사람들이 모여서 어떤
이야기를 하고, 무엇을 나누는지 꼼꼼히 들여다봐야 한다는
생각을 정말 많이 하고 있어요.

우나 저는 모든 관계 맺기를 팬덤에서 배웠거든요.
이 사회는 경쟁하는 방법이나 커리어를 쌓는 방법 같은
것만 장려하고 가르치잖아요. 팬들과 어떤 관계를 맺어본
건 엔시티 덕질이 처음이었는데, 그때 너무 놀랐어요.
같은 아이돌을 좋아한다는 이유만으로 나한테 이렇게
잘해준다고? 내가 힘들면 같이 아파하고, 슬프면 같이
울어준다고? 그렇게 강력한 정동을 누군가와 처음 나눠본
거예요. 충격적으로 좋은 경험이었고, 그래서 그 안에 갈등이
있었을 때 더 힘들었어요. 사람을 엄청 신뢰해보기도 하고,
반대로 불신해보기도 하면서 인간적으로 성숙해지고 자립할
힘도 얻었어요.

또 스스로 일을 만들 수 있다는 것도 팬덤에서 처음
배웠는데요. 팬들은 아이돌의 성공을 위해 일을 하잖아요.
1위를 시켜주려고 투표를 하거나 음원 사이트에 들어가
노래를 반복적으로 듣고, 다른 팬들을 포섭하기 위해
예쁘고 멋진 장면을 모아 영상을 만들거나, 팬픽·팬아트를
자발적으로 창작하죠. 팬덤 내에서는 이런 자발적 노동이

부정적인 쪽으로만 얘기되는데, 저는 단순히 착취라고
생각하지는 않아요. 살면서 팬덤이 아니면 자발적으로
노동을 해볼 기회가 별로 없거든요. 성과로 귀결되는 협업
말고 생일 카페 운영라든지, 깃발을 같이 만든다든지, 돈을
공동으로 모금하는 등의 경험을 처음 해본 거예요. 팬덤
내에서 노동하는 경험을 하지 않았더라면 전공과 무관한
예술 기획자로 일해야겠다는 생각도 못 했을 것 같아요.
기획을 하고, 일을 벌이고, 내가 만나고 싶은 사람한테
메일을 쓰고, 누군가에게 함께하자고 제안하고, 무언가를
조직하는 일을 다 팬덤에서 배웠어요. 물론 착취적인 부분도
있지만, 분명 얻는 것도 있어요. 그건 다 우리의 자산이죠.

니제 비슷한 맥락에서 '차가운 시장의 논리' 역시 하나의
이데올로기라고 생각해요. 인류학적 자료들을 보면, 시장은
단순히 거래가 이루어지는 곳이 아니라, 서로 적인지
아군인지 알 수 없는 상태에서 불안과 공포를 완화시키는
장소로 기능하기도 했거든요. 물건을 주고받는 과정에서
관계가 만들어지는 거죠. 팬덤도 마찬가지로 새로운 관계의
가능성을 가진 장이라고 생각해요. 특히 아이돌 산업처럼
정동 자본주의를 잘 보여주는 산업은, 단 한 번도 오직
'돈'으로만 설명할 수 있는 영역이었던 적이 없어요. 다양한
감정과 관계, 균열이 함께 존재하고 팬덤은 그 균열이 가장

잘 드러나는 공간이에요. 이러한 관점에서 봐야 팬덤을 마냥 낭만화하지도 않고, '자발적 착취'라고만 단정 짓지도 않으면서 보다 정당하고 균형 잡힌 분석이 가능해질 것 같아요.

우나 맞아요. 돌봄을 계산하고, 수익화하는 순간 그 의미가 퇴색된다고 생각해요. 사회운동도 후원자 모집이 우선시되어서는 안 되고, 우리가 비자본주의적으로 어떻게 연대할 수 있는지를 보여주는 게 먼저라고 생각하거든요. 후원자 없이도 생존할 방법을 늘 찾아야 해요. 어쩌면 팬덤 입장에서는 소비자로서 연대가 필요하다는 생각 때문에 헷갈릴 수도 있죠. 하지만 소비자만 팬인 건 아니잖아요. 누군가를 좋아하면 다 팬이에요. 돈을 더 많이 쓴 사람만이 '진짜 팬'인 건 아니니까요. '팬덤 경제'가 팬덤이라는 단어를 오용한 대표적인 경우죠. 팬이면 무조건 구매할 거라고 전제하는 거잖아요. 팬덤은 아티스트가 무슨 말을 하든 다 믿고, 소속사가 뭘 하든 무조건 구매하는 존재가 되면 안 돼요. '팬덤 경제'와 '팬덤'을 절대 같은 개념으로 봐서는 안 되고요. 팬덤이 정치적이려면 자본주의 논리를 넘어서야 해요. 그래야 단절되고 삭막한 사회에서 새로운 연대의 매개가 될 수 있어요.

니제   '팬덤 경제'나 '팬덤 비즈니스'라는 말로 마치 돈을 얼마나 많이 쓰고, 얼마나 더 많은 활동에 참여하는지로 팬심을 판별하곤 하잖아요. 물론 우리는 충성스러운 소비자이기도 하죠. 소속사가 저런 짓을 하는데도 돈을 쓰고 있으니까요. 하지만 팬을 '소비자'라는 단어만으로 설명할 수는 없어요. 아티스트나 작품을 향한 사랑만이 아니라, 그걸 사랑하느라 모여 있었던 우리가 어쩌다 보니까 만들어버린 사랑이 있다는 거죠.

『케이팝 응원봉 걸스』인터뷰이들도 그렇고, 제가 책을 쓰면서 만난 사람들도 그렇고, 지금 여기 모여 있는 우리도 그렇고. 내가 이렇게 지구를 파괴하면서 앨범을 사도 되는지, 내가 이렇게 최애를 대상화하면서 사랑해도 되는지, 나노 단위로 캡처하고 사진을 확대해도 되는지, 이런 식으로 덕질을 해도 되는지 온갖 갈등을 겪잖아요. 이런 고민을 할 때, 덕질이 만들어내는 정동이 있어요. 무언가가 쉽게 침투할 수 있는 상태가 되는 거죠. 취약하지만, 그렇기에 다른 누군가의 목소리를 받아들일 수 있게 되는 거고요. 그 과정에서 팬덤으로서 아티스트와 다른 동료 팬들을 사랑하는 경험을 한다고 생각해요. 팬과 팬덤을 둘러싼 새로운 관점을 발명해야 할 시점인 것 같아요. 그래야만 광장의 표상으로 자리 잡은 응원봉이 광장에 나올 수 있었던 과정을 정확하게 이해하고, 팬덤의 또 다른 역량을 발견할 수 있을 테니까요.

#혁명의 케이팝

응원봉 걸스 긴 시간 동안 이야기 나눠주셔서 감사합니다. 끝으로 두 분이 소개하고 싶은 '혁명의 케이팝'이 있다면요?

니제 이달의 소녀 「PTT(Paint The Town)」를 소개하고 싶어요. 가사와 뮤직비디오, 음악이 주는 분위기가 엄청나게 호전적이에요. 제목에서도 '이 동네는 우리 거다', '이 동네를 탈환할 것이다' 이런 포부가 느껴지고요. 도둑맞은 자유와 민주주의를 되찾자는 의미로 이 노래를 골랐습니다. 여전히 팬들의 사랑을 받는 이달의 소녀는 해체했는데 왜 국민의힘은 해체하지 않을까요? 국민의힘 해체하고 이달의 소녀 재결합하기를 바랍니다(웃음).

우나 저는 아르테미스의 「Virtual Angel」을 추천하고 싶은데요. 이달의 소녀 멤버들이 이번 탄핵 광장에서 가장 정치적인 아이돌이었다고 생각해요. 개인적으로 괴리감을 덜 느낀 아이돌이기도 해서 그들이 참여한 작업을 이야기하고 싶어요. 저에게는 아이돌이 나와 같은 인간이라는 걸 확인하는 게 정말 중요해 졌거든요. 이 곡의 뮤직비디오는 무언가를 숭배하는 서사로 읽힐 수도 있지만, 아이돌과 동일시하는 팬의 관점일 수도 있고, 팬과 아이돌의 경계를 무너뜨리는 관점으로 해석할 수도 있어요. 최근 본 케이팝 서사 중에서 제일 혁명적이었던 것 같아요. 어쩌면 지금 우리는 버추얼한 세계에서 혁명하는 방법을 배우고 있는지도 모르죠. 현실 세계에서는 알려주지 않으니까요.

나는 왜
보아 응원봉을
들고 거리로
나갔을까?

일석

에세이 1

'빠순이'란 본래 아이돌을 좋아하는 어린 여성을 낮잡아 부르는 멸칭이지만, 나는 이 단어를 재정의하고 싶다. '무언가를 온 마음을 다해 좋아해본 사람'이라고. 나는 스스로를 빠순이라 부르는 데 거리낌이 없다. 누군가가 "저 사람 빠순이래…"라며 수군거린다고 해도 그다지 불쾌하지 않고(맞는데 어쩔쏘냐), 굳이 숨기고 싶지도 않다(숨겨지지도 않음). 빠순이가 아닌 자, 사랑을 논하지 말라. 사는 동안 대부분의 시간을 아이돌을 좋아하는 데 썼고, 여전히 숨 쉬듯 아이돌 이슈를 접하는 일상을 살고 있지만, 지금의 나는 누군가의 미간 주름에 끼여 죽어도 좋을 만큼 특정 아이돌에게 과몰입하고 있지 않다. 특히 보아를 향한 나의 마음은 '덕질'만으로 설명할 수 없다. 무대 위에서 웃으며 노래하는 보아를 볼 때면 '네가 웃으면 나도 좋아' 상태가 되지만, 보아의 보조개에 잠겨 죽어도 좋을 것 같다는 생각은 해본 적이 없다. 지금의 상태를 휴덕이나 탈덕 같은 단어로 설명하기도 어렵다. 그냥… 살다 보니 이렇게 됐다.

    에스엠 엔터테인먼트에서 데뷔하는 그룹의 활동을

촘촘히 따라가고 있지만(언제까지 이렇게 살까? 진심으로 궁금하다), 그저 몸에 밴 습관일 뿐, 그들의 팬이냐는 질문을 받는다면 아니라고 답할 것이다. 이유는 다양하다. 케이팝 산업이 주는 피로감이 누적된 걸 수도 있고, 내 몸과 마음이 낡고 지쳐서 무언가를 열렬히 좋아하기에 에너지가 부족한 걸 수도 있고, 사는 게 피곤해서일 수도 있고, 그냥 드러눕고 싶기 때문일 수도 있다. 종종 어떤 이들이 반짝이는 눈빛으로 본진을 물어볼 때면 조금 머뭇거리게 된다. 나의 커다란 정체성 중 하나는 따져볼 것도 없이 빠순이지만, 지금은 그 누구의 빠순이도 아니기 때문이다. 이렇게 어중간한 위치라니.

이도 저도 아닌 채로 나는 2024년 12월 7일, 보아의 응원봉인 아별봉을 들고 국회의사당으로 향했다. 스봉(에스파의 응원봉)과 아별봉 중에 무엇을 들고 나가면 좋을지 고민한 끝에 고른 것은 보아의 응원봉. 대단한 이유는 없었다. 아별봉이 스봉보다 훨씬 가벼웠고, 멀리서 봤을 때 촛불처럼 보이는 노란색도 한몫했다. 배터리가 다 된 아별봉을 열심히 흔들며 탄핵을 외쳤지만, 사실 광장에 응원봉을 들고 나간 것은 나의 팬 정체성과는 상관없었다. 그러니까 나는 보아의 응원봉을 들고 광장에 있었지만, 보아의 팬으로서만 그 자리에 존재했던 것은 아니다. 집회 경험이 적은 내게 응원봉은 시민, 광장, 시위, 연대 같은

광장에 아별봉을 들고 나간 일석

것들과의 매개체에 가까웠다. 광장에 응원봉을 들고 투쟁을 외치는 내 또래로 보이는 사람들이 많다고 하니까 나도 거기에 끼고 싶은 마음. 아마 이러한 광장 문화가 주된 것이 아니었다면, 굳이 응원봉을 들고 나가지 않았을지도 모른다. 그렇다면 광장에서는 찾아볼 수 없었던 나의 '팬 정체성'은 어디로 갔을까?

나에게 보아라는 가수는 보통의 아이돌과는 다르다. 언제나 보아는 보아일 뿐, '아이돌'이라고 생각해본 적이 없기 때문이다. 아이돌 문화의 근간이 된 인물이지만,

아이돌을 좋아했던 마음과 보아를 좋아하는 마음은 분명 달랐다. 비교할 수 없이 커다랗기도 하고, 언급하는 게 어색할 정도로 당연하기도 하고, 한편으로 '오빠'들을 사랑했던 것처럼 거창하지도 번잡하지도 않다. 나의 한 시절을 점유했던 오빠들은 결국 비슷한 엔딩을 맞이했지만, 보아는 나의 과거이자 현재이고, 아마도 높은 확률로 미래일 것이다. 지금부터 보아에 대한 공격은 나에 대한 공격으로 간주할 정도로 당연한 존재. 어쩌면 오빠들을 좋아했던 마음은 다 가짜고 보아를 향한 마음이야말로 진정한 사랑인 걸까? 게다가 '해찬아 살기 좋은 세상 만들어줄게'라는 밈도 내게는 해당되지 않았다. 세상에 어떤 식으로든 영향을 줄 수 있는 쪽은 나보다는 보아에 가깝다고 생각해왔기 때문이다. '보아가 광장에 등장했다' 이래야 이슈가 되는 거지, 일석이 광장에 나온 게 뭐? 근데? 이런 거죠. 우리 집에서나 좀 이슈 됐었어요.

    그렇다고 내가 광장에서 보아를 떠올리지 않은 것은 아니다. '보아에게 좋은 세상을 만들어주고 싶다'는 마음과는 방향이 조금 달랐지만. 광장에 연이어 울려 퍼지는 케이팝 메들리에 보아의 음악이 없어서 아쉬웠고 보아가 광장에서 「Girls On Top」이나 「Hurricane Venus」를 부르면 얼마나 멋질까 싶었다. 아니지, 광장에 '걸스'만 있는 게 아닌데 아무래도 「No.1」이 나올지도 모르겠다. 수많은 사람이 각기

다른 응원봉을 들고 있고, 빠순이들을 하나로 모으기란 불가능에 가깝다는 걸 알지만, 보아의 음악이라면 다를 수도 있지 않을까? (영원히 말하지만 빅뱅의 노래는 절대 우리를 하나로 모을 수 없다.) 나보다 몇 년을 더 살았고, 투표도 여러 차례 해봤을 보아에게 '살기 좋은 세상을 만들어준다'는 말은 어딘가 어색하게 느껴진다. 그리고 아주 솔직하게 말해서, 그가 생각하는 '살기 좋은 세상'이 뭔지도 알 수 없다. 그저 멋대로 가늠할 뿐이지.

그런데 굳이 아별봉을 들고 나간 것이 혹시 나의 '팬 정체성'인 것은 아닐까? 광장에 응원봉이 그렇게 많다는데 그중에 아별봉이 없는 것은 아무래도 참을 수 없는 일이니까. 혹시라도 보아가 기사 사진을 본다면, 여기 점핑보아도 있다고 꼭 알려주고 싶었고, 광장에 보아의 노래가 나온다면 누구보다 큰 목소리로 따라 부르고 싶었다. 이성애 규범에 갇혀 상상력을 기르지 못한 이들이 여자 가수를 좋아하는 빠순이의 마음을 가볍게 여길 때면, 확성기를 갖다 대고 당신이 도대체 이 마음에 대해 뭘 아느냐고 소리치고 싶기도 했지만 지금은 시간이 많이 흘렀고, 나는 몹시 낡고 지쳤다. 내 마음을 누군가에게 증명하고자 하는 마음이 사그라드는 것은 역시 내가 팬 정체성을 잃었기 때문일까?

만약 단상 위에 올라간다면 나는 어떤 말을 하게 될까? 정규직으로 일한 날보다 비정규직으로 일한 날이 많기에 비정규직 차별 철폐나 노동권 보장에 대해서 이야기할 것이고, 더 많은 페미니스트 정치인을 요구할 것이고, 모든 차별과 억압에 반대하며, 그런 세상을 만들기 위해 구체적으로 노력하고 싶다고 말할 것이고, 그럼에도 나도 모르게 누락시킨 존재들이 있었음을 고백할 것이다. 그리고 아마 이 모든 말에 앞서 나는 케이팝 없이 하루도 살 수 없는 케이팝 중독자이자 보아의 팬이며, 그의 음악을 10대부터 30대인 지금까지 듣고 있고, 그 시간이 지금 내가 여기 광장에 나온 것과 절대 무관하지 않다고 말할 것이다. 그리고 제발, 싸이의 음악이 아니라 보아의 음악을 틀어달라고 말할 것이다.

  나의 팬 정체성은 흐릿해졌지만, 응원봉의 불빛은 광장에서의 고립감을 덜어내고, 낯선 공간에서 나를 단단하게 붙들어주는 존재였다. 작고 값비싼 투쟁의 도구는 처음 참여하는 지역 집회에서 더욱 빛을 발했다. 서울 집회에서는 '응원봉 군단'이라고 불리는 게 어색하지 않을 정도로 어디에든 응원봉이 있었지만, 내가 참여한 지역 집회의 풍경은 사뭇 달랐다. 서울에서 우리를 떼창하게 했던 「다시 만난 세계」의 설레는 도입부가 흘러도 주변은 잠잠했다. (그 환호와 떼창이 그리워서 조금 울 뻔했다.) 응원봉의 개수도 세고자 하면 충분히 셀 수 있을 정도였다. 아이돌 응원봉인가 싶어 내적 친밀감에 슬그머니 다가가면,

응원봉에 어느 정당의 이름이 새겨져 있어 당황했던 적도 한두 번이 아니다. 그럼에도 내가 낯선 그곳에서 쓸쓸하지 않았던 이유는 듬성듬성 뉴진스와 레드벨벳, 샤이니 응원봉이 보였기 때문이다.

  내가 광장에서 안전하다고 느꼈다면, 누군가와 연결되었다고 느꼈다면, 그 춥고 시린 공간에서 혼자가 아니라고 느꼈다면, 그건 분명 응원봉을 든 사람들 덕분일 것이다. 수많은 조합과 협회와 기타 등등의 단체들 사이에서 절대로 하나로 묶일 수 없는 빠순이들이 있어 광장에서 경계심을 풀고 이것저것 규탄한다고 외칠 수 있었다. 꺼진 응원봉을 흔드는 내게 건전지를 건네준 샤월과 이름 모를 수많은 이에게 느끼는 그 감각이야말로 나의 '팬 정체성'일지도 모른다. 나는 앞으로도 여분의 건전지를 챙겨 광장으로 나갈 것이다. 같은 공간에 있는 응원봉을 든 이들의 안위를 살피며, 아별봉을 높이 들고 투쟁을 외칠 것이다. 언제 어디서든 용기를 내어, 조금 더 큰 소리로 「다시 만난 세계」를 부르고 싶다.

팬덤의
정치적 계보
개인적 경험과
한국 현대사의 국면을
중심으로

구구

에세이 2

지오디와 가요 순위 프로그램 폐지 운동

내 인생 최초의 정치적 행동은 '가요 순위 프로그램 폐지' 운동이었다. 그 무렵, 매일 팬픽을 읽기 위해 접속하던 '엔티카'(커뮤니티 포털 사이트)에 심상치 않은 글들이 올라오기 시작했다. 그중 내 눈길을 잡아 끈 건 당시 지오디 팬덤 내에서도 제법 이름이 알려져 있던 어느 '파'의 시삽(시스템 관리자) 언니가 쓴 글이었다. 그 글의 요지는 가요 순위 프로그램 폐지를 촉구하는 거리 서명운동이 진행된다는 거였다. 어린 나로서는 조금 알쏭달쏭했다. 타 팬덤과 연합한다는 말이 특히 이해하기 어려웠다. 당시만 해도 팬덤끼리 사이가 좋지 않았기 때문에 왜 이렇게까지 해야 하는 건지 의아했다. 그 답은 금세 발견할 수 있었는데, 가요 순위 프로그램들이 팬클럽들을 경쟁하게 만들고 그로 인해 서로를 적대하게 된다는 것이었다. 그 글의 끝엔 (정확한 문장은 기억나지 않지만) '지오디의 팬이라면 반드시 참여해야 하는' 운동이라고 적혀 있었다. 팬덤이 하는 일은 명함을 나누고, 펜띠와 책받침을 만들어 주고받고, 하늘색 우비를 입고 콘서트에 가는 게 전부인 줄 알았다. 그런데 거리에서 서명운동까지 해야 한다니! 여전히 어리둥절했지만, 모르긴 몰라도 지오디 팬들이 모두 함께하는 일이구나 싶어 마음이 동했다. 그때부터 나는 참여를 위한 여러 방법을 찾아보고 친구들에게도 이 소식을 전했다.

  또래 집단에 스며들기 위해 시작한 내 덕질이, 나를 예상치 못한 방향으로 데려가고 있었다. 그 무렵 지오디 팬덤은 여러 사건을 겪었다. 그중 기억에 남는 건 2001년, 공식 팬클럽 'fangod'의 콘서트 보이콧 선언이다. 멤버 박준형의 연애 사실이 알려지면서 당시 지오디의 소속사였던 싸이더스는 박준형을 퇴출시키고 지오디를 4인조로 재편하겠다고 공지했다. 믿을 수 없는 소식이었다. 우리에게 '5-1=0'이라는 공식은 '지구는 둥글다'라는 사실만큼이나 자명한 진리였으니까. 고작 연애를 했다는 이유로 한 멤버를 내쫓는 건 있을 수 없는 일이었다. 팬덤은 즉시 콘서트를 보이콧하고, 굿즈 환불 요구로 맞섰다. 팬덤의 강력한 반발로 싸이더스는 박준형의 퇴출을 철회했다. 가요 순위 프로그램 폐지도, 퇴출 철회도 모두 팬들이 만들어낸 결과였다. 누적된 승리의 기억 속에서, 나는 내가 지오디 팬이라는 사실이, 지오디 팬덤에 내가 속해 있다는 사실이 자랑스러웠다.

지금 돌이켜보면, 운이 좋은 편이었다. 지오디 팬덤에 소속되어 있던 덕분에 누구보다 일찍 정치와 사회운동을 경험할 수 있었으니까. 보수적인 가정에서 온갖 단속과 구박 아래 자란 장녀가 이렇듯 진보적인(!) 저항을 하게 될 줄이야. 그건 전적으로 팬덤 덕이었다. 그때 처음 팬덤이라는 세계가 엄청난 조직력을 가지고 있으며, 팬덤 내 구성원들의 강한 결속력은 무언가를 변화시킬 수 있는 잠재력을 가졌단 걸 알았다. 그 이후로 팬덤은 내게 문화운동을 이끄는 주체, 변화를 만들어내는 집단으로 각인됐다.

동방신기와 촛불집회

시간이 흘러 2008년, 수차례의 입덕과 탈덕을 경험한 끝에 나는 동방신기에 정착했다. 그 시절 나는 피엠피에 동방신기 무대 영상을 다운받아 수십, 수백 번씩 돌려보며 하루를 보냈다. 그러던 어느 날, 동방신기의 팬덤 '카시오페아'가 중대한 변화의 기로에 놓였다. 바로 '0교시 폐지' 운동과 이른바 광우병 사태로 인한 대규모 촛불집회가 시작되었기 때문이다. '미친 교육, 미친 소'라는 구호가 적힌 피켓들이 광장 곳곳에서 보였다. 그때 카시오페아도 '오빠들의 건강을 지키자!'는 슬로건을 내걸고 거리에 나섰다. 나 역시 수입산

쇠고기를 먹은 영웅재중의 뇌에 구멍이 생길 수 있다는 소식에 놀라 망설임 없이 거리로 향했다. 광장에는 어림잡아 수만 명은 되어 보이는 카시오페아가 있었다. 그들은 직접 만든 피켓과 간식, 담요, 손수 제작한 굿즈를 나누며 서로를 챙겼다. 진귀한 풍경이었다. 모르는 사람을 위해 이렇게 많은 온정을 쏟을 수 있다니. 나는 그들이 건넨 물품을 안아 들고 자리를 지켰다. 새로운 인원이 합류하면 나는 자연스레 내가 가진 것의 일부를 내어주었다. 손에서 손으로 이어지는 나눔은 과거 지오디 팬덤 시절 내가 배운 그 연대의 감각과 같았다. 다만 그때와 다른 점이 있다면, 연대가 우리 오빠들만을 위한 것이 아니라 우리가 함께 사는 세상을 향하고 있었다는 점이다. 그때 내가 손에 쥐고 있던 피켓, 낯선 사람에게 건넸던 작은 친절들은 훗날 내 삶의 언어가 되었다.

2008년 카시오페아가 제작한 자료

엑소와 달라진 팬덤 지형

다시 몇 년이 흘러 엑소에 입덕한 나는 현생과 덕질을 병행하며 분주한 나날을 보냈다. 엑소가 데뷔하기 전까지만 해도 미국 국적의 멤버를 영입해 활동하는 다국적 아이돌 그룹이 대부분이었다. 하지만 엑소를 기점으로 케이팝 산업에 중국인 멤버가 늘기 시작했다. 엑소가 중화권에서 폭발적인 인기를 얻으며 상업적으로 성공을 거둔 덕분이었다. 문제는 중국인 멤버 영입의 성공적 사례인 엑소가 정작 외국인 멤버와 소속사 간 계약 분쟁으로 몸살을 앓았다는 점이었다. 에스엠은 이전부터 이미 소속 아이돌 그룹과의 계약에서 몇 차례 분쟁한 경험이 있었다. 한국인 멤버와의 계약에서 부당한 조건이 있었다면, 한국의 법적, 경제적 시스템과 노동 조건을 구체적으로 이해하지 못하는 외국인 멤버의 처지는 더 열악할 수밖에 없었다.

2009년 「한겨레」 1면 광고

　　엑소의 팬덤 엑소엘은 멤버 크리스의 소송을 계기로 멤버들의 불공정 계약과 관련해 움직이기 시작했다. 일부 팬들은 '다음 아고라'를 통해 "크리스를 비롯한 에스엠 아티스트를 위한 서명운동을 진행합니다"라는 글을 올리며 서명을 받았다. 또, SNS를 비롯한 각종 온라인 커뮤니티에서 에스엠을 비판하는 목소리가 이어졌다. 일부 멤버를 포함해 많은 사람이 중국인 멤버의 결정을 배신이라 여겼지만, 팬들이 사안을 대하는 마음은 단순하지만은 않았다. 한 멤버에게 벌어진 일은 다른 멤버에게도 언제든 벌어질 수 있다는 걸 알고 있었으니까. 그때 우리를 움직인 건 부당함에 대한 감각이었다. 그 감각은 내가 오랜 시간 팬덤 속에서 길러온 정의감이기도 했다.

이때부터 엑소 팬들과 멤버들에게 '배신'은 가장 강력한 정동이 되었다. '5-1=0'이 진리처럼 받아들여졌던 시대와 달리 이제 팬들에게 중요한 건 하나의 그룹이 아니라 나의 최애를 지키는 일이었다. '최애는 나를 배신해서는 안 된다', '배신하지 않은 멤버만 지킨다'는 암묵적인 규율이 팬덤의 행동 강령이 되었고, 팬들의 적은 소속사인 동시에 서로가 되었다. 계약 분쟁은 더 이상 모두를 지키기 위한 투쟁이 아닌, 배신한 멤버를 몰아내고 내가 규정한 '우리'를 지키는 싸움으로 변해갔다. 중국인 멤버의 연이은 탈퇴와 다른 그룹 팬덤과의 갈등 속에서 엑소 팬덤의 결속력이 오히려 강해졌다는 평도 있었지만, 이는 앨범의 판매량을 끌어올리는 등 산업 내에서의 정량적인 지표에 국한했을 때의 얘기였다. 정작 팬덤 내부에서는 자신의 최애만을 향한 기울어진 사랑이 많은 문제를 낳았다. 팬덤을 통해 정치적 각성을 경험한 나는, 엑소가 겪은 크고 작은 송사들을 보며 팬덤 문화운동의 명맥이 어느 시점엔가 끊어졌다는 인상을 받았다. 팬덤의 조직력과 결속력은 사생, 악개(악질 개인 팬)를 포함한 개인 팬 중심의 문화가 등장하면서 약화되었다. 이제 팬덤은 이익을 따지는 소비자 집단, 멤버의 사생활까지 통제하려는 감시 집단으로 변해 있었다.

그러나 팬덤의 정치적 잠재력이 완전히 사라진 건 아니었다. 방탄소년단 팬덤 '아미'의 등장은 팬덤 액티비즘의 가능성을 새롭게 보여준 사건이었다. 방탄소년단이 세계 무대에 성공적으로 진출하며 케이팝 팬덤은 이제 국경을 넘어선 정치적 주체로 재등장했다. 홍콩, 미얀마 같은 민주화 시위 현장에서는 케이팝이 투쟁가로 울려 퍼졌고, 필리핀의 아미들은 대선 국면에서 억압과 불평등에 맞서는 목소리를 내기도 했다. 2020년, 오클라호마주 털사에서 아미가 트럼프 유세 티켓을 대거 신청하고 집단적으로 불참했던 사건은, 팬덤이 얼마나 정교한 정치적 조직으로 움직일 수 있는지를 보여주었다.

3세대 아이돌의 전성기와 팬덤의 혼란을 동시에 목도하며, 나는 '팬덤이란 어떤 집단인가?'에 대해 다시 묻게 되었다. 팬덤은 여전히 정치적 집단으로 유효할까? 팬덤이 세계화되면서 한국의 팬덤 지형은 어떻게 달라졌을까? 지금 팬덤이 겪고 있는 혼란은 후퇴일까, 아니면 진보로 가는 과정에서 필연적으로 수반되는 진통일까?

그러나 분명한 사실은 팬덤 내부의 분열과 시끄러움만으로 팬덤을 '한심한 집단'이라 단정하는 것이 또 다른 폭력이라는 점이다. 한국의 팬덤은 어느 한 면으로 정의할 수 없는 집단이다. 지오디, 동방신기 팬덤 역시 강한 조직력과 결속력을 가졌지만, 그 구성원들은 결코 동질적이지 않았다. 그들은 각자의 정치성과 기호를 기반으로 '덕질'을 했고, 언론이 조명한 정치적 행동과 결과만으로 그 복잡성을 다 포착할 수는 없었다. 이는 케이팝뿐 아니라 분야를 막론하고 어느 집단에나 적용되는 사실로, 이처럼 단순하고 자명한 사실을 굳이 강조하는 이유는 유독 팬덤이 하나의 단순한 집합으로만 이해되기 때문이다. 매일 쏟아지는 팬덤 내부의 분란과 정동은 물론, 개인 팬들이 최애의 솔로 곡을 1위로 끌어올리기 위해 투입하는 엄청난 에너지와 그로 인해 야기되는 팬들 간 싸움, 소수자 집단에 대한 혐오와 계급적 긴장까지… 팬덤은 언제나 시끄럽다.

    그러나 앞서 보았던 것처럼 케이팝에도 정치적 계보가 있다. 인기 있는 아이돌 그룹의 팬덤은 규모와 조직력을 갖추고 있으며 그들은 여전히 변화를 이끄는 주체다. 때로 언론은 소비자 정체성에 국한된 '소녀 팬들', 소속사와 아이돌을 향한 무차별적이고 폭력적인 팬들의 요구만을 강조하며 팬덤이 행해온 정치적 행동의 계보를 끊어냈다. 그 결과 팬덤의 정치 행동은 언제나 처음 있는 일처럼 보도되곤 한다. 다 자란 몸으로 아이돌이나 좋아하는 철없는 소녀 팬들이 이제야 비로소 정치적 각성을 하게 된 것처럼.

연결된 촛불과 응원봉의 빛

2024년 12월 3일, 이제는 전 대통령이 된 윤석열이 계엄을 선포했다. 민주주의를 지키기 위해 많은 시민이 거리로 나섰다. 과거 집회의 상징이던 촛불의 자리를 응원봉이 대신한 것은 분명 이번 집회의 가장 인상적인 풍경이었다. 그러나 정치권은 그 장면의 상징성만을 취했을 뿐, 응원봉을 든 팬덤이 가진 정치적 힘과 의미를 읽어내지 못했다.

'빠순이'를 향한 경멸의 시선만으로는 결코 이 운동의 다양한 층위를 이해할 수 없다. 팬덤은 언제나 외부가 아닌 내부의 관계와 연대, 구성원 간의 결속과 서로를 향한 신뢰를 더 중요한 정동으로 여겨온 집단이다. 그렇다면 이번 광장에서 드러난 에너지 또한 새로 생겨난 것이 아닌, 오랜 시간 덕질의 세계 속에서 축적되어온 감정과 실천의 결과일 것이다.

이제 필요한 건 팬덤의 정치성을 새롭게 주장하는 일이 아니라, 팬덤의 역동을 다시 분석하고 오래전부터 이어온 역동의 계보를 기록하는 일이다. 덕질과 광장을 떼어놓지 않고 오히려 그것이 가지는 강력한 연결성이 어떻게 조직과 행동으로 전환되는지 탐구하는 일이다. 행동하는 '빠순이'는 케이팝이라는 산업의 회로를 바꾸고 자본주의와 가부장제를 뒤흔드는 상상력, 무언가를 더 나아지게 만들 수 있다는 긍정적인 에너지를 응원봉과 함께 쥐고 있는 정치적 주체다. 그렇기에 팬들이 만들어온 연대와 행동의 언어를 어떻게 기억하고 다음으로 전할 수 있을지 고민하는 일이야말로 지금 우리가 마주한 중요한 과제인지도 모른다. 광장의 응원봉은 단순한 상징이 아니다. 그 빛은 여전히 우리 안에 있다. 이제는 그 빛을 이어갈 언어와 행동을 함께 만들어가야 한다. 그것이 우리가 세상을 변화시키기 위한 출발점이다.

에필로그

『케이팝 응원봉 걸스』 비하인드 스토리

2025.03.23. 오전 10시 ~ 오후 12시
성내동 온온커피

#응원봉 걸스 비기닝

희주   인터뷰에 잠깐씩 등장하긴 했지만 이렇게 세 사람이 함께 등장하는 건 처음이네요.

일석   먼저 우리가 어떻게 이 프로젝트를 시작하게 되었는지 이야기해 볼까요? 이 프로젝트의 최초 기획자인 희주 님 이야기부터 들어보고 싶어요.

희주   시작은 개인적인 호기심이었어요. 계엄 발령 이후 응원봉이 빠른 속도로 광장의 아이콘이 됐고, 탄핵 반사 스티커를 붙인 엔시티 응원봉 사진이 트위터에서 화제가 되었거든요. 재밌다는 생각과 동시에 응원봉과 깃발을 들고나온 이들이 어떤 사람들인지, 또 왜 들고나왔는지 궁금해지더라고요. 개중에는 엔시티 팬 깃발도 있었는데, 먼 거리에서만 지켜보다가 운 좋게 12월 남태령에서 해련 님과 멀지 않은 곳에 자리를 잡아 무턱대고 인터뷰를 제안했어요. 그리고 집에 돌아와서 바로 기획안과 질문지를 작성해서 전달했습니다. 인터뷰를 실을 수 있는 플랫폼이 필요했기 때문에 '케이팝 하는 여자들'[1]을 통해 알게 된 일석 님에게 연재를 문의했고, 기획을 구체화하며 주변 친구들의 자문을 구하는 과정에서 구구 님이 같이하고 싶다고 말씀해주셔서 팀이 꾸려졌고요. 이 모든 일이 며칠 사이에 일어났습니다(웃음).

구구   '케이팝 하는 여자들' 행사를 기획하면서 가장 중요하게 생각했던 건 팬들의 목소리를 듣는 거였어요. 학계와 사회운동계 양쪽 모두에 비판적인 입장을 가진 사람으로서, 팬들의 이야기를 직접 듣고 싶은

---

[1] '케이팝 하는 여자들'은 케이팝 소비자의 다수가 여성임에도 불구하고, 산업과 문화에서 여성 팬의 목소리가 배제되는 현실에 문제의식을 갖고 출발한 프로젝트다. 팬과 아티스트 사이의 관계를 더 건강하게 설계하는 일을 제안한다. 2024년 9월, 독서공동체 들불과 함께 첫 번째 온·오프라인 토크를 진행했다.

마음이 컸거든요. 물론 그들도 대중의 목소리를 듣긴 하지만 학계는 연구에 반영하기 위해서, 사회운동계는 관성적으로 필요하다고 여기기 때문에 듣는 경우가 있어요. 대중의 이야기가 의미화되거나 반영되는 경우는 거의 보지 못했고요. 특히 아이돌 팬들은 '현실감각이 부족하고 미련하게 돈만 쓰는 여자애들'로 취급받고, 그들의 이야기 또한 소홀하게 다뤄지는 경우가 많잖아요. 그래서 희주 님이 이 프로젝트를 하고 싶다고 했을 때 너무 반가웠고, 저도 도움을 나누고 싶다는 마음에 함께하게 됐어요. 일석 님은 인터뷰 연재 제안을 받았을 때 어땠어요?

일석 12월 7일 저녁에 여의도 집회에 갔었는데, 국회의사당역 출구를 나서는 순간 끝없이 펼쳐진 응원봉 물결에 압도당했던 기억이 나요. 이 장면과 이 시간을 어떤 방식으로든 기록하고 싶다고 생각했지만 그냥 생각만 하고 있었어요(웃음). 제가 발행하던 뉴스레터 〈편협한 이달의 케이팝〉에서 다른 인터뷰 시리즈 연재를 막 마친 상태여서 또 다른 인터뷰를 진행할 에너지가 없었거든요. 근데 마침 희주 님이 인터뷰 연재를 제안해줘서 너무 기뻤죠. 무엇보다 팬과 팬의 인터뷰라는 점이 좋았어요. 저는 팬들의 대화가 더 많이 기록될 필요가 있다고 생각해요. 소속사는 우리를 충성스러운 고객이라는 프레임 안에 가두고, 미디어는

현실감각 없는 광적인 사랑의 주체로 보는데, 그렇게 속단할
수 없는 팬들의 복잡한 경험을 내부의 관점에서 기록하는
일이 꼭 필요하다고 느끼거든요. 아이돌 팬을 궁금해하는
외부인이 아니라 팬 당사자로서 진행하는 프로젝트여서
반가웠고, 그만큼 중요한 이야기라고 생각해서 더 많은
사람에게 읽히기를 바라는 마음이었어요. 그래서 비교적
작은 매체인 〈편협한 이달의 케이팝〉에 싣는 게 아쉬웠죠.
광고가 들어올 일이 없어서 타협해야 할 광고주도 없고, 어떤
이야기든 자유롭게 실을 수 있다는 장점이 있긴 하지만요.

희주 일석 님이 규모가 더 큰 플랫폼에서 연재하면 좋지
않겠냐고 물은 적이 있는데, 저에겐 규모보다 이 이야기를
중요하게 보고, 정직하게 기록될 필요가 있다는 걸 아는
사람과 함께하는 게 관건이었어요. 그런 면에서 〈편협한
이달의 케이팝〉이 바로 떠올랐고요. 만약 광고를 싣는 큰
플랫폼이었다면, 유원 님이 언급하셨던 파주 용주골 철거
문제나 숨눈 님이 온유에 관한 복잡한 심정을 밝힌 부분은
싣기 어려웠을 거예요. 규모가 크거나 공적인 자리에서는
논쟁이 될 만한 부분을 생략하곤 하니까요.
 개인적으로는 광장이 열려 있을 때 그 현장성을 바로바로
전달하고 싶은 욕심이 있었어요. 그래서 일을 빨리 진행하고
싶기도 했고요. 협업을 할 때 최초의 목적을 합의하기 위해

오랜 시간 소통해야 하는 경우가 있잖아요. 그런데 두 분과는 그 과정을 생략하고 바로 시작할 수 있을 것 같았어요. 구체적인 사안에 대해서 서로 의견이 다를 수는 있지만, 큰 틀에선 비슷하게 감각하는 사람들이라고 느꼈거든요. 각자의 장점도 달랐고요. 구구 님은 독서공동체 '들불'을 운영하면서 많은 사람을 만났기에 미팅 분위기를 부드럽게 하는 데 일가견이 있잖아요. 일석 님은 일정 등의 행정 업무를 꼼꼼하게 살펴주었고요. 저도 글로 하는 작업은 자신이 있었기 때문에 각각의 장점이 맞물려 팀으로서의 원동력이 되었죠.

구구 한국의 특이점 중 하나가 규모가 커야 유의미하고 확장성이 있다고 보는데, 저는 낙숫물이 바위를 뚫는다는 말을 믿는 사람이라 작은 규모로 시작하는 게 중요하다고 생각해요. 그래서 〈편협한 이달의 케이팝〉에서 연재하는 게 좋았어요.

#덕질 연대기

구구 본격적인 대화에 앞서 각자의 덕질 연대기를 소개해볼까요?

일석   초등학생 때는 대부분의 친구가 동방신기나 슈퍼주니어SUPER JUNIOR를 좋아했고 다 누군가의 '마눌(마누라)'이었어요. 저는 동해 마눌이었고요(웃음). 근심 없이 순수한 마음으로 덕질했던 건 동해가 처음이자 마지막인 것 같아요. 마음에 걸리는 티끌 하나 없이 좋아했고, 마냥 행복하기만 했거든요. '케이팝 산업'이라는 말도 몰랐고, 산업의 그림자도 몰라서 가능했던 것 같아요. 중학생 때는 힙합에 입문하면서 에픽하이 음악에 빠져 살았고, 라디오 〈타블로, 조정린의 친한친구〉와 〈타블로와 꿈꾸는 라디오〉의 열혈 애청자였어요. 그다음에는 비스트를 꽤 오래 좋아했고요. 최애는 윤두준이었는데 지금까지 무탈하게 활동해줘서 고맙게 생각하고 있어요. 만약 결혼한다고 하면 축의금이라도 보내고 싶은 심정입니다.

    그러다 페미니즘 리부트 시기에 페미니즘을 접하게 되고, 아이돌 산업의 적폐를 하나둘 알게 되면서 케이팝에 소원한 시기가 있었죠. 에스파가 데뷔했을 때 다시 눈을 돌렸고요. 이 모든 과정에서 제가 보아라는 가수에게 큰 영향을 받았다는 걸 알게 됐어요. 스스로 여자 가수의 팬이 될 수 있다는 걸 뒤늦게 깨달은 거죠. 보아의 음악은 슈퍼주니어를 좋아하기 전부터 지금까지 늘 들어왔고, 어렸을 때 보아의 스타일을 따라 하기도 하고, 보아가 월드 스타가 되는 엔딩을 보겠다고 밤새워 '보아 인 더 월드BoA in the World'를 하기도

했거든요. 당시 보아가 모델이었던 올림푸스 광고 영상을
보고 처음으로 인터넷소설 비슷한 걸 써보기도 했고요. 지금
가장 각별한 가수는 보아예요. 슈퍼주니어는 요즘 뭐 하고
지내는지 하나도 모르고, 비스트는 완덕에 가깝고, 에스파는
아이돌로서 좋아한다면 보아는 '아이돌 덕질'만으로는
설명하기 어려운 존재인 것 같아요.

구구 저는 초등학생 때부터 중학생 때까지 지오디를
좋아했는데요. 처음부터 지오디라는 그룹을 좋아했던
건 아니었어요. 당시에 반 친구들 모두가 아이돌 덕질을
했기 때문에 또래 집단에 포함되려면 한 그룹을 골라야
했고, 동시에 여러 그룹을 좋아하는 잡덕이 허용되지
않는 시절이기도 해서 그중 지오디를 골라 좋아하기
시작했거든요. 저는 늘 또래 집단을 선망했기 때문에
지오디가 합숙 생활을 하는 것도, 부대끼며 싸우는 것도,
화해하는 것도 다 너무 부럽더라고요. 나도 저런 경험을
해보고 싶다는 생각에 지오디에 마음이 갔어요. 초반에는
덕질을 했다기보다 친구들에게 인정받기 위해서 열심히
공부했어요. 가사를 출력해서 외우는 식으로 정보를
습득했죠(웃음). 그러다 제 안의 덕질 유전자를 발견하고,
덕질에 소질이 있다는 걸 알게 된 거예요. 나 사실
덕후*였네? 하고 깨달은 거죠. 그 후에는 본격적으로 덕질을

시작했고요. 한편으로 보이그룹 멤버들처럼 되고 싶다는 마음도 있었어요. 내가 저들처럼 된다면 내 친구들도 나를 더 좋아해주지 않을까, 라는 마음이 컸던 거예요. 가만 생각해보면 제가 덕질을 시작하게 되는 마음은 언제나 '좋아한다'보다 '되고 싶다'가 앞섰던 것 같아요.

    에스엠 소속 보이그룹은 거의 다 좋아했는데, 특히 동방신기랑 샤이니를 좋아했어요. 지금도 기억나는 일화가 하나 있는데요(웃음). 동방신기가 「주문」으로 컴백했을 무렵에 같은 과 대학 동기들이 저녁 내기로 농구 게임을 했던 적이 있어요. 저는 게임을 안 하고 옆에서 피엠피로 다운받은 무대 영상을 보고 있었는데, 그 모습을 본 친구들이 "야, 스무 살 돼서도 아이돌 좋아하는 거 한심하다"라고 하는 거예요. 학창 시절에는 아이돌을 좋아해야 또래 집단에 진입할 수 있었는데 대학에 오니까 갑자기 한심한 사람이 된 거죠. 그때부터 아이돌 덕질이 부끄럽게 느껴지면서 덕질을 몰래 했어요. 누구를 좋아하고 어떻게 좋아하는지 절대 티 내지 않았고요. 그러다 엑소에 입덕하고 당시 룸메이트였던 친구 추천으로 커뮤니티 여시에 가입했는데요. 실친들에게는 부끄러워서 덕질하는 걸 숨겼는데 여시에서는 덕질 썰을 푸는 게 환호받는 일인 거예요. 그때 처음으로 팬픽을 써서 돈도 벌었어요. 여러모로 신세계였죠. 안경 쓴 사람이 취향이라 SG워너비의 이석훈도 엄청나게 좋아했어요.

'이석훈 닷컴'이라는 공식 팬카페도 가입하고, 처음으로 오프에서 다른 팬들을 만나는 경험도 했고요.

희주 학창 시절 구구 님에게 아이돌이 또래 집단에 소속되기 위한 도구였다면, 저는 반대였어요. 친구들과 같이 좋아하려면 균형이 맞아야 하는데, 저는 항상 그 선을 미묘하게 넘었거든요. 애들이 "동방신기 멋있더라~" 하면 "고마워~" 하고 끝내야 하잖아요. 근데 "너 그거 좋았어? 그럼 이것도 봐" 이러면서 피엠피 들이대는 스타일? 지금도 인스타에 위시 얘기밖에 안 올려요!(웃음) 그 덕에 종종 '희주 덕에 위시 좋아하게 되었다'는 말을 들을 때면 엄청나게 뿌듯하지만요.

의도한 건 아닌데 저도 에스엠 소속 보이그룹을 꾸준히 좋아했어요. 예전에 에스엠에 이수만 전 대표가 있을 때는 새 팀이 데뷔한다고 하면 '이수만 선생님 아버지가 내 남자친구를 소개시켜 주는구나'라고 생각했고요(웃음). 엔시티는 2016년에 「일곱 번째 감각The 7th Sense」이 나왔을 때부터 좋아했는데요. 기획과 비주얼, 음악, 안무 등 모든 부분에서 큰 충격을 받았었어요. 오랫동안 케이팝 팬이었지만 그렇게 세련되고 멋진 작업은 처음이었거든요. 그걸 직접 보겠다는 일념 하나로 도쿄에서 열린 에스엠타운 공연을 보기 위해 처음 해외에 나갔는데 정말 좋은 경험이었어요. 다시 생각해도 소중한 추억입니다.

#팬 경험과 팬덤 소속감

희주 이번 프로젝트를 하면서 서로의 팬 경험이 다르다는 걸 알게 됐잖아요. 각자 어떤 팬 경험을 했는지 궁금해요.

일석 제 스스로 얼마나 단절된 팬 경험을 해왔는지 알게 됐죠. 정말로 방구석에서 혼자 음침하게 덕질했더라고요(웃음). 온라인으로 연결될 수도 있었을 텐데 그런 적도 없거든요. 팬덤에 소속되지 않았던 이유는 여러 가지가 있을 텐데요. 기본적으로 제가 어딘가에 소속되는 걸 거부하는 사람인 듯해요. 공동체를 찾으려고 애쓰기보다 늘 공동체 바깥에 존재하고 싶은 사람이었어요. 혼자인 상태가 익숙하고 편하기도 하고요. 그래서 우나 님이 대담에서 나눠주신 엔시티 퀴어로서의 경험이 너무 신기하고 새로웠어요. 만약 나도 저런 팬 경험을 했다면 과연 지금 팬이라는 걸 어떻게 인식하고 있을까 궁금해지더라고요.

구구 어딘가에 소속되기를 거부하는 건 일석 님의 기질이나 성향 때문인가요?

일석　기질적인 부분이 큰 것 같아요. 어렸을 때부터 독립적이라는 말을 적잖게 들었거든요. 이건 좀 다른 얘기인데, 요즘에는 이런 생각도 해요. 타인과 연결되는 것도 중요하지만 한편으로 공동체를 찾지 못한 사람들, 타인과 연결될 수 없는 사람들, 어딘가에 소속되기를 원하지 않는 사람들도 잘 살 수 있으면 좋겠어요. 좀 막연한 얘기지만요. 저는 고립이 두렵다는 이유만으로 억지로 공동체에 소속되고 싶지는 않거든요. 결국 끝끝내 나에게 맞는 공동체를 찾지 못하더라도 내가 나로 존재할 수 있기를 바라요. 당연히 제도적인 보장도 필요할 테고요. 고립을 택한 사람들은 어떻게 살 수 있을까요? 선택한 적 없지만 고립되어버린 사람들도 있잖아요. 저는 현대인의 필수 덕목처럼 여겨지는 사회성이라는 단어에 대한 반감도 큰 편이에요. 사회성이 없는 사람들, 고립을 원하는 사람들도 잘 살 수 있으면 좋겠어요. 어쩌면 그게 제 미래이지 않을까 싶기도 하고요.

구구　예전에 희주 님과 각자의 부족한 사회성에 대해 이야기 나눈 적이 있거든요. 제가 느끼기에 일석 님은 사회성이 좋다고 느껴지는 편이라 그 단어에 거부감이 있다고 하니 재밌네요.

일석   기질적인 면도 있겠지만 일종의 생존 전략이 아닐까 싶어요. 애초에 고립이 익숙한 사람인데 사회성마저 없으면 내 인생… 괜찮을까?(웃음) 당연히 학습된 사회성도 있을 테고요. 여성 노동자에게 많은 것을 요구하는 사회니까요. 두 분은 팬덤에 소속된 경험이 있나요?

구구   과거에 저는 한국 사회 내의 공동체 담론이 지니는 속성이 폭력적이라고 생각했었어요. 개인이 도드라지면 공동체가 지속되기 어렵기 때문에 자기 서사를 드러낸 채로 공동체에 참여하는 게 쉽지 않다고 느꼈죠. 저는 일반적으로 이야기하는 사회성이 부족한 편이기도 하고, 페미니즘을 알게 된 이후부터 저의 언어로 서사를 구축하기 시작했기 때문에 공동체가 두려움의 대상으로 다가왔어요. 몇 안 되는 공통점을 토대로 관계를 맺고, 공동체를 구성하는 게 제게는 공포에 가깝게 느껴졌던 것 같아요. 그래서 팬덤은 가까이할 생각도 없었고요. 딱 한 번 팬덤에 소속되어 보려고 시도했던 적은 있어요. 앞서 말한 '이석훈 닷컴'에서 활동하면서 알게 된 언니들을 실제로 만나보고 싶었거든요. 공동체나 팬덤에 대한 두려움과 늘 노력해야 소속될 수 있다는 부담이 컸는데, 이석훈 굿즈를 준다고 하길래 용기를 냈죠(웃음). 다행히 즐거운 시간을 보냈어요. 그런데 언니들이랑 앞으로 자주 보자고 하고는 정작 제가 연락을 다 무시했어요. 잘 지내보고 싶어서 첫 만남에 과하게 연기를 한 탓에 이 사람들이 내 실체를 알게 될까 봐 불안하더라고요.

비슷한 이유로 콘서트에 대한 공포감도 있어요. 예전에 엑소 콘서트에 갔을 때 일인데요. 옆자리에 앉은 분이 제가 노래를 따라 부르다 가사를 조금씩 틀릴 때마다 저를 빤히 쳐다보시더라고요. 그때 이후로 팬들과 가까이 앉아 있는 게 힘들어졌어요. 팬으로서의 진정성을 스스로 의심하게 된 것 같아요. 나는 수록곡 가사도 잘 모르는데 이 사람들이 속으로 나를 미워하면 어떡하지? 이런 생각이 들더라고요. 한편으로 무대를 볼 때면 아이돌을 인간 대 인간으로 마주하게 되는데 그때마다 아이돌을 인간으로 보기 힘든, 정확히는 그들이 노동하는 모습을 보고 싶지 않은 마음이 있기도 했어요. 내가 바라보는 무대 위 아이돌의 모습은 너무 반짝반짝하고 예쁜데, 가까이에서 보면 땀과 눈물로 얼룩져 있잖아요. 그게 가슴 아팠어요. 그들도 그저 '일'을 할 뿐이라는 생각을 하다 보면 그들의 노동환경에 대해 자꾸 떠올리게 되니까 오랜 시간 회피해왔던 것 같아요.

이런 실패의 경험이 누적되면서 팬 경험을 공동체로 연결하지 못하다가 '케이팝 하는 여자들'과 이번 프로젝트를 통해 비로소 팬 한 명 한 명에게 자기 서사와 역사가 있다는 걸 알게 됐어요. 누군가를 가까이서 들여다보면 얼마나 그 사람이 좋아져요. 쉽게 미워할 수가 없잖아요. 팬덤이라는 큰 단위에서 봤을 때랑 다른 경험이었어요. 그래서 지금은 콘서트도 갈 수 있을 것 같아요.

희주 저도 두 분처럼 팬덤 소속감을 크게 느껴본 적은 없어요. 운이 좋은 편이라 어떤 아이돌을 좋아하게 되면 원래 친했던 친구가 꼭 같이 입덕했고요. 개인적으로는 성장기에 폐쇄적인 공동체를 경험하면서 공동체를 경계하는 마음도 있어서 이렇게 모르는 사람들과 만나는 프로젝트를 하게 된 게 신기해요. 이걸 통해 우리 세 사람이, 인터뷰이들이, 읽어주시는 분들이 연결되는 게 재밌고요. 새로운 방식의 공동체를 발명해나가는 기분이라고 할까요.

저는 일전에도 시즈니였어요. 돌고 돌아 다시 왔는데요. 데뷔 초에 엔시티를 좋아했을 적엔 소속감을 강조하는 분위기를 불편해했던 기억이 나요. 그땐 에스엠 콘서트 분위기가 종교 집회랑 비슷했거든요. 이수만 전 대표가 객석에서 손을 흔들면 팬들이 막 환호성을 내고 박수를 치는데, 따라서 박수를 치면서도 거리감이 확 느껴지더라고요.. 제가 열광하고 싶은 건 어디까지나 그렇게 하기로 약속되어 있는 아이돌인데, 운영자가 왜? 싶은 거죠. 엔시티의 무한 확장 체제[2]에 적응을 못 하기도

2 엔시티는 멤버 수의 제한이 없고, 새로운 멤버의 영입이 자유로운 무한 확장 체제 그룹을 표방하며 등장했으나, 유동적인 그룹 운영이 팬들에게 큰 혼란을 안겼다. 해당 체제는 2024년 데뷔한 위시를 마지막으로 종료되었다.

했고, 엔시티가 데뷔했던 2016년은 온라인상에서 페미니즘 리부트가 일어났던, 팬덤이 굉장히 어지러웠던 시기라 탈덕한 것도 있어요. 트위터에서 남자 아이돌을 좋아하는 자신이 너무 미워서 다른 팬을 공격하는 사람도 있고, '오빠'의 여성혐오적인 발언을 지적하는 사람들을 조리돌리는 사람들도 있고요. 진짜 매번 싸웠거든요. 저는 트윗을 자주 올리는 편이 아니었는데도 피곤하더라고요. 진짜 허구한 날 싸워!(웃음) 그래서 절대 어디에도 속하지 않고 하던 대로 조용히 혼자 좋아하고 말겠다는 생각을 늘 갖고 있었는데요. 위시를 좋아하게 되고, 또 여러분을 만나 프로젝트를 함께하면서 변한 거 같아요.

구구 어떤 변화가 생겼나요? 희주 님을 가까이에서 지켜보면서 많은 변화가 일어나는 시기라는 걸 실감하긴 했는데 구체적인 이야기를 들어보고 싶어요.

희주 우선 아이돌을 좋아하는 마음이 달라졌어요. 비록 닿을 순 없어도 저는 아이돌과 팬들 사이에 어떤 관계가 만들어진다고 보거든요. 그런데 이 관계는 필연적으로 거리감을 동반하기에 오해가 생길 수밖에 없어요. 게다가 사랑은 그 특성상 내부에 날카로운 폭력적 습성도 지니고 있어요. 이를테면 타인의 전부를 알고 싶은 마음도 엄청난 폭력이죠. 아이돌과 팬의 관계에선 그 부분이 안 좋은 방향으로 증폭되기가 너무 쉬워요. 저도 그런 마음을 모르지 않으니까 그로 인해 발생하는 사건·사고를 안타까워하면서도 한편으론 어쩔 수 없는 일이라는 냉소를 늘 품고 있었는데요. 위시를 좋아하면서 세계가 바뀐 거예요. 한창 열혈 팬질 중이라 더 그렇기도 하고요. 위시를 좋아하는 마음은 이전에 누군가를 좋아했던 마음으로는 설명이 안 돼요. 그냥 뭘 해도 예쁘고… 그냥 예뻐! 너무 소중해요(웃음). 동일시니, 유사육아니, 기존에 나와 있는 단어들을 쓰려고 해도 딱 맞아떨어지는 게 없더라고요. 어떤 의미로는 순수한 팬심을 처음으로 경험하는 중이랄까요?

 이런 생각을 하며 위시와 나의 관계를 어떻게 꾸려나갈지 고민하던 시기에 '케이팝 하는 여자들'을 통해 여러분을 만났어요. 이번에 인터뷰를 하면서도 다른 팬들의 얼굴을 보고 이야기를 들으니까 아이돌뿐만 아니라 팬들도 인간이라는 걸 피부로 느꼈고요. 팬들끼리도 '순덕'이나 '까빠', '줌마', '유사녀' 등의 혐오 표현³을 쓰면서 서로를 라벨링하기도 하잖아요. 그렇지만 개개인은 그런 단어로 설명할 수 없는 역사가 있는 인간이라는 걸 깨닫게

3 순덕은 '순수하게 좋아하는 덕후'의 준말로 비판적인 태도 없이 아이돌을 좋아하는 팬들을 말하며, 까빠는 '까면서 좋아하는 팬'을 뜻하는 말로 아이돌의 언행을 가차 없이 질책하는 팬들을 말한다. 줌마는 '아줌마 팬'을 일컫는 말로 덕질 기간이 긴 팬들, 나이가 많은 팬들을 줌마라고 부르기도 하며, 유사녀는 아이돌을 연애의 감정으로 좋아하는 팬을 지칭한다. 모두 팬덤 내에서 부정적으로 쓰이는 경우가 많다.

된 거죠. 아이돌 시장이 레드오션이 된 지 오래고, 거품이 꺼져가는 지금까지도 이곳에 남아 있는 사람들은 저마다의 이유와 상처를 가진 채 이 자리를 지키고 있구나 싶었어요.

#인터뷰여야 했던 이유

일석 희주 님이 처음 이 프로젝트를 기획할 때 인터뷰라는 형식을 택한 이유가 있나요?

희주 제 주관이 강하게 개입되는 산문 형식보다 사람들의 이야기를 비교적 그대로 담는 인터뷰 형식이 필수적이라고 생각했어요. 팬들의 구체적인 경험을 긴 호흡으로 전달하고 싶었거든요. 지금 많은 연구자가 응원봉을 들고 광장에 나온 인터뷰이를 찾고 있는데, 그들과 달리 현상을 분석하거나 무언가를 설명하고 싶은 마음으로 시작하지는 않았어요. 그냥 광장에 나온 팬들을 만나서 이야기를 들어보고 싶었죠.

일석 세상에 오로지 팬이기만 한 사람은 없잖아요. 모두 여러 정체성이 중첩되어 있는 사람들이거든요. 같은 그룹을 좋아하는 팬일지라도 어떤 사안에 대해서는 견해 차이가 있고, 갈등이 있기 마련이고요. 그건 현 상황에 대해서도 마찬가지예요. 아이돌 응원봉을 들고나왔다고 해서 다 같은 마음으로 그 자리에 있는 게 아니란 말이죠. 2030 여성을 주목하는 기사가 많이 나왔는데, 2030 여성이 많이 나왔다는 것에서 그칠 게 아니라 그들이 광장으로 나오게 된 구체적이고 개별적인 이야기에 더 주목할 필요가 있어요. 진단하기 쉽게 편한 대로 라벨링하는 일에 주의해야 하고요.

구구 연구나 언론의 분석과 달리 우리는 개입을 최소화했다는 게 핵심인 것 같아요. 우리도 사람인지라 원하는 방향으로 인터뷰를 이끌기도 했겠지만, 편집 과정에서 인터뷰이의 이야기가 두드러지도록 노력했잖아요. 연구는 연구자들의 분석이 훨씬 중요한데, 우리는 분석이나 판단 없이 팬들의 이야기를 싣는 것 자체를 중요하게 생각했으니까요.

일석 그런데 우리가 인터뷰이를 구하는 과정이 만만치 않았잖아요. 각자 서울과 서울 바깥에서 인터뷰이를 구하려고 애썼지만 성사되지 않은 경우도 있었죠.

구구 맞아요. 인터뷰이 구하는 게 정말 고생스러웠어요. 처음 우리 목표가 광장에서 팬들을 직접 섭외하자는 거였잖아요. 내향인이라 큰 용기가 필요한 미션이었지만,

우리 프로젝트의 목표를 떠올리면서 부지런히 접근했는데
그 결과가 좋지 않았어요. 한번은 같은 응원봉을 들고 계시던
커플에게 프로젝트에 대해 이야기하고 제법 호의적인
반응을 얻어낸 거예요. 감사한 마음에 맥주를 사드렸는데
연락이 오지 않은 경우도 있었어요. 야속한 마음이
들었다기보다는 팬과 정치, 두 경험을 연결하여 이야기하는
일을 팬들이 꺼리고 있는 것 같아서 서글픈 마음이
들었달까요?

희주 아무래도 정치라는 단어와 직접적으로 연결되는
일을 꺼리는 분위기가 있죠. 무언가 그럴싸하고 멋진
이야기를 해야 할 거 같은 부담도 있고요. 거리로 나온
여자들을 비난하는 진영에서 '너네가 정치가 뭔지는 아냐'는
식의 이야기가 나온 걸로 아는데요. 우리가 삶을 살면서
느끼는 불합리함을 말하는 거, 이웃을 연민하는 거, 더 나은
삶을 상상하고 싶어 하는 거, 그게 정치 아닌가요? 그런 게
쏟아져 나왔다는 점에서 이번 광장이 의미 있었다고 보고요.
남태령에서 평범한 시민들의 자유발언을 들었을 때 엄청난
해방감을 느꼈어요. 정치에 대한 저의 패러다임을 바꾼
사건이에요.

더불어 위시 멤버 시온이의 고향인 목포에서 열린
시민문화제에 참여했다 구인에 실패한 일도 기억에 남아요.

다른 광장에서와는 다르게 정말 대상자가 없어서 구인을 못 했거든요. 서울에선 2030 여성이 많았잖아요. 우리가 원하는 팬을 골라 번호를 건넬 수도 있었고요. 그런데 그날 집회엔 응원봉도 없고, 정당이나 시민단체 소속이 아닌 젊은 여성분은 딱 세 분 계셨어요. 제가 참여한 날이 윤석열 체포 직후인 1월 18일이라 인원이 더 빠진 듯하기도 했고요. 아무튼 일단 집회엔 갔으니 세 분 모두에게 말을 걸었는데요. 한 분은 직장 상사가 시민 발언을 한다고 해서 회사 차원에서 보러 오셨고, 다른 두 분은 대학생인데 방학이라 고향에 온 김에 잠깐 들렀다고 하시더라고요. 혼자 오신 분께 사람이 이렇게까지 없을 줄 몰랐다고 했더니 그분이 '다 타지에 나가서 그렇다'고 답하시는 거예요. 순간 말실수했다는 걸 알았어요. 서울 사람이 건방을 떨었구나 하며 반성했죠. 지역 인구가 이렇게 빠져나간다는 걸 실감했고요. 우리 시온 왕자님의 도시를 보존해야 하는데 말이죠.

일석 저는 지난해 12월 말부터 대전 은하수네거리에서 열리는 집회에 참여했는데요. 12월 초에 서울 집회에 참여한 뒤에 대전 집회에 가니까 적응이 안 되더라고요. 응원봉도, 응원봉을 든 여자들도 생각보다 너무 없었거든요. 대전 집회는 오후 네 시에 시작해서 한 시간 반 정도 진행하는데, 서울 집회처럼 늦게까지 하는 줄 알고 여유롭게 갔다가

다 끝난 뒤에 도착한 적도 있어요. 초반에는 유효하지 않은 투쟁은 아닐까 싶어 공허했는데, 이것마저도 서울 중심적이라는 생각이 들더라고요. 스스로 엄청 놀랐죠. '서울에서 좀 살더니 서울 사람 다 됐다? 정신 안 차려?' 이러면서요(웃음).

    서울은 사람이 많으니까 사람들끼리 알아서 바톤 터치가 되잖아요. 대전은 참여 인원이 적을 게 뻔하니까 집회를 못 나가는 날에는 마음이 무겁더라고요. 세고자 하면 셀 수 있을 정도의 인원이었거든요. 정말 쪽수 채우러 간다는 마음이었어요. 언론에서 주목하는 광장의 모습도 결국 서울 중심이구나 싶었죠. '여기는 응원봉도 여자들도 적은데 도대체 뭐라는 거야'라는 생각이 들었고요. 서울의 사정이나 서울의 집회가 전부가 아니라는 걸 새삼 느꼈어요. 그래서 꼭 대전에서 인터뷰이를 구하고 싶었는데, 번번이 실패해서 너무 아쉬웠죠. 비록 순탄하지만은 않았지만, 두 분이 말씀해주신 것처럼 그 과정에서 생각해보게 되는 것들도 있었어요. 새로운 상상을 해보기도 하고요.

희주   인터뷰이 구인에는 어려움을 겪었지만, 이번 프로젝트의 가장 큰 목적은 달성한 듯해요. 사실 제가 하고 싶던 건 만남이었거든요. 이론을 만들거나 분석하는 게 아니라 연결을 하고 싶었어요. 이런 생각을 가진 팬이 있다는 걸, 이런 사람이 있다는 걸 긴 분량의 인터뷰로 보여줌으로써 마음과 마음을 연결하는 거죠. 우리 세 사람이 연결된 것처럼요.

  팬덤 소속감은 매출과 직결되기 때문에 소속사는 연결감을 형성하려고 많은 시도를 해요. 팬덤 애칭을 만들고 멤버별 아이콘이나 캐릭터 굿즈를 제작하는 것도 그 일환이고요. 하지만 소속사가 제시하는 '연결감'은 소비해야만 획득할 수 있잖아요. 팬클럽에 가입하는 것도 돈이고, 굿즈 사는 것도 돈이고, 콘서트에 가는 것도 다 돈이니까요. 물건을 구매하고, 어떤 이미지를 획득해야만 팬으로 인정하는 산업의 방식을 넘어서 새로운 방식으로 연결을 도모하고 싶어요. 한편으로 대담 때 우나 님이 말씀하신 것처럼 팬덤에게는 연결보다 갈등이 더 익숙할지도 모른다는 생각도 해요. H.O.T. 팬과 젝스키스 팬들이 공연장에서 압정을 던지며 싸우던 시절부터 반복된 팬덤 간의 갈등이 있잖아요. 그렇게 1세대부터 이어진 불링의 역사가 연결의 역사로 넘어가는 시점에서 응원봉이 등장한 것 같아요. 이제는 눈에 보이는 빛의 스펙터클을 넘어, 보이지 않는 작은 연결을 도모할 때라고 생각해요.

#인터뷰를 돌아보며

구구   일석 님은 첫 번째 독자이기도 한데, 인터뷰를 어떻게 읽었고 어떤 이야기가 기억에 남았는지 궁금해요.

일석   해련 님과 유원 님, 숨눈 님의 이야기에는 제가 평소 친구들과 나누는 고민들이 담겨 있어서 무슨 말인지 충분히 이해하고 공감하면서 읽었어요. 그리고 팝콘 님의 이야기는 최애를 지키기 위해 광장에 나간 팬의 마음을 엿볼 수 있어서 좋았어요. 솔직히 저는 세상으로부터 보아를 지키는 게 그렇게 중요하지 않았기 때문에 최애를 지키기 위해 광장에 나온 팬들의 이야기가 궁금했거든요. 제가 다소 건조한 인간이라 그런지 누군가의 애정을 확인하는 것만으로 마음이 든든해졌던 것 같아요. 한때 정치권에서 아이돌 응원봉을 사서 인증하는 게 유행이었는데, 다들 유명 아이돌의 응원봉을 사더라고요? 케이팝과 무관한 사람들이 어떤 응원봉을 구매하는지 보면서 여기에도 일종의 계급이 존재한다는 걸 느꼈어요. 소위 주류라고 불리는 세계에 진입하지 않은 그룹의 팬들만이 들려줄 수 있는 이야기가 있다고 생각하기 때문에 팝콘 님의 인터뷰가 꼭 필요한 이야기라고 생각했고요.

    젤리 님의 이야기는 익숙하면서도 새로웠어요. 제 스스로 일상의 모든 게 정치라고 생각하면서도 마음 한구석은 답답했거든요. 그런데 젤리 님의 '정치인이 되고 싶다'는 선언에 묵은 체증이 내려가는 기분이었죠. 그런 이야기를 기다리는 줄도 모르고 기다리고 있었던 것 같아요. 궁금했던 부산 집회 참여기를 들을 수 있었던 것도 좋았고요.

구구   저도 젤리 님의 이야기가 기억에 남아요. 아이돌에게 나를 드러내는 것이 중요한 사람도 있는데, 젤리 님은 아이돌이 본인의 존재를 알고 있었지만 그게 그다지 중요한 것 같아 보이지 않았어요. 삶과 덕질, 그리고 정치 이 모든 게 연동되어 있다는 걸 잘 알고 있는 분이었고요. 저 역시 팬들의 정치성이 중요하다는 건 책을 통해 이해하고는 있었지만, 실제로 삶에서 실천하는 사람을 만나니 그 중요성이 생각보다 훨씬 더 크다는 걸 실감했죠. 역시 책 밖에 더 큰 삶이 있다는 생각을 하면서 반성했고요. 젤리 님 인터뷰에서도 짧게 언급된 내용인데 저는 여자들이, 특히 아이돌 팬들이 권력의 감각을 가졌으면 좋겠어요. 케이팝 산업의 가장 큰 문제가 팬들에게 무력감을 학습하게 만드는 거라고 생각하거든요. 팬들은 계속 변화를 요구하는데 소속사가 들어주지 않으니까요. 이 학습된 무력감이 삶의 다른 영역에도 영향을 미친다는 게 문제인데, 젤리 님은 무력감에 개의치 않고 본인이 다른 데서 행사할 수 있는 힘이 있다는 걸 믿는 분이었어요. 실제로 영향력을 직접적으로 행사하는 경험을 적립하고 계셨고요. 그렇게 팬덤 밖에서 쌓은 경험을 팬덤 안에 적용했을 때 우리가 새로운 가능성을 만들어나갈 수 있지 않을까요?

일석 기획자인 희주 님은 인터뷰를 마친 소회가 남다를 것 같아요. 인터뷰 작업이 처음이라고 했는데, 이번 인터뷰를 진행하면서 인상 깊었던 점이 있나요?

희주 두 분이 얘기를 많이 해주셔서 제가 주로 담당한 해련, 유원, 숨눈 님 이야기만 할게요. 우선 해련 님께 이야기의 문을 열어주셔서 다시 한번 감사하다는 인사를 전하고 싶고요. 팬덤의 현재적 이슈를 언급해주신 것이 인상 깊어요. 초반엔 팬 정체성을 내세워서 거리로 나가도 되냐며 갑론을박이 있었던 걸 몰랐거든요. 저는 박근혜 탄핵 광장에서 응원봉을 보았던 사람이라, 정치와 팬덤의 연결이 그리 어렵지는 않았는데요. 10여 년 전에는 보지 못했던 '팬덤과 정치를 연결 짓지 말라', '가수와 팬덤을 대표할 수 있으니 응원봉을 들고 나가는 건 자제하라' 같은 우려의 목소리가 있었다는 게 충격이었어요. 팬덤이 소극적으로 구는 걸 이해하면서도 이건 일종의 백래시가 아닌지 염려도 되었고요. 한편으로는 10년 뒤에 다시 응원봉을 든 여자들이

거리로 나온다면, 당신들이 최초가 아니라는 걸, 우리에게도 역사가 있다는 걸 전해야 한다는 필요성을 느꼈죠.

유원 님은 제 트친이신데요. 꽤 큰 팬 계정의 운영자인데도 정치적으로 논쟁적인 이슈에 거침없이 발언하셔서 원래도 대단하다고 생각했어요. 사실 오프라인 이상으로 온라인이 중요한 정치적 장이잖아요. 반대 진영 사람만큼 설득하기 어려운 게 비슷하다고 여겼던 주변 사람들이고요. 특히 2030 여성으로 묶여 불리고 정치적으로 진보적인 성향을 가졌다고 가정되는 집단 안에서도 갈등과 폭력이 당연히 발생하는데, 유원 님은 그걸 피하지 않으세요. 그런 분의 목소리를 들을 수 있어 기뻤습니다.

숨눈은 음악이라는 키워드로 팬덤과 광장을 연결해볼 수 있는 계기를 마련해주셔서 감사했습니다. 우리가 광장에서 많이 한 질문 중 하나가 '아니, 왜 이렇게 엔시티 팬이 많아?' 이거였잖아요. 온라인을 통해 구인할 때도 응모자 중 다수가 엔시티 팬이었고, 그 외에도 에스엠 소속 가수의 팬덤 규모가 체감될 정도로 많았거든요. 대형 기획사인 만큼 소속 가수가 많으니 팬의 머릿수가 많은 것도 맞을 텐데요. 개인적으로는 SMP[4]라고 불리는 사회 비판적 노래의 영향이 있을까, 하는 추측을 하기도 해요. 숨눈 님이 어린 시절

[4] SMP(SM Music Performance)는 에스엠 엔터테인먼트가 추구하는 음악 스타일을 지칭하는 말. 웅장한 사운드와 강렬한 퍼포먼스를 바탕으로 사회 비판적인 메시지나 세계관 등을 담은 것이 특징이다.

들었던 민중가요를 악당과 맞서 싸우는 노래로 기억하고 계신 부분이 인상적이었어요. 이 부분은 기회가 되면 더 생각해보고 싶네요.

　팬으로서는 이런 고민을 하기도 했어요. 낯선 사람들과 연결되기 위해서 매주 광장에 나가면서 정작 가까운 친구는 어떤 마음으로 응원봉을 들고 광장에 나갔는지 모르고 있는 거예요. 그래서 같이 에스엠타운 콘서트를 보러 갔던 라이즈RIIZE 팬 친구에게 물어봤더니 대답을 안 해주더라고요. 시간이 좀 지난 뒤에야 답을 들을 수 있었어요. 그때는 말을 못 했는데 라이즈 응원봉을 든 사람 보면 반갑지 않고, 저 사람은 6인 지지인지, 7인 지지인지[5] 이런 생각이 들어서 너무 괴로웠다고요. 정당 응원봉이 생기기 전에 정치권에서 아이돌 응원봉을 '내돈내산' 해서 인증하는 게 반짝 유행했었잖아요. 원래 누군가의 팬이어서 갖고 있던 응원봉을 들고나온 거랑 광장에 누구의 응원봉을 들 것인가 선택한 뒤 구입해서 들고나오는 건 다른 문제고요. 누군가는 복잡한 갈등 속에서 응원봉을 들고 있는데, 누군가는 이미지만 취하는 구나 싶어서 씁쓸했어요. 저랑 친구는 이 문제 때문에 둘이 술 마시면서 울었거든요?(웃음) 남들이 볼 때는

[5] 7인조로 데뷔한 라이즈의 멤버 승한은 데뷔 전 사진이 온라인에 유출되면서 활동을 잠정 중단했다. 약 10개월 후 에스엠은 그의 복귀를 발표했으나 일부 팬들의 반발로 이를 번복하고 팀 탈퇴를 결정했다. 현재 라이즈는 6인조로 활동 중이다.

하찮을지 몰라도 팬덤 내부에는 한 사람을 소진시키는
복잡한 이슈들이 있는데 그걸 다 지워도 되나 싶었죠.

구구   팬들의 정치가 단순히 국회의원 선거 출마나
정당정치 참여에 국한되지 않고, 일상에서 실천될 수
있는 방법을 떠올려보면 좋겠어요. 예를 들어 저는 아이돌
노조도 업계 내부에서 시작될 필요는 없다고 생각해요.
업계 내부인이 위험을 무릅쓰고 노조를 세우는 대신,
아이돌이 노조에 가입하기 위해 팬들은 무엇을 할 수
있을지 상상해보는 거죠. 시민단체나 국회에도 팬들이 있을
텐데, 조직화되지 않다 보니 대외적인 메시지로 전달되지
않는 것 같아요. 공동체는 앞서 언급한 대로 문제를 갖고
있지만, 특정 문제를 해결하기 위해 필요하다는 생각도
해요. 무언가를 추진하려면 결국 모이는 힘이 필요하다고
생각하거든요. 팬도 아니면서 아이돌 응원봉을 사서 사진만
찍는 국회의원이 아니라, 자신이 아끼는 응원봉을 들고
광장에 나서는 국회의원이 더 많아졌으면 좋겠어요.

얼마 전에 집회에 나갔을 때 민주당 국회의원들이 엔시티
응원봉을 많이 들고 있더라고요. 그들이 무대에 올라 정당
발언하는 걸 보는데, 갑자기 '내가 왜 바닥에 앉아서 저
사람들이 말하는 걸 보고만 있어야 하지?'라는 생각이
들면서 짜증이 나는 거예요. 차라리 제가 응원봉을 들고

올라가서 "위시 사랑한다!" 하고 외치고 싶었어요(웃음). 처음 느끼는 감각이라 신기했고 이번 프로젝트를 하면서 생긴 기분 좋은 변화가 아닐까 싶어요.

#응원봉 걸스의 고민

일석 케이팝을 좋아하는 방식도, 그 안에서 느끼는 고민도 저마다 다를 것 같은데요. 케이팝과 관련해 각자 어떤 고민을 하고 있는지 들어보고 싶어요.

구구 저는 아이돌 노조가 어떻게 출범할 수 있을지, 그러려면 팬들은 어떤 노력을 할 수 있을지 고민하고 있는데요. 만약 샤이니 멤버 종현에게 적절한 보호 장치가 있었다면 상황이 조금은 달라지지 않았을까 싶거든요. 구하라와 설리도 마찬가지고요. 하지만 그 변화를 아이돌이 스스로 시작하게 해서는 안 된다고 생각해요. 그 과정에서 그들이 감당해야 할 위험과 피해가 너무 클 테니까요. 우리가 함께 실질적인 변화를 끌어낼 방법이 있을지 고민해보고 싶어요. 노조가 너무 어려운 일처럼 느껴진다면, 팬덤이 아이돌을 어떻게 돌볼 수 있을지에 관한 고민부터 시작해도 좋겠어요.

희주 이번 프로젝트를 하면서 팬들과의 연결에 대한 힌트를 얻었고, 팬과 아이돌은 어떻게 연결될 수 있을지 고민하고 있어요. 지금 구구 님이 계속해서 아이돌 노조 이야기를 해주고 계시는데요. 저는 오랫동안 아이돌이 신이나 천사이길 바랐던 사람이라서 아이돌 노조라는 개념이 아직 낯설어요. 제가 좋아하는 대형기획사의 아이돌은 노조 같은 현대적인 개념이 끼어들기 어려운, 말하자면 중세적인 의미의 공주, 왕자 같은 대우를 받고 있기도 하고요. 때론 그런 수발노동이 본질적인 문제를 가리기도 하는데요. 어쨌든 지금은 어떻게 해야 이 환상을 오래 유지할 수 있을까에 대한 답의 하나로 노동 안전망을 상상할 수는 있게 되었죠. 그리고 아이돌이라는 환상은 결코 혼자 존재할 수 없기 때문에 그 아이돌과 함께하는 팀 전부가 존중받았으면 하는 마음이고요.

동시에 아이돌과 노조를 접붙이는 걸 어려워한 이유는 노조가 어떤 역할을 할 수 있는지 스스로 감을 못 잡은 게 컸다고 생각해서 앞으로 배우고 싶어요. 만일 이것이 정말 실현된다면 아이돌의 노동 방식에 상당 부분 변화가 있을 테고, 그럼 지금처럼 떡밥을 자주 받지 못할 텐데요. 그래도 상관없을 거 같네요. 제 사랑이 자주 못 본다고 꺼지지 않는 종류의 것이라는 묘한 자신이 생겼거든요.

저는 아이돌과 돌봄을 주고받을 수 있는 관계이고 싶고,

아마 많은 팬이 그럴 거라고 생각해요. 그런데 번번이 돌봄에 실패하니까 그 애정이 얼마를 썼는지에 따라 위계가 나뉘는 일방적인 수발의 형태로 나타나거나, '너희는 돈 많이 버니까 이런 것쯤은 참아' 같은 위악적인 방식으로 표출되는 것 같아요. 돌봄이라는 거대한 단어를 어떻게 구체적인 실천으로 다듬을 수 있을지 그 방법을 계속 찾고 있어요.

일석 비슷한 맥락에서 저도 자본 바깥에서 팬으로서 존재하고 싶은 마음이 점점 커지고 있어요. 저는 요즘 아이돌, 정치, 그리고 우정을 어떻게 연결할 수 있을지 고민하고 있는데요. 아이돌을 향한 마음이 제가 친구들을 대하는 마음과 꽤 유사하다는 생각이 들었어요. 끼니를 거르지 않았으면 좋겠고, 아프지 않았으면 좋겠고, 푹 잤으면 좋겠고, 누가 괴롭히지 않았으면 좋겠고, 만약 그런 일이 생긴다면 같이 싸워주고 싶은 마음 같은 거요. 한때 탄핵 정국에 관해 언급하지 않는 아이돌에 대한 부정적인 여론이 있었잖아요. 저도 그 의견에 일부 동의하는 한편, 이상하게 보아에게는 어떤 것도 바라지 않는 스스로를 발견했어요.

이 차이에 대해 생각하던 중에 엄마와 엄마 친구들에게서 약간의 힌트를 얻었는데요. 엄마 주변에 보수 혹은 극우인 친구, 동료 들이 있거든요. 최소 30년 넘게 알고 지낸 사이인데, 이 난리통 속에서 엄마가 어떻게 그분들이랑 계속 우정을 이어나가고 있는지 궁금한 거예요. 결론은 생각보다 간단했어요. 일상의 모든 게 정치지만 살면서 누가 누굴 뽑고, 어느 당을 지지하는지 중요하지 않은 순간도 있잖아요. 기쁜 일이 있을 때, 슬프고 힘든 일이 있을 때에는 윤석열이고 나발이고 누구보다 먼저 안부를 묻는 존재가 서로인 거죠. 그리고 만나서 대화를 나눌 수 있으니까 무슨 생각인지 물어볼 수도 있고, 언쟁을 벌일 수도 있고, 화해할 수도 있고, 이별할 수도 있는데 우리는 아이돌과 이런 걸 주고받을 수가 없잖아요. 이 우정의 방식이 어떤 면에서 일방적이니까요. 한쪽에서 숭배하는 방식을 벗어나 아이돌과 팬이 만나서 대화할 수 있는 장이 필요한데, 아직은 불가능한 일처럼 느껴져요. 구체적인 방법을 찾으면 좋겠지만 팬들의 노력만으로 되는 일은 아니고요. 산업 내부에서도 변화하려는 시도가 있어야 한다고 생각해요.

 보아와는 만나서 이야기를 나눠본 적은 없지만 시간이 주는 신뢰가 쌓였다고 생각해요. 설명하기도 어렵고, 누군가를 설득할 수도 없는 말이지만 정말로 그래요. 보아가 누구를 뽑았다는 이유만으로 탈덕하지는 않을 것 같아요. 보통 관심사나 취향이 비슷한 사람들끼리 친구가 된다고 생각하는데, 실제로 친구가 되려면 많은 시간을 같이 보내야 한다는 말을 들은 적이 있거든요. 엄마랑 친구들이 지금 같은 상황에서도 우정이 흔들리지 않을 정도의 시간을 쌓은 것처럼, 저와 보아 사이에도 그런 시간들이 쌓인 것 같아요. 비교적 최근에 좋아하게 된 에스파에게는 없는 감정이라 아직 그들과는 우정을 더 쌓아가야 하나 보다, 이렇게 생각하고 있어요.

구구 인터뷰이분들도 대체로 아이돌이 정치적인 발언을 해줬으면 좋겠다고 말씀하셨는데, 저는 제 최애가 저와 정반대의 정치 성향을 드러낸다면, 전과 같은 마음으로 최애를 사랑할 수는 없을 거라고 생각해요. 저는 최애를 사랑하는 만큼 제 친구, 동료 들을 사랑하고, 최애의 발언으로 인해 제가 사랑하는 사람들이 다칠 거란 걸 잘 알아서 받아들이기 쉽지 않을 것 같아요. 그렇다고 최애가 아무 말도 하지 않기를 바라는 건 아니에요. 설득은 상대가 대화를 시작할 때 가능한 일이잖아요. 최애가 정치 이야기 같은 어려운 이야기를 시작했다면, 저는 기꺼이 듣고 설득할 거예요. 대신 그때부터 우리 관계의 양상이 달라지겠죠. 아이돌과 팬의 사이가 아니라 시민과 시민으로 다시 만나게 될 테고요.

희주 시민 대 시민으로 만난다는 말 너무 감동적인데요. 구구 님은 전략가라 진짜로 성공하실 거 같고요. 저 역시 위시가 어떤 정치적인 발언을 한다고 해도 섣불리

포기하고 싶지는 않아요. 위시는 멤버 여섯 명 중에 네 명이 일본인인데요. 극단적인 예를 들자면, 그들이 야스쿠니 신사 참배를 한다고 해서 단번에 이 관계를 끊고 싶지 않아요. 끊을 수도 없고요. 저한테 너무 치명적인 문제를 건드리면 어라? 할 수도 있겠지만(웃음). 어쨌든 이 친구들과의 관계를 제대로 시도해보고 싶은 마음이 크죠. 제가 이렇게 좋아하는 애들이랑 진심으로 못 붙으면 도대체 누구랑 붙어보겠어요.

그런 면에서 이 프로젝트는 제가 할 수 있는 구체적인 돌봄이자 위시에게 보내는 러브레터예요. 그 친구들이 더 나은 세상에서 무대를 했으면 좋겠는 마음, 내가 더 나은 세상에서 그걸 보고 싶은 마음이 시작이었거든요. 이 마음이 위시에게 닿진 않겠죠. 만일 닿는다 해도 엉뚱하게 느껴지거나, 이해하기 어려울 수도 있고요. '더 나은 세상'에 대한 정의도 제각각일 테고요. 하지만 이런 시도들이 쌓이고 쌓이면 언젠가는 응답받는 날이 올 거라고 생각합니다.

#앞으로의 응원봉 걸스

희주 우리가 인터뷰를 진행하면서 앞으로 이런 것들을 해보면 좋겠다는 이야기를 종종 나눴잖아요. 이번 인터뷰를 시작으로 이어가고 싶은 작업이 있다면요?

일석 기회가 된다면 앞으로도 더 다양한 경험을 가진 팬들의 이야기를 듣고 기록해나가고 싶어요. 소속사의 규모에 따라 팬 경험도 차이가 있을 거라고 보거든요. 이 프로젝트를 진행하면서 제가 중소돌 팬의 입장을 잘 모른다는 생각이 들었어요. 에스엠도 문제가 많은 회사지만, 에스엠 소속 아이돌을 좋아하면서 팬미팅 좌석을 다 채우지 못하면 어쩌나, 콘서트 티켓이 안 팔리면 어쩌나, 아니면 그런 이유로 행사 자체가 열리지 않으면 어쩌나, 하는 걱정에 마음고생을 해본 적은 없거든요. 따지자면 저는 '도련님 팬'으로서의 경험만 있는 거죠. 만약 〈뮤직뱅크〉 같은 지상파 음악방송에 출연하는 게 소원인 그룹을 좋아했다면, 지금과는 전혀 다른 팬 경험을 했을 것 같아요. 방구석에서 음침하게 덕질할 수 있었던 것도 비교적 온라인 떡밥이 많은 대형 소속사의 아이돌을 좋아했기에 가능했구나 싶고요. 저 혼자 팬들을 만나고, 그들의 이야기를 기록하기보다 제가 모르는 영역을 구체적으로 알고 있는 팬들과 함께하면 더 재밌을 것 같아요. 물론 다양한 사람을 모으는 게 쉽지 않겠지만 기회가 된다면 그런 시도를 해보고 싶습니다.

구구 이번에 만난 인터뷰이들과 같이 시작해봐도 좋을 것 같네요. 일을 하다 보면 스스로 성장하고 있다고 느끼는 작업이 있는데 이번 프로젝트가 특히 그랬어요.

신자유주의적인 성장이 아니라 무력감에서 벗어나고 효능감을 느끼는, 내가 사회에 미약하게나마 필요한 일을 하고 있다는 생각을 갖게 된 게 제가 느낀 뚜렷한 변화였어요. 이번 프로젝트를 통해 우리가 가진 역량을 스스로, 또 서로 확인했잖아요. 그래서 이렇게 끝내기에 매우 아쉽단 말이죠(웃음). '정치하는엄마들'[6]처럼 '혁명하는 빠순이' 같은 걸 만들어보면 어떨까 싶어요. 이번 광장에서 수많은 깃발을 보면서, 이 깃발들이 응원봉 광장 이후에 다양한 활동으로 이어지면 좋겠다는 생각을 했거든요. 서로 긴밀하게 얽히기보다 각자의 역량을 살려서 외부에 직접적인 타격을 줄 수 있는 액션을 시도해보면 좋겠어요.

  예를 들어 인터뷰 등 다양한 형식으로 우리만의 보고서를 만들어서 소속사와 국회에 보내고, 웹에 게재해보는 거죠. 공식적인 문건이 갖는 힘이 있으니까요. 이번에는 탄핵을 찬성하는 여자들의 이야기를 담았다면, 다음에는 탄핵을 반대하는 여자 팬들의 인터뷰를 담는 식으로 때마다 시의성에 맞는 테마가 있으면 좋을 것 같아요. 광화문 집회에 갈 때 경복궁역에서 내리면 극우 세력을 마주치지 않는데, 저는 극우 세력을 구경하고 싶어서 꼭

[6] 대한민국에서 엄마로서 겪는 사회적 불합리와 구조적 모순을 개선하고자 자발적으로 모인 이들이 2017년 창립한 비영리단체. 엄마들의 직접적인 정치 참여를 통해 정치 세력화를 도모하고 모든 엄마가 차별받지 않는 성평등 사회, 모든 아이가 사람답게 사는 복지 사회 모든 생명이 폭력 없이 공존하는 평화 사회, 미래 세대의 환경권을 옹호하는 생태 사회를 만들고자 한다. (출처: 정치하는엄마들)

광화문역에서 내리거든요. 거기에 젊은 여자들도 많지만 성조기와 태극기를 들고 있지, 아무도 응원봉을 들고 있지 않아요. 그 안에도 분명 아이돌 팬이 있을 것 같거든요. 근데 왜 응원봉을 든 여자가 없는지 궁금하더라고요. 팬들이 아이돌의 생일을 축하하는 카페를 열듯이, 응원봉을 들고 광장에 갔던 여자들이 회고하는 모임을 열어도 좋을 것 같아요.

또 특정 팬덤의 인터뷰를 담은 무가지를 만들어보는 건 어떨까요? 콘서트장에서 스티커나 간식을 나눠주는 것처럼, 우리가 만든 무가지를 팬들에게 나눠주는 거죠. 위시 팬들의 인터뷰를 담은 무가지를 위시 콘서트에서 주는 식으로요. 우리가 각자의 일이 있고 나이 드는 과정에서 체력과 질병 이슈가 따르겠지만, 일회성 프로젝트로 끝내지 않고 장기적으로 이어가면 좋겠어요.

일석 너무 좋은 생각인데요? 콘서트는 매주 열리니까요. 보통 팬들의 이야기는 온라인에서 발화되는 편이라 팬들이 소통할 수 있는 오프라인 장도 있으면 좋겠다고 생각했는데, 말씀하신 것처럼 팬들의 경험을 나누는 공간을 만들어봐도 좋을 것 같아요.

희주 사진전을 열어도 재밌겠네요. 팬들이 광장에서 찍은 응원봉 사진이랑 우리가 인터뷰에서 했던 질문을 같이 전시하는 식으로요. 만약 인터뷰 작업을 이어간다면, 저는 장애를 가진 팬들을 인터뷰하고 싶어요. 제가 어제도 위시 콘서트에 갔다가 바로 앞에서 전동 휠체어를 탄 중증 장애인 두 분이 스태프의 도움을 받아서 굿즈를 구입하고 계시는 걸 봤어요. 장애인, 특히 중증 장애인을 거리에서 만나기 어려운 세상이잖아요. 불편한 몸으로 광장에 나가는 게 힘든 것처럼, 불편한 몸으로 공연을 보러 오는 일도 결코 쉬운 일이 아니라는 걸 실감했어요. 청각장애를 가진 엔시티 팬분이 했던 인터뷰[7]도 떠올랐고요. 다양한 몸이 존재하는 포용적인 케이팝을 위해서 장애인 팬들의 이야기를 꼭 들어보고 싶어요.

구구 희주 님 이야기를 들으니 장애여성공감에서 만든 연극 〈빛나는〉[8]이 생각나요. 걸그룹을 좋아하는 인물들이 시설에서 탈출해 콘서트장에 가는 이야기예요. 연극에서 말하고자 하는 게 두 가지였는데요. 하나는 시설이 얼마나 사람의 욕망을 제한하는지에 관한 이야기였고, 또 다른 하나는 콘서트장의 접근성 문제였어요. 작년에 인기를 끌었던 드라마 〈선재 업고

[7] 「"장애인의 덕질도 존중해주세요"… NCT 열혈팬이 수어통역 바라는 이유」, 『한국일보』, 2024. 3. 5.

[8] 장애여성공감 극단 '춤추는허리'의 정기공연으로 탈시설 문제를 다룬다. '춤추는허리'는 장애여성이 겪어야 하는 삶과 현실을 '몸'으로 이야기하기 위해 만든 극단이다.

튀어〉 1화에서 휠체어를 탄 임솔이 콘서트장 밖에서 최애인 선재가 부르는 노래를 따라 부르는 장면이 있거든요. 그 장면을 보면서 이제 콘서트장 접근성 문제가 언급될 거라고 생각했는데, 그 얘기가 쏙 들어갔어요. 장애가 있는 팬으로서 겪는 어려움과 분노가 분명 존재하는데도 그에 대한 논의가 없어서 아쉬웠죠.

#혁명의 케이팝

희주 마지막으로 각자 '혁명의 케이팝'을 소개하면서 이야기 마무리할까요? 저의 혁명의 케이팝은 위시의 「WISH」인데요. 가사의 일부를 따서 깃발을 만들려고 했을 정도로 좋아하는 노래예요.

"Future's in my hands(미래는 내 손안에 있어)"라는 말이 얼마나 무섭고, 또 강한지 곱씹으며 용기를 얻어요. 위시를 만난 후 매일이 "눈 떠 봐, 세계가 변하잖아" 가사 같아서 꼽은 것도 있고요. 제 세계의 문을 열어준 위시 사랑합니다(손 하트).

일석 뉴스레터에서 에스엠 얘기를 너무 많이 해서, 오늘은 에스엠이 아닌 노래를 골랐습니다(웃음). 집회가 끝나고 집으로 돌아가는 길에 자주 들었던 아이브의 「REBEL HEART」인데요. 'Rebel'이 '반대하는 사람', '저항하다'라는 뜻인데, 무너져도 다시 일어나 싸우는 '저항자의 심장'을 갖고 싶어서 이 노래를 선곡했어요. "우린 따로 이유를 묻지 않고 서로가 필요할 때가 있어", "영원을 바라는 사이보단 지금을 이해해주고 싶어"라는 가사가 특히 좋아요. 이번 광장을 통해 우리가 뭉치는 경험을 하기도 했지만, 서로 얼마나 다른 존재인지도 알게 됐잖아요. 각자 익숙한 준거집단으로 돌아가겠지만, 서로 다른 우리가 같이 뜻을 모았던 순간을 기억하고 싶어요. 영원한 연대와 연결을 바라기보다 각자의 자리에서 잘 지내다가 서로가 필요할 때 언제든 다시 만날 수 있으면 좋겠습니다.

구구 아이유의 「이름에게」를 꼽고 싶어요. 가사 중에 "수없이 잃었던 춥고 모진 날 사이로 조용히 잊혀진 네 이름을 알아/멈추지 않을게 몇 번이라도 외칠게"가 있는데, 이 노래를 들을 때마다 이미 떠나간 사람들의 이름을 검색해봐요. 잊지 않으려고요. 우리의 광장도 당면한 목표는 윤석열 파면이지만, 결국 어떤 이름들을 잊지 않기 위한 의식과 같다고 생각해요. 잊혀가는 이름들, 잊히고 있는 이름들을 기억하고 광장에서 마주친 서로의 이름도 기억할 수 있다면 좋겠습니다.

부록　　　단어 사전

공계　공개 계정의 줄임말. 이때 계정은 다수의 팬덤이 이용하는 트위터(현 X)의 계정을 뜻한다.

공개방송(=공방)　보통 음악방송을 뜻하며, 사전녹화 혹은 본방송을 녹화하는 방식이 있다. 공식 팬카페나 위버스 등의 팬 커뮤니티 플랫폼을 통해 관련 공지를 확인할 수 있으며, 해당 공지에는 진행 장소 및 인원 확인 시간, 녹화 시간, 신청 시간, 참여 조건 등이 기재되어 있다. 신청을 위해 필요한 조건 역시 별도로 작성되어 있으며, 보통은 공식 팬클럽 가입 여부 및 앨범 구매, 응원봉 보유, 참여 가능 나이 확인 등이 필요하다. 공방 당일에는 신분증, 공식 팬클럽 모바일 회원 카드, 활동 음반과 음원 다운로드 내역서(인증서), 응원봉 등을 확인한다.

구독계　구독용 계정의 줄임말. 트윗 작성이나 다른 팬들과의 교류 없이 구독 용도로만 이용하는 계정을 뜻한다. 리트윗 등 소극적인 범위의 활동을 하기도 한다.

네임드　팔로워 수가 많은 트위터 계정주나 자주 팬 이벤트에 참가하는 사람, 홈마 등의 유명인을 가리키는 말이다.

대포(=찍덕, 홈마)　대포카메라. 아이돌을 찍는 팬들이 대포처럼 커다란 렌즈를 사용하는 모양새에서 유래했다. 00년대 후반 샤이니의 누나 팬들이 전문가용 카메라를 사용한 것을 시초로 본다.

덕질(=팬질)　팬 활동을 이르는 말이다.

덕통사고　덕후+교통사고. 사랑에 빠지는 일은 교통사고처럼 우연히 일어난다는 것에서 비롯한 표현. '덕통사고를 당하다' 등의 표현으로 쓰인다.

덕후(=더쿠, 오덕후, 타쿠, 씹타쿠, 씹덕, 씹뜨억)　댁(お宅)이라는 표현에서 유래한 일본의 마니아를 뜻하는 오타쿠(オタク)를 한국어 음차한 말. 아이돌 팬들이 서로 혹은 스스로를 지칭할 때 쓴다. 씹덕은 오타쿠(お宅)의 접미사 오(お)가 숫자 '5'와 발음이 같은 것에서 착안한 강조형 표현이다.

명단 문화　팬들이 자체적으로 선착순 명단을 작성해 입장 순서를 정하는 문화를 뜻한다. 행사 공지가 뜬 날 오프라인 현장에 도착한 순으로 순서가 정해지기에, '달리기'와 '올림픽'을 합친 '달림픽'이라고도 불린다. 과정은 다음과 같다. 공개방송, 사전녹화 등의 공지가 뜨면 방송국 근처 전봇대, 벽 등에 총대를 자처하는 팬이 해당 행사 정보와 일자, 본인의 연락처가 적힌 종이를 붙인다. 그 뒤 참여를 희망하는 사람들이 종이와 함께 셀카를 찍어 총대에게 문자로 전송한다. 총대가 문자가 도착한 순서대로 부여한 번호가 그대로 입장 순서에 반영된다. 보통 총대가 스스로에게 입장 번호 1번을 부여하기에 누가 먼저 종이를 붙였느냐로 싸움이 나는 경우도 있다. 코로나를 거치며 거의 사멸하였으나, 드물게 지역 행사 등 정해진 주관처가 없는 경우 명단이 진행되어 해당 문화를 아는 팬과 모르는 팬 사이의 갈등을 빚기도 한다.

사이버불링　인터넷을 통해 이뤄지는 괴롭힘을 뜻한다. 팬덤의 주 활동지인 커뮤니티, SNS에서 의견이 다른 팬들끼리의 다툼이 극심해지는 경우 발생한다. 심한 경우 서로 고소, 고발까지 가는 경우도 있다.

생일 카페　아이돌 멤버의 생일이 오면 팬들은 카페를 대관하여 기념 이벤트를 준비한다. 음료를 구매하면 직접 디자인한 멤버의 컵홀더를 나눠주고, 사진 등을 같

이 전시하거나 자체 제작한 굿즈를 판매하기도 한다.

완덕 있는 힘껏 좋아하고 미련 없이 팬을 그만둔 상태 혹은 사람. 팬을 그만둔 후에도 해당 아이돌에 우호적인 경우가 많다. 탈덕보다 긍정적인 뉘앙스.

위버스 팬 커뮤니티 플랫폼. 아이돌과 관련한 공지사항 등을 확인하거나 음악방송 사전녹화 참여 신청, 팬레터 작성 등을 할 수 있다. 멤버들이 게시 글을 남기기도 한다.

입덕 덕후가 됨, 팬이 되는 걸 말한다.

잡덕 '雜(잡)'+덕후. 동시에 여러 그룹을 좋아하는 팬을 의미한다. 최초엔 비하적 뉘앙스로 사용되었으나, 동시에 여러 그룹을 좋아하는 팬이 많아진 현재 비하적 뉘앙스는 거의 사라졌다.

존잘 '존나 잘함'의 준말. 보통 '님' 혹은 '사마(様, 일본어로 '님'이라는 뜻)'라는 경칭을 붙여 팬픽을 잘 쓰거나 팬아트를 잘 그리는 사람을 칭할 때 사용한다.

직캠 직접 찍은 캠의 준말. 보통 팬들이 자체적으로 찍은 무대 및 행사 영상을 의미했으나, 현재는 음악방송에서도 멤버별 무대 영상이 업로드되며 이 경우에도 '얼빡 직캠(클로즈업 위주의 무대 영상)', '최애 직캠(연출에 맞게 편집한 무대 영상)'과 같은 표현을 쓴다.

찍덕(=홈마, 대포) 사진을 찍는 덕후의 줄임말. 이벤트나 행사 등이 있을 때 아이돌의 사진을 찍어 올리는 팬을 칭한다. 팔로워 수가 많기에 팬덤 내에서 유명인이 되나, 스마트폰 카메라의 기술력이 좋아지고 공연 중 촬영하는 문화가 퍼지며 2020년대 이후로 영향력이 줄어드는 추세다. 최근엔 국내 팬보다 해외 팬들이 찍덕을 하는 경우가 많다.

차애 두번째로 사랑하는 멤버를 뜻한다.

최애 가장 사랑하는 멤버를 뜻한다.

타임라인 트위터(현 X)에서 이용자들이 팔로우한 이용자의 글을 시간순으로 나열한 리스트. 최근엔 추천 탭이 새로 생겨 자신이 선호하는 트윗과 비슷한 트윗을 보여주는 추천 타임라인도 있다. 보통 취향이 비슷한 사람들로 구성되기에 같은 그룹을 좋아하더라도 타임라인에 따라 전혀 다른 이슈를 접하곤 한다.

탈덕 덕후에서 벗어남. 본래 팬을 그만두는 경우를 뜻하는 중립적 표현이었으나, 최근엔 사건 사고 등의 외부 요인으로 팬을 그만둔 경우 자주 사용한다. 완덕보다 부정적인 뉘앙스.

트친 트위터 친구의 줄임말. 트위터에서 상호 맞팔로우를 하는 경우를 칭한다. 친분이 쌓인 경우를 포함, 대화를 자주 나누지 않더라도 트친이라고 부르기도 한다.

포카 포토카드의 줄임말. 앨범을 사면 랜덤으로 한 장씩 들어 있다. 구매처, 이벤트 등에 따라 미공개 포카를 증정한다. 팬들의 수집욕을 자극하는 아이템으로 인기 아이돌의 희귀 매물의 경우 한 장당 수십만 원 상당을 웃도는 경우도 있으며, 원하는 포카를 갖기 위해 앨범을 여러 장 사는 경우도 드물지 않다.

휀걸(=팬걸) fan+girl. 본래 영미권에서 통용되는 단어이나 다수가 여성인 팬덤이 스스로를 지칭하는 표현으로 사용된다. 비슷한 뉘앙스로 '소녀' 혹은 '여자○○(팬덤명)' 등의 호칭도 사용된다. (예: 남자엔시티가 여자시즈니를 위해 왜 이리 무리해.)

케이팝 응원봉 걸스
광장에서 만난 팬걸에게 묻다

초판 1쇄 인쇄 2025년 11월 21일
초판 1쇄 발행 2025년 12월 3일

지은이 희주, 일석, 구구

편집 조은혜
디자인 studio forb
마케팅 신동익
제작 ㈜공간코퍼레이션

펴낸이 윤성훈 **펴낸곳** 클레이하우스㈜
출판등록 2021년 2월 2일 제2021-000015호
주소 경기도 파주시 회동길 363-21, 2층
전화 070-4285-4925 **팩스** 070-7966-4925 **이메일** clayhouse@clayhouse.kr
홈페이지 https://www.clayhouse.kr

ISBN 979-11-93235-64-5 (03300)

- 책값은 뒤표지에 있습니다.
- 파본은 구입하신 서점에서 교환해드립니다.
- 이 책은 저작권법에 의하여 보호를 받는 저작물이므로 무단 전재와 복제를 금하며, 이 책 내용의 전부 또는 일부를 이용하시려면 반드시 저작권자와 출판사의 서면 동의를 받아야 합니다.
- 이 책의 출간 당시 저작권자 확인이 되지 않아 허가를 받지 못한 경우, 추후 확인이 되는 대로 해당 저작권자의 동의를 얻도록 하겠습니다.

클레이하우스㈜가 더 나은 책을 펴낼 수 있도록 의견을 남겨주시거나 오타를 신고해주세요.
QR코드에 접속해 독자 설문에 참여해주신 분께 추첨을 통해 선물을 드리겠습니다.